教育部人文社会科学研究"十五"规划博士点基金项目(批准号:01JB790037)

南开大学国家哲学社会科学区域经济创新基地资助项目

南开大学城市与区域经济研究丛书

中国沿海地区乡村—城市转型与协调发展研究

季任钧　安树伟
母爱英　闫二旺　景普秋　著

商务印书馆

2008年·北京

图书在版编目(CIP)数据

中国沿海地区乡村—城市转型与协调发展研究/季任钧等著.—北京:商务印书馆,2008
(南开大学城市与区域经济研究丛书)
ISBN 978-7-100-05604-5

Ⅰ.中… Ⅱ.季… Ⅲ.沿海-农村-城市化-研究-中国 Ⅳ.F299.21

中国版本图书馆 CIP 数据核字(2007)第 131353 号

所有权利保留。
未经许可,不得以任何方式使用。

南开大学城市与区域经济研究丛书
中国沿海地区乡村—城市转型与协调发展研究
季任钧 安树伟
母爱英 闫二旺 景普秋 著

商 务 印 书 馆 出 版
(北京王府井大街36号 邮政编码 100710)
商 务 印 书 馆 发 行
北 京 瑞 古 冠 中 印 刷 厂 印 刷
ISBN 978-7-100-05604-5

2008年3月第1版　　　开本 880×1230 1/32
2008年3月北京第1次印刷　印张 12½

定价:25.00 元

"南开大学城市与区域经济研究丛书"序言

城市经济学、区域经济学是应用经济学中两门新兴的学科。尽管早在16世纪就有文献讨论城乡关系、城市中心的位置及规模等问题，但城市经济学、区域经济学的发展历程至今只有短短的几十年。一般以1965年美国学者威尔伯·汤普森发表的《城市经济学导论》作为城市经济学产生的标志，认为区域经济学形成于20世纪50年代，在60~70年代获得迅速发展。城市经济学、区域经济学两门学科由于其研究方向的差异，形成了各自特有的研究内容和研究方法。但是，由于城市与区域是两个联系十分紧密的概念，城市是区域的中心，区域是城市形成与发展的基础，从而使得两门学科在研究中存在许多相互交叉和相互影响的地方。

我国城市经济学、区域经济学的研究起步较晚。20世纪80年代城市经济学在我国开始兴起和传播；对于区域经济学，虽在改革开放之前有些学者研究过生产力布局等问题，但作为一门学科的系统研究是在20世纪80年代后才开始的。经过20多年的风雨历程，城市经济学、区域经济学在我国已经得到长足发展，不论在理论方面还是在实践方面都取得了突破性进展。然而，从总体上说，我国城市经济学、区域经济学理论的发展还远不能满足我国城市与区域经济迅速发展的现实需要。

尽管城市经济学与区域经济学只是经济学体系中的后来者，但它们一经产生就表现出蓬勃发展的生机和对城市与区域发展的重要指导意义,已经成为具有明确研究方向和巨大发展潜力的应用经济研究领域。特别是随着经济全球化和信息化的发展,各种要素在全球范围内重新配置,城市与区域的作用更加凸现,一国(或一个区域)的经济发展已经不再笼统地表现为国家整体竞争实力的优劣,也不完全是单个城市的竞争与合作问题,而是具体体现为特定城市与区域之间的竞争与合作。国内的城市与区域协调发展和国际区域经济合作问题相互交织、相互影响,使得城市与区域问题变得更为复杂。城市经济学与区域经济学研究的内涵及其所涵盖的研究范围也必然随之变化,需要从全球的视角来审视城市与区域经济发展规律。研究在此过程中城市与区域所呈现出的前所未有的新特点、新趋势、新问题,正在成为经济学研究中的一个热点和趋势。

随着改革开放的深化和经济市场化程度的提高,中国的经济发展已经由粗放型向集约型、由速度型向效益型、由高代价增长向科学协调发展转变。在这种巨大的转变之中,中央政府强调,要更有效地利用全国整体资源,协调各区域的发展;地方政府作为区域经济发展的重要主体应更加关注如何有效整合资源,建立合理的产业结构和空间结构,促进本区域的经济发展;跨区域的大型企业为了开拓新的发展空间,要特别关注各城市与区域的发展优势,研究新扩张领域的最佳区位选择。同时,在转型经济背景下,我国的城市与区域经济发展也暴露出一系列新的问题,诸如区域差距进一步扩大、区域竞争与合作中的摩擦、城乡协调发展等等,这些问题已经严重制约了我国城市与区域经济的健康发展。"十一五"时期,城市与区域经济的协调发展被提到我国改革和发展的一项战略任务的高度。按照市场规律,促进城市与区域经济的持续发展是我国社会经济发展的一个重要目标。因此,面向中国城市与区域经济发展的实际,加强城市与区域经济学的研究具有重要的理论价值和现实意义。

南开大学城市与区域经济学科具有悠久的历史。早在20世纪

30年代初，国内著名的经济地理学家鲍觉民先生就创建了南开大学经济地理专业，为全国第二批博士点之一，是当时国内综合性大学经济类专业两个经济地理博士点之一。20世纪80年代初，蔡孝箴教授创建城市经济学研究方向，是我国第一个由国务院学位委员会批准的城市经济学硕士点学科，第一个城市经济学博士点学科。国务院学位委员会新的学科目录公布以后，经济地理和城市经济学科纳入区域经济学二级学科，2002年南开大学区域经济学科被确定为国家重点学科，2004年南开大学城市与区域经济研究所成为国内区域经济学领域唯一的"985工程"国家哲学社会科学创新基地。

长期以来，特别是跨入新世纪以来，南开大学城市与区域经济研究所以建设区域经济国家社科创新基地作为新的起点，本着"理论为基础，应用是目的"的指导思想，以"在理论研究的基础上突出应用研究"为发展方针，根据国家经济发展的需要、国内外区域经济学研究的特点以及我校研究的特点，围绕城市经济与管理、区域经济理论和区域产业分析三个重点方向，努力坚持严谨求是，开拓创新的学风，朝着建立在国际上具有中国特色的、国内一流的城市与区域经济学科研基地和高级人才培养基地的方向迈进。本套丛书便是我们城市与区域经济学研究成果的一部分，也是我们"985工程"国家哲学社会科学区域经济学创新基地建设成果的一个集中体现。

本套丛书努力遴选学术性强、思想新颖独到、研究方法规范、理论与实际紧密结合的优秀作品，力求达到当前中国城市与区域经济理论研究的最高水平。我们衷心希望本套丛书的出版能够为推进我国城市与区域经济学的研究，指导中国城市与区域经济的发展做出一定的贡献。

南开大学城市与区域经济研究所所长

刘秉镰

目 录

第一章 中国沿海地区乡村—城市转型与协调发展的宏观背景 … 1
  第一节 世界的城市化浪潮 … 2
  第二节 中国的城市化进程 … 6
  第三节 我国东部沿海地区经济发展的历程与特点 … 12
  第四节 我国三大城市群将成长为具有世界影响力的经济空间 … 22

第二章 乡村—城市转型机理 … 31
  第一节 乡村—城市转型的含义 … 31
  第二节 沿海地区乡村—城市转型机理 … 37
  第三节 乡村—城市转型的途径与模式 … 55

第三章 京津冀地区的乡村—城市转型与协调发展 … 66
  第一节 京津冀地区乡村—城市转型的特征与问题 … 67
  第二节 京津冀地区乡村—城市转型的动力机制 … 74
  第三节 京津冀地区乡村—城市转型的类型 … 87
  第四节 京津冀地区乡村—城市转型的对策 … 94

第四章 长江三角洲地区的乡村—城市转型与协调发展 … 101
  第一节 长江三角洲地区乡村—城市转型的区域背景 … 102
  第二节 长江三角洲地区乡村—城市转型的途径 … 116
  第三节 长江三角洲地区乡村—城市转型的机制分析 … 136
  第四节 长江三角洲地区乡村—城市转型的阶段与模式 … 150

第五章 珠江三角洲地区的乡村—城市转型与协调发展

- 第五节 长江三角洲地区乡村—城市转型和协调发展中存在的问题及成因 …………………………………… 159
- 第六节 长江三角洲地区乡村—城市转型的前景 …………… 169
- 第七节 长江三角洲地区乡村—城市转型和协调发展的对策 …………………………………………………………… 174

第五章 珠江三角洲地区的乡村—城市转型与协调发展 …… 187
- 第一节 珠江三角洲地区乡村—城市转型的区域背景分析 … 187
- 第二节 珠江三角洲地区乡村—城市转型的模式及特征 …… 194
- 第三节 珠江三角洲地区乡村—城市转型的动力机制 ……… 200
- 第四节 珠江三角洲地区乡村—城市转型中存在的问题 …… 208
- 第五节 珠江三角洲地区乡村—城市转型的方向 …………… 215
- 第六节 珠江三角洲地区乡村—城市转型和协调发展的对策 …………………………………………………………… 223

第六章 中国沿海北中南三大区域城市化与协调发展比较 …… 235
- 第一节 沿海三大区域背景比较 ……………………………… 235
- 第二节 沿海三大区域城市化比较 …………………………… 244
- 第三节 沿海三大区域协调发展比较 ………………………… 270

第七章 沿海地区乡村—城市转型与协调发展调控对策 …… 277
- 第一节 借解决"三农"问题之东风,促进乡村—城市转型 … 277
- 第二节 进一步加快城镇城市化步伐 ………………………… 283
- 第三节 加快产业结构的调整和升级,促进乡镇企业实现"二次创业" ………………………………………………… 288
- 第四节 进一步加强区域联合与协作 ………………………… 293
- 第五节 注重环境建设,实现经济效益、社会效益、环境效益相统一 ………………………………………………… 301

附录

"十一五"时期北京市经济布局战略性调整研究 ……………… 305
 一、1990年以来北京市经济布局的调整演变 ……………… 306
 二、国内外大都市(区)经济布局调整的借鉴与启示 ……… 314
 三、北京市经济布局的现状与存在问题 …………………… 323
 四、北京市经济布局调整的目标、原则、思路、方式与战略构想
  …………………………………………………………… 345
 五、北京市经济布局调整的对策 …………………………… 360

长江三角洲地区经济一体化研究 ………………………………… 370
 一、发展优势、特征与有利因素 …………………………… 370
 二、经济协作联动发展中存在的问题与原因 ……………… 374
 三、经济协作联动发展的协调机制与重点领域 …………… 376

国务院关于推进天津滨海新区开发开放有关问题的意见 …… 384
 一、推进天津滨海新区开发开放的重大意义 ……………… 384
 二、推进天津滨海新区开发开放的指导思想和主要任务 … 385
 三、切实发挥综合配套改革试验区的示范和带动作用 …… 386
 四、认真做好推进天津滨海新区开发开放的各项工作 …… 388

后记 ………………………………………………………………… 389

第一章 中国沿海地区乡村——城市转型与协调发展的宏观背景

中国东部沿海地区包括北京市、天津市、河北省、辽宁省、山东省、上海市、江苏省、浙江省、福建省、广东省、广西壮族自治区和海南省。陆地国土面积 130.31 万平方公里，占全国陆地总面积的 13.57%。2004 年总人口 54 140 万人，占全国的 41.6%；地区生产总值 98 625.85 万元，占全国的 72.5%[①]。中国东部沿海地区由于毗邻太平洋，特殊的区位加上现在发达的交通通讯和城市等基础设施，是我国参与国际循环的基地，正处于经济与社会持续快速发展的最佳历史时期。同时由于长期的发展，经济实力、发展水平和国际化程度较高，是实现我国国家经济目标的主要承担者。沿海地区的现代化步伐正在加快。目前，沿海地区的京津冀、长江三角洲和珠江三角洲等区域均是全国经济发展水平较高的重要经济核心区，对其周围地区有强大的吸引力和辐射力；而且同处于对外开放的前沿，在与全球经济和世界城市体系日益密切的联系中发挥着愈来愈大的作用。深入研究这些地区的乡村——城市转型的过程、机理、趋势及其对社会经济发展的影响具有重要的理论意义和应用价值。任何发达地区的乡村—城市转型，是由于各种错综复杂的内外动因所决定的，要

---

① 本研究报告"沿海地区"的范围，是按照"七五"计划划分的东、中、西三个地带的范围确定的；人口和地区生产总值均未包括香港特别行政区、澳门特别行政区和台湾省。

研究这些区域的乡村—城市转型,首先需要将它们纳入全球和全国的社会经济系统,进行从全球到区域、从过去到现在的横向与纵向相结合的宏观背景分析。

第一节　世界的城市化浪潮

一、世界的城市化浪潮

城市虽然产生较早,但城市化却是始于产业革命之后。最早的城市可以追溯到五六千年前,根据现有的考古发现,世界上第一批城市大约于公元前 3500 年左右出现于西南亚地区,以幼发拉底河和底格里斯河两河流域的中下游最为集中。大约公元前 3100 年左右,尼罗河流域也出现了最早的城市,随后在印度河流域和中国的黄河流域,早期的城市也相继产生(顾朝林等,1999)。但在从奴隶社会到封建社会的漫长岁月中,一直是"乡村在经济上统治城市"。只有到了工业革命以后,城市的性质才发生了根本的变化,城市从政治、军事堡垒一跃而成为经济活动的中心,并对生产要素不断产生集聚力。于是,城市化进程开始了(饶会林,2003)。

18 世纪中叶源于英国的工业革命带给人类社会以崭新的面貌,从此世界开始从农业社会迈入工业社会,从乡村工业化时代进入城镇化时代。这一时期不仅城市数量显著增加,而且城市规模也显著扩大。据资料记载,1800 年世界上人口达到 100 万的城市只有 1 个,而到 1850 年达到 3 个,1875 年达到 6 个,1900 年达到 16 个,1925 年达到 31 个,到 1990 年人口达到 200 万的城市已有 94 个(顾朝林,1999)。工业革命以来,世界城市化的进程大致可分为三个阶段:1760~1850 年为第一个阶段,即世界城市化兴起的阶段,英国成为当时世界上第一个人口超过总人口50%的国家;1850～1950年为第二个阶段,欧洲和北美洲等发达国家加速城市化,城市化水平超过50%;1950年至今为第三个阶段,全世界加速城市化,全世界城市人口比重由1950年的28.4%上升到50%左右(饶会林,2003)。

当今世界经济增长速度总体放慢,而以中国为首的发展中国家进入21世纪后仍然将保持着相当长时期的高速增长。由于城市化与经济增长具有高度正相关关系,因此中国和印度等人口大国的城市化水平仍将保持高速增长。

二、世界城市化过程的S型曲线

美国城市地理学家R.诺瑟姆(Ray. M. Northam)1975年提出了城市化过程曲线(图1—1)。

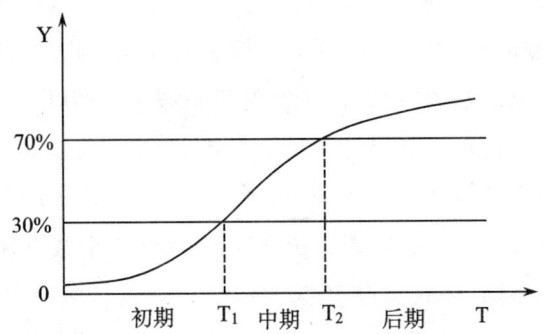

图1—1 城市化过程的R.诺瑟姆S型曲线

(资料来源:转引自严正,《中国城市发展问题报告:问题·现状·挑战·对策》,中国发展出版社,2004年,第16页)

曲线表明,城市化的初期阶段城市化水平低于30%,发展缓慢;到了中期阶段城市化加速,城市化水平处于30%～70%之间;后期阶段城市化水平高于70%,发展速度大为降低,进入平稳阶段。整个曲线像条被左右拉平的S型曲线。对于诺瑟姆的S型曲线,人们作了许多理论解释(严正,2004)。

2005年我国城市化水平达到43.0%,正处在诺瑟姆S型曲线的中间阶段。21世纪前50年将是我国城市化的高速成长阶段,农业剩余劳动力将大量转移,据估计到2050年中国的城市人口将增至11亿左右,城市化水平将提高到70%以上,仅中国就能使世界城市化水平提高10个百分点(饶会林,2003)。由此可见,城市化浪潮的涌起,将使21世纪成为世界真正的城市化世纪,届时世界绝大多数人口将会分享到现代城市文明。

三、大城市的优先增长

在世界城市化进程中,发展最快的是大城市,大城市无论在城市数量、规模,还是城市人口的总量上都遥遥领先,构成了世界城市化的主力军。其次是中小城市,最慢的是小城镇。20世纪50年代以来这种趋势表现得越来越明显。1950年10万人口以上的城市在世界城市人口中所占的比重为56.34%,1960年为59.01%,1970年为61.51%,1975年为62.25%。10万人口以下的小城市和城镇人口所占的比例不断下降(邹德慈,2002)。

另一方面,大城市人口增长快于小城市。1900年世界上50万人口以上的大城市只有49座,到1980年已经发展到476座,平均每年新增5.3座。据统计,1900～1980年50万人口以下的城市人口只增长了5倍,50～100万人口的城市人口增长了6倍,100～250万人口的城市人口增长了19倍,250～500万人口的城市人口增长了16倍,500～1 000万人口的城市人口增长了20倍。1900年世界上还没有1 000万以上人口的超级城市,到1980年居住在千万人口以上超级城市的人口已经占到全世界城市人口的4.2%(谢文蕙、邓卫,1996)。20世纪世界大城市的优先增长是多种因素促成的。从经济学的角度看,大城市的经济发展历史更长、经济结构更完善、市场发育更成熟、技术层次更高,因此它们的集聚效益、规模效益、优位效益和外部效益比中小城市体现得更加显著。而且随着规模的扩大而递增,这样就导致了要素向着大城市聚集,最终使之产生一种类似"黑洞"的效应——周围的能量加速度向中心汇聚(谢文蕙、邓卫,1996)。总之,大城市的优先增长是市场机制作用的结果,并非各国政府的刻意所为。世界城市化的这一事实是值得我国借鉴的。

四、大都市连绵区是全球最具发展活力的地区

自20世纪70年代美国率先进入信息化社会以来,人们即开始关注信息革命可能带来的空间分散化趋势,并纷纷观察到城市边缘地带的快速增长过程,认为分散化趋势确实已经展开。但这一结论只适合于城市的微观区域。从更宏观的区域看,集中化趋势似乎更为明显,近几十年来大都市连绵区和大都市带在各国的快速发展也印证了城市的集中化过程(顾朝林等,1999)。

当今世界的经济走势和经济命脉,很大程度上掌握在若干个重要的都市圈或都市带之中。全球著名的都市圈(如纽约都市圈、巴黎都市圈和东京都市圈等)的共同特征是:跨国公司总部、世界级银行总部、大型研发机构云集,经济总量占绝对优势,高级管理人才、技术人才、经营人才汇聚(朱荣林,2003)。如美国纽约都市圈涵盖纽约州、新泽西州和康乃迪克州的200多个城镇,土地面积占美国的1.5%,但人口却拥有美国的20%,制造业占美国的1/3。全美500家大公司的总部有30%在纽约。纽约还是全球著名的金融中心,全世界银行的境外业务总量中的8%在纽约实现。纽约都市圈的产业结构和布局结构合理,经济能量高度集聚,处于世界经济的中枢地位。

第二节 中国的城市化进程

一、中国城市化的滞后及其根源

改革开放之前,我国城市化水平一直低水平徘徊,发展速度极为缓慢。1949~1977年城市化水平仅提高了8.32个百分点,年均增长0.30个百分点,低于世界同期的平均水平,我国城市化速度一直不适应工业发展的需要。如果以世界大多数同等经济发展水平的国家或者同等工业化水平的国家为参照系,1952年初我国城镇化率低于工业化率5.1个百分点,到1978年扩大为26.4个百分点,到1998年底城镇化率仍然低于工业化率11.8个百分点。如果与钱纳里的世界标准模型比较,中国城镇化水平之低显得更为突出(景普秋,2003)。有的研究通过建立城镇化国际模型,以世界平均工业化率、非农化率与城镇化率之比为标准,测算出1998年我国城镇化水平已滞后17.5个百分点(杨波,2001)。

我国城市化水平的滞后是所选择的特殊的城市化道路所决定的。中国城市化的初始背景决定了城市化道路形成的内在逻辑(蔡孝箴,1998)。新中国成立初期,我国还仅仅是一个农业国,为了医治战争创伤,面临着加速实现工业化的历史任务,加之朝鲜战争的爆发和台湾海峡局势的紧张,政府确定了赶超型的工业发展战略,走优先发展重工业的道路;在体制上采用了计划经济体制,由国家高度集中统一规划发展进程。为了保证工业的高速发展,采取了农业支付工业和国民经济迅速发展费用的方式,通过工农业产品的价格"剪刀差"把农业价值转移到工业中去,以加速国民经济的积累[①]。与这种发展途径相适应,政府采取了户籍制度、统收统支制度、统购统销制度、商品粮制度等制度,人为造成城乡分割和城乡间的居民收入及生活水平差距的扩大。中国的城市化道路就是这个体制框架的延伸。

中国的城市化道路有两个主要特点(蔡孝箴,1998):一是城市化的动力机制是重工业优先发展。这种动力机制是超越经济发展阶段并由政府发动的,因此,它对城市化进程的带动作用不可能通过正常的市场渠道自发地得到实现。也就是说,适应这种动力机制的传导机制必然也是超经济的和非市场的,主要表现为政府做出的相应的制度安排,即全面扭曲要素和产品价格的宏观政策环境和集中的资源计划配置制度。因此,这种城市化道路又被称为"政府发动型"城市化。二是以控制人口流动为主要内容。受"政府发动型"城市化道路的制约,城乡关系是封闭的。城乡经济贸易往来和商品流通规模都比较小,而且城乡经济联系主要通过行政机制来实现,城乡差别比较大。另一方面,对于不同规模、不同地区的城市发展则使之有趋于平衡的影响作用。政府特别强调少发展大城市,多发展中小城市,同时希望通过工业项目的分散布局来实现此目标。由此导致了1978年以前我国城市化发展步履维艰。

二、改革开放以来我国的城市化

(一)改革开放以来我国城市化的特点

1978年中共十一届三中全会以后,我国纠正了"左"的错误,并

[①] 原国务院农村发展研究中心发展研究所课题组估计,1955~1985年农民通过价格"剪刀差"形式对国家工业化提供的总"贡赋"达8 000亿元。参见蔡昉、林毅夫:《中国经济》,中国财政经济出版社,2003年,第129页。

采取了一系列正确的方针政策,有力地促进了城乡经济的持续快速发展。随着改革开放和现代化建设的推进,我国城市化进程也摆脱了长期徘徊不前的局面,步入了一个较快的发展时期。概括起来,改革开放以来我国城市化的特点有三点。①城市化水平迅速提高。从1978年的17.9%增长到1995年的29.0%,到2005年又增长到43.0%,1978~2005年年均增长0.93个百分点,是改革开放前的2.74倍。②城市数量不断增加。随着我国城市体制改革的深化,城市作为区域性政治、经济、文化中心的作用日益加强,"地改市、市辖县"新体制实施的优越性日益明显地表现出来,我国城市数量迅速增加,从1979年的216座增加到2004年的661座,年均增加17.8座。③城市综合实力大大增强。改革开放极大地促进了城市综合实力的增强,在城市经济、城市产业结构、城镇体系、空间布局、城市基础设施等方面都发生了明显的变化。城市化是中国经济持续增长的重要条件已成为共识,我国城市对经济发展的贡献越来越大。2001年全部地级城市(不含辖县)实现地区生产总值54 452亿元,比上年增长17.5%,高出全国增长速度10.2个百分点,占全国的比重为55.60%[①]。作为世界上人口最多的发展中国家,中国要在未来20年实现全面建设小康社会的奋斗目标,就必须加快城市化步伐。

(二)对目前我国城市化水平的总体评价

改革开放以来,以经济建设为中心的基本国策为我国经济的飞速发展提供了保证,也极大地推进了中国的城市化进程,这是一个可喜的进步。但是相对于我国每十年翻番的经济增长速度,城市化水

---

① 2002年全部地级市及以上城市(不含辖县)实现地区生产总值64 292.4亿元,占全国的61.35%。

平的增长速度还是远远落后的,我国的城市化水平尚处在水平较低的初级阶段。不论与发达国家相比,还是与一些发展水平相近的发展中国家相比,都是如此(表1—1)。1999年中国的城市化水平只有32.0%,低于世界平均水平14个百分点,低于中、低收入国家平均水平9个百分点,低于高收入国家平均水平45个百分点。此外,就城市总体水平而言,我国的大城市与世界发达国家相比也存在较大差

表1—1　中国城市化水平的国际比较

国家或地区	城市人口占总人口的比重(%)	
	1980年	1999年
全世界	40	46
低收入国家	24	31
中低收入国家	32	41
中等收入国家	38	50
下中等收入国家	31	43
上中等收入国家	64	76
高收入国家	75	77
中国[1]	20	32
美国	74	77
日本	76	79
德国	83	87
马来西亚	42	57
印度尼西亚	22	40
印度	23	28
菲律宾	38	58

资料来源:根据世界银行:《2000/2001年世界发展报告:与贫困作斗争》,中国财政经济出版社,2001年,第280～281页资料整理。

注:[1]1999年中国人均GNP780美元,在世界范围内属于中低收入国家的行列。1999年世界中低收入国家人均GNP1 240美元。

距。2004年上海、北京、天津、广州、大连的人均地区生产总值按汇率计算，分别合6 671美元、4 459美元、3 804美元、6 752美元、4 226美元，而发达国家的城市一般在10 000～30 000美元，是我国的2～6倍。第三产业的增加值占地区生产总值的比重，北京、上海、广州在50%左右，而纽约为80%，汉城为70%。

造成城市化水平较低的原因与我国城市发展战略的失误有关。多年以来，我国一直坚持"小城镇，大战略"的指导思想。但是这一发展战略是我国社会学家们基于20世纪初的社会学知识和对当时中国农村社会的认识，针对80年代中国改革开放初期的社会经济状况提出来的。在经历了举世瞩目的20年经济快速发展之后，这一战略思想显然有必要进行调整（成思危，2002）。

城市经济学家K.J.巴顿认为，城镇化的产生与发展都离不开工业化，工业化促进了城镇化，工业化与城市化之间存在着正相关关系。"18世纪后期受着当时出现的工业高潮所支配，在英国的北部，城市增加起来了，以前那里曾经是城镇化最低的地区。"（K.J.巴顿，1986）反过来城镇化由于具有聚集经济效益又促进工业化的发展，同时也促进了城市规模的进一步发展。当一个国家或地区经济发展达到一定水平时，城市化将成为经济发展的重要动力，进一步拉动工业化。一些发展较快的发展中国家，城市化的超前很好地拉动了工业化的进程，使经济迅速增长。相比之下，我国城市化发展的滞后已经制约了社会经济的进一步发展。按城市化的国际模型计算，2000年我国城市化水平应为50.42%，也就是说，相对经济发展水平而言，我国城市化水平已经滞后14.2个百分点（杨波，2001）。

阻碍城市化进程的因素在我国主要表现为三个方面（饶会林，2003）：①城乡隔离政策的惯性效应。虽然新世纪以来全国各地实施户籍制度改革，有条件地放开城市户籍壁垒，但40多年的城乡隔离政策所造成的影响还难以立即消失。②经济基础薄弱,城市建设缺乏资金来源,城市的吸纳力不强,国有企业改革成效不明显,城市就业困难,同时人口总量庞大,转移任务艰巨。③城市化道路和城市发展战略的选择一直存在争议,在城市化的战略指导思想上存在着严重失误(成思危,2002),影响了城市化水平的提高。我国实施的"小城镇战略"严重阻碍了城市化进程,试图将脱离农业的农民束缚在与大城市生活水平相去甚远的小城镇里,但农民却大规模地流向了北京、上海、广州、深圳等地,使得这些城市变成了"超大型城市",结果造成了我国"超大型城市"与"小城镇"的"两头不经济"。

城市化滞后的结果已经严重阻碍到我国工业化和农业现代化的进程(严正,2004)。首先,低水平的城市化延缓了城乡二元结构的改造,形成了城乡消费断层,妨碍国内需求的有序扩展和升级。与中小城市及农村相比,大城市的适度发展,在社会化大分工方面更为彻底,具有更大的社会需求量和需求能力,因此,城市化也代表着社会化,是发展中国家经济的一个主要特征。同时,在经济增长量的扩张方面也具有重要意义。据估计,目前我国城市化水平每提高一个百分点,可以带动地区生产总值增长 1.5 个百分点。城市化的滞后严重影响了市场容量的扩大。其次,城市化的滞后妨碍农业的发展,使大量农村剩余劳动力滞留农村,阻碍了农业劳动方式的革新和劳动生产率的提高,不利于提高农业劳动者的收入和消费水平。第三,城市化的滞后还妨碍了第三产业的发展,形成就业结构偏差,由于城市化进程缓慢削弱了第三产业在结构推移过程中吸纳剩余劳动力的能力,从而直接影响了第三产业的发展。第三产业发展缓慢反过来又减弱了对农村剩余劳动力的吸收。因此,加快中国城市化和大城市化的进程,是推进中国经济发展、提高国民经济效率、全面实现现代化的必由之路。

第三节　我国东部沿海地区经济发展的历程与特点

一、经济发展的历程

我国东部沿海地区已经具有庞大的产业，大规模的城市人口和众多的特大城市、大城市，相当发达的基础设施体系，以及较先进的科学文化教育设施。沿海地区的发展历程具有非常丰富的内容，今天的地位和态势是长期发展的结果。

(一)我国近代工业的发源地和主要分布地区

中国近代资本主义的萌芽(明末)在沿海地区。之后，沿海地区又是我国近代工业的发源地。1840年的鸦片战争至19世纪末的半个世纪内，帝国主义势力入侵，中国农村经济日益破产，近代工业开始兴起并有所发展。清朝末年的"洋务运动"主要发展的近代工业部门是船舶、枪炮制造、纺织和粮油加工等。其中，1860~1890年清朝政府创办的24家军工厂和船厂，主要分布在东南沿海和长江沿岸的通商口岸，以沿海地区为主。由于近代军事工业发展的需要，洋务派还创立了一些工矿企业和交通运输企业，开始在沿海地区修建铁路(陆大道等，2003)。

在第一次世界大战结束前，中国民族资本主义工业出现了一个短暂的发展高潮。形成了以上海为中心、以轻纺工业为主体的长江三角洲工业城市群和辽宁中南部的工业城市群。天津、青岛的轻纺工业在全国的地位也很重要。在广大内地，只有南方(包括西南地区)金属矿产的开采有了一定的发展。自 20 世纪 30 年代起,日本帝国主义占领我国东北之后,为了满足战争的需要和掠夺我国资源,也开始在沿海地区兴办以煤炭、钢铁、有色金属矿山和冶炼、制碱等为主的重工业(主要分布在东北和华北地区)。自抗日战争开始到新中国的成立,我国经济衰退。特别是在东南沿海,工业生产受到持续破坏。

(二)新中国成立至 20 世纪 70 年代初期沿海地区的发展潜力没有得到充分发挥

新中国成立以后,国家进行了大规模的经济建设,各地区经济均获得了较快的增长。但是,从新中国成立至 70 年代初期,沿海地区的发展潜力没有得到充分发挥。究其原因,与我国实施的区域经济发展战略有关。

新中国建立时所面临的是地区经济发展极不平衡的格局,全国 70% 以上的工业和交通运输集中于占全国面积不到 12% 的东部沿海狭长地带,重工业主要集中于辽宁省中南部地区,轻纺工业主要集中于上海、无锡、青岛、广州等少数城市,除了武汉、重庆等几个长江沿岸城市外,广大内地几乎没有近代工业(董辅礽,1999)。区域经济严重失衡的空间格局,对于我国新生政权的巩固,各民族之间的团结以及未来区域经济发展都极为不利。为了改变这种历史上遗留下来的生产力布局极不平衡的状况,以毛泽东同志为代表的中共第一代领导集体采取优先发展重工业和国防工业的区域平衡发展战略,即一方面坚持发展沿海城市,另一方面有计划地重点照顾内地。

在这种区域经济发展战略思想指导下,1949~1964 年沿海工业的改造、扩建和新建的投资额不断减少。老工业基地的作用,特别是以上海为中心的长江三角洲及华北沿海的工业城市的作用和潜力未能得到充分发挥。沿海地区的经济增长速度明显低于内地①。1965年中共中央作出"三线建设"的决策②,把经济建设的投资重点放在三线地区。"三五"时期(1966~1970)内地基本建设投资占全国的66.8%,其中三线建设的投资占全国的52.7%;"四五"时期(1971~1975)内地基本建设投资占全国的53.5%,其中三线建设的投资占全国的41.1%。三线建设的功过是非,是一个需要认真总结和研究的问题,但在我国经济发展史上是一段客观存在的现实,至少在改善生产力布局、促进广大内陆地区经济开发与发展起到了不小的作用(董辅礽,1999)。与此同时,70年代初期之前,老工业基地上海、天津、苏南、山东胶济沿线等基本上没有布局重大项目和重点项目。由于没有重点项目的带动,沿海地区的经济增长非常缓慢,甚至出现负增长。如1953~1977年长江三角洲地区的江苏、浙江的农业发展速度高于全国平均水平,但是地区生产总值、国民收入、工农业总产值和工业总产值等多项指标的平均增长率,除江苏的工业生产平均增长率之外,其余均低于全国平均水平(陈建军,2000)。

(三)1972~1978年战略重点由内地向沿海的逐步推移

1972年2月28日发表的《中美上海联合公报》,标志着中美两国的关系开始走向正常化。1973年1月国家有关部门制定了"关于增加设备进口,扩大经济交流"的计划。引进项目主要是以石油化工

---

① 如1952~1957年全国工业平均增长15.7%,其中内地为17.8%,沿海为14.4%。

② 所谓"三线"是按中国地理区域划分的,即沿海和沿边疆的省份为一线,全国战略大后方的省份为三线,介于一、三线之间的地区为二线。而一、二线省份的腹地又是本地区的三线,即小三线;作为全国战略大后方的三线即为大三线。大三线分为两大片:一是包括云南、贵州、四川的全部或大部分及湘西、鄂西地区的西南三线;二是包括陕西、甘肃、宁夏、青海的全部或大部分及豫西、晋西地区的西北三线。

为主的原材料工业和电站设备,这些均是我国70年代建设计划安排的重点,这些项目基本布局在海岸带和长江沿岸,到1977年底基本建成,这对于改善当时国民经济严重失调的局面,增强经济实力起到了积极的作用,沿海地区也获得了经济发展的动力(陆大道等,2003)。

此外,根据当时周恩来总理"三年改变港口面貌"的指示,沿海地区在这个阶段加强了港口建设,促进了70年代我国对外贸易的发展和国内"北煤南运"紧张状况的缓解。

(四)改革开放以来沿海地区的高速增长

1978年召开的中共十一届三中全会做出了把工作重点转移到社会主义现代化建设上来的重大战略决策,从"六五"(1981～1985)开始,我国开始实施不平衡发展战略,其内涵是指以东部沿海地区为重点,以此求得中西部地区和东部沿海地区的共同发展。"六五"计划要求:对于沿海地区,"要积极利用这些地区的现有基础,充分发挥它们的特长,带动内地经济进一步发展。"而对于内地,则是"加快能源、交通和原材料工业建设,支援沿海地区经济的发展"。沿海与内地的经济建设,明显处于不同的地位。沿海是"带动"内地经济发展,而内地则是"支援"沿海地区经济的发展。国家为此在政策优惠、资金投入、建设项目、工作力度等方面都开始向东部大力倾斜,主要表现在:其一,对外开放向东部倾斜。到90年代初,东部地区先后创办了5个经济特区,开放了14个沿海城市,开辟了13个经济技术开发区和长江三角洲、珠江三角洲、闽南三角地带以及山东半岛和辽东半岛,形成了拥有41万平方公里、2亿多人口的沿海开放地带。其二,优惠政策向东部倾斜。国家对东部沿海开放地区从财政、税收、信贷、投资等方面给予了一系列优惠。如在对外开放上,扩大当地政府利用外资的审批权限和对外经济活动自主权,减免外商投资企业的所得税和关税,扩大当地政府对外贸易的自主权和外汇留成比例,等等。14个沿海开放城市仅仅在"七五"(1986～1990)期间,外商直接投资就超过100亿美元,投产"三资"企业2 000多家。对外开放促进了外向型经济的强劲发展,1990年沿海12个省(区、市)的外贸出口额近400亿美元,约占全国外贸出口总额的2/3(吴敬琏,2004)。其三,国家基本建设投资向东部倾斜(表1—2)。

表1—2 1980～1991年我国东中西三大地带基本建设投资情况　单位:亿元、%

时 期	全 国	东 部 总额	东 部 比重	中 部 总额	中 部 比重	西 部 总额	西 部 比重
"六五"	3 410.1	1 627.0	47.7	997.5	29.3	587.7	17.2
"七五"	7 349.1	3 800.5	51.7	1 792.7	24.4	1 223.5	16.7
1991年	2 115.8	1 029.6	48.7	515.5	24.4	362.3	17.1

资料来源:转引自陆大道等:《中国区域发展的理论与实践》,科学出版社,2003年,第570页。

我国实行的区域经济不平衡发展战略,加快了东部区域经济的迅速发展,使东部地区特别是东南沿海地区成为推动我国国民经济持续高速增长的最重要的力量,使东部沿海开放地带和工业城市群成为我国经济最发达的精华区域。同时,通过一系列的传递、扩散机制和示范效应,也在一定程度上带动了中西部地区经济的开发和发展,促进了内地区域经济的繁荣,各区域经济都得到了快于改革前的增长。1952～1978年东部地带人均国民收入年均增长4.63%,中部地带年均增长2.92%,西部地带年均增长3.53%;而1978～1992年东部地带人均国民收入年均增长8.28%,中部地带年均增长6.73%,西部地带年均增长7.1%(杨秋宝,2000)。

但是,区域经济不平衡发展战略在实施中也存在一些问题。一是在突出重点区域优先发展的同时,实际上对不同区域经济的协调发展重视不够,区域经济发展不平衡及发展差距拉大了;二是在实行一系列向东部沿海地区倾斜的政策措施的过程中,不同程度地存在着范围上过分倾斜、力度上过度倾斜和时限上过长倾斜,在实现效率目标的同时,对公平目标兼顾不够;三是一些必要的区域经济发展的政策措施不完善,因而存在着区域之间的利益摩擦和冲突、区域经济封锁,以及区域产业结构趋同等不容忽视的问题。可以说,实行不平衡发展战略时期是我国经济增长速度最快的时期,也是地区间差距扩大最快的时期。

(五)1992年以来沿海地区的优势和潜力得到了更加充分的发挥

1992年以后中央做出了浦东开发开放的战略决策,香港和澳门也相继回归祖国,我国加入WTO,使我国在对外开放和融入世界经济大循环等方面又迈进了一步。兑现加入WTO的承诺,将使中国社会经济生活发生广泛而深刻的变化。加入WTO,既是中国迎接经济全球化的挑战的需要,也将有力地促进中国的改革与发展(吴敬琏,2004)。利用这些难得机遇,沿海地区大力调整产业结构,引进外资,大规模地发展进出口贸易。在加强能源、钢铁、石化、机械制造、汽车、造船等重工业的同时,大力发展了电子、家电、通信等新的工业部门和行业。在出口工业品的生产方面有了大幅度的增加。为了适应国内市场和增加出口的需要,家用电器、电子元器件及电子计算机、通信设备和纺织、服装的生产得到迅速发展。在原材料工业生产方面,主要是加强了钢铁、以乙烯为中心的合成材料、化工原料的生产,同时汽车工业也得到了大发展。

二、经济发展的特点

(一)国民经济持续快速增长,成为全国经济增长的主体

80年代以来,我国东部沿海地区平均经济增长速度保持在10%以上,有的地区超过15%。沿海地区占全国地区生产总值的比重,从1990年的53.01%增加到2004年的72.5%。许多工农业产品产量占全国一半以上,甚至达到70%以上(陆大道,2003)。沿海地区经济持续发展的主要因素是不断扩大的对外开放、体制创新以及产业结构调整。

同时,沿海地区还承担着国家大部分财政收入的来源,肩负着加快经济调整、再创新优势及促进区域经济合作、带动中西部发展的历史重任。沿海地区经济高速增长并对整个国民经济的发展起到了巨大的支撑作用。今后,这种作用和历史使命将在很长时期内保持并发展。

(二)工业化和城市化发展非常迅速

按照世界银行在《1999/2000年世界发展报告》中的划分方法,1998年人均GNP在760美元及其以下为低收入经济(Ⅰ),761~9 360美元为中等收入经济(Ⅱ),9 361美元及其以上为高收入经济(Ⅲ),中等收入经济又按人均GNP为3 030美元的标准进一步划分为下中等收入经济($Ⅱ_a$)和上中等收入经济($Ⅱ_b$)[①]。2002年我国东

---

① 在《2003年世界发展报告》中,世界银行提出了新的划分标准:2001年人均GNI在745美元及其以下为低收入经济(Ⅰ),746~9 205美元为中等收入经济(Ⅱ),9 206美元及其以上为高收入经济(Ⅲ);中等收入经济又按人均GNI为2 975美元的标准进一步划分为下中等收入经济($Ⅱ_a$)和上中等收入经济($Ⅱ_b$)。

部地区人均地区生产总值13 334.7元,合1 612美元,这说明我国东部沿海地区目前已经开始迈入上中等收入经济的门槛(表1—3)。

有关研究指出(魏后凯,2004),从工业化阶段来看,目前我国已经进入工业化的中期阶段,其中东部地区处于工业化中期的后半阶段。如2004年北京市人均地区生产总值为4 459美元,已经具有工业化中期阶段的特征;三次产业增加值构成为2.4:37.6:60.0,就业构成为6.9:26.4:66.7,已经具有了工业化后期甚至后工业化阶段的特征。然而,从工业内部结构变化来看,目前北京市原料工业所占的比重较高[①],至今仍处于由以原料工业为重心的重工业化阶段向以加工装配为重心的高加工度化阶段转变的时期,离工业化后期阶段的技术集约化目标仍有较大差距。因此,总体上看,目前我国东部沿海地区仍处于由工业化中期向后期推进的阶段,其地区工业化的历史任务并没有完成。

表1—3　2002年中国城市化水平的地域差异　　　　单位:个、%

地 区	城市数量		城市相对密度	人口100万以上		人口50万~100万		人口50万以下	
	数量	比例	(个/百万人)	数量	比例	数量	比例	数量	比例
全国合计	660	100	0.514	171	100.0	279	100.0	210	100.0
东部地区	287	43.5	0.541	96	56.1	135	48.4	56	26.7
中部地区	247	37.4	0.549	50	29.2	106	38.0	91	43.3
西部地区	126	19.1	0.427	25	14.7	38	13.6	63	30.0

资料来源:根据国家统计局:《中国统计年鉴(2003)》,中国统计出版社,2003年,第98页、387页有关资料整理。

[①] 2000年北京市采掘和原料工业产值占全部国有及年销售收入500万元以上非国有工业总产值的26.6%。

随着改革开放政策的实施和经济的快速发展,我国沿海地区的城市化速度是非常惊人的。2005年我国城市化水平为43.0%,与1990年相比城市化水平约提高16个百分点,城市化发展最快的是沿海地区。2002年,除北京、上海、天津外,广东(55.0%)、辽宁(54.2%)、浙江(48.7%)等城市化水平已经超过45%,全国有11个省(区)城市化水平仍低于30%,基本上集中在中西部地区。表1—3显示了2002年我国城市化水平的地域差异。

(三)产业结构处于迅速调整与升级之中,成为国家高新技术产业发展和产业创新的基地

80年代沿海地区普遍发展了能源、基础原材料和轻工业生产。进入90年代,随着全国各地区结构的调整和特色优势产业的发展,沿海地区的产业发展、优化升级取得了明显的进展。许多省(区、市)调整了自己的发展方向,将技术层次较低、依赖中西部地区资源程度大的生产加以限制乃至淘汰。腾出资源和空间发展高新技术产业、第三产业和具有竞争优势的产业,从而推动了产业结构的升级。

东部沿海地区加快了高新技术发展及其产业化的步伐,使之成为国家高、精、尖、新产业和新产品的聚集区,这里集中了以微电子和电子信息技术、空间科学和航空航天技术、生命科学和生物工程技术、材料科学和新材料技术、能源科学和新能源技术、环境科学和环境保护技术、地球科学和海洋工程技术、医药科学和生物医药工程技术等为代表的高新技术。无论科技实力、科技水平和产业规模,沿海地区都处于国内领先地位。沿海发达地区正在成为我国高新技术产业发展的基地和研究开发活动的重点地区(表1—4)。东部沿海地区的主要创新空间有,北京市以中关村为核心的高新区、上海市高新区、江苏浙江的环太湖城市圈高新技术产业带、广东珠江东岸的"电

子信息走廊"等。

表1—4　2004年全国各类国家级开发区分布情况　　单位:个、%

地区	经济特区 数量(个)	经济特区 比例	经济技术开发区 数量(个)	经济技术开发区 比例	高新技术开发区 数量(个)	高新技术开发区 比例
全国合计	5	100.0	56	100.0	53	100.0
东部地区	5	100.0	35	62.5	29	54.7
中部地区	0	0	10	17.9	13	24.5
西部地区	0	0	11	19.6	11	20.8

资料来源:http://www.cadz.org.cn/kfq/jjjs.asp,http://www.cadz.org.cn/kfq/gxq.asp(2004.7.10.)。

沿海地区高新技术产业的发展,还带动了许多老工业基地工业化的升级和传统产业的改造。同时,形成了一批新兴的工业化地区。高新技术产业发展速度快及规模大的地区(如北京、上海、广东、江苏、浙江等),由于高新技术产业发展的规模日益扩大,促进了这些地区国民经济的持续高速增长。

(四)经济全球化的迅速发展

80年代外商投资的重点在珠江三角洲地区,到90年代外商投资的趋势由南向北推移,截至2002年底,世界500强企业已经有400多家进入长江三角洲,其中上海有184家跨国公司的地区总部和中国总部(王其明等,2004)。以90年代初的浦东开发开放为标志,沿海地区的经济全球化进入了快速发展时期。沿海地区的制造业、金融业的国际化程度愈来愈高。与此同时,在我国进出口贸易中,沿海地区占着绝大部分比重。外商直接投资(FDI)也主要集中在沿海地区。2003年沿海12个省(区、市)吸收的外商投资总额为

482.1亿美元,占全国的85.9%。主要原因在于沿海地区是我国最早开放的地区,投资环境相对比较完善,而且经济发展水平较高,工业基础较好。

第四节　我国三大城市群将成长为具有世界影响力的经济空间

一、组团式城市群是城市发展的高级形态

(一)城市群

城市的产生和发展已经有五六千年的历史,城市带的形成和发展也有几百年的历史,城市群的形成和演化也超过了100年,而组团式城市群的提出仅仅只有20年的时间。

从19世纪末到20世纪初,西方国家兴起的"城市郊区化"推动了中心城市与邻近地域的逐步一体化,1915年英国学者P.格迪斯(P. Geddes)提出"城镇密集区"和"组合城市"(conurbation)的概念就是现代城市发展的雏形。城市中心区与近郊形成具有紧密经济联系的城市功能性地域,即"都市圈"(metropolitan area),作为区域中心和增长极,以其集聚效应为特点迅速扩大了区域财富的增长。

二战以后,城市化速度加快,在发达国家的经济核心区沿交通走廊分布的都市,由于相互作用强烈而频繁,进而聚合成如法国地理学家J.戈特曼(Jean Gottmann)1957年首先提出的"城市带"(megalopolis)[①]。城市带除了保持强劲的集聚效应外,以其通达效

---

① 1976年戈特曼在他题为《世界上的城市群体系》的论文中,首次提出了世界上存在六大城市群的观点,以上海为中心的城市群被列为第六大城市群。

应为特点迅速扩大了区域之间的交流,进而产生了"城市群"(urban agglomerations)[①]。

90年代,随着经济全球化的日益深入,城市发展进入了一个新的历史阶段,在"城市群"的基础上,提出了"组团式城市群"(urban clusters)的概念。21世纪是城市的世纪,中国作为世界上人口最多的发展中国家,未来20年中国城市化进程不但对于中国而且将对全球发展产生深刻影响,而城市化中的高级表达就是"组团式城市群"。

(二)组团式城市群

组团式城市群是大中小城市"结构有序、功能互补、整体优化、共建共享"的镶嵌体系,体现出以城乡互动、区域一体为特征的高级演替形态。在水平尺度上是不同规模、不同类型、不同结构之间相互联系的城市平面集群;在垂直尺度上是不同等级、不同分工、不同功能之间相互补充的城市立体网络。二者之间的交互作用使得规模效益、集聚效益、辐射效应和联动效应达到最大化,从而分享尽可能高的"发展红利"[②],完整实现区域发展动力、区域发展质量和区域发展公平三者在内涵上的统一。

组团式城市群以区域空间作为发展基底,既包括了集聚财富能力很强的城市,也包括了处于比较低下水平的乡村。依照国际上的

[①] "城市群"是指在特定的地域范围内具有相当数量的不同性质、类型和等级规模的城市,依托一定的自然环境条件,以一个或两个特大或大城市作为地区经济核心,借助于综合运输网的通达性,发生与发展着城市个体之间的内在联系,共同构成一个相对完整的城市"集合体"。

[②] "发展红利"是指"区域整合之后所带来的发展潜力与整合之前的现状能力之差",即由于空间结构、网络结构、人才结构的趋优调整,区域发展在等级、有序、互补、高效地整合中获取额外收益和潜在收益的总和。当经济主体从一个低级平台向一个高级平台整合时,生产力要素的组合趋好、资源配置趋优、专业化分工趋强、发展成本趋低,发展红利的"自发"获取将呈非线性增长。

一般估计,在一个组团式城市群内,城乡在地理空间面积之比约为1∶50;在财富能力上的比重约为50∶1;在人口数量上的比例发达国家为85∶15,发展中国家为50∶50(中国市长协会《中国城市发展报告编辑委员会》,2004)。因此组团式城市群包括了两类经济水平、两类社会结构、两类生活水平和两类生态质量。在全面地整合考虑中,如何实现二元经济和二元社会的融合,也即乡村—城市的转型,最终达到区域经济一体化,是组团式城市群建设的目标之一。

与城镇密集区、城市带和城市群相比,组团式城市群更注重完整定位和跨区域整合(中国市长协会《中国城市发展报告编辑委员会》,2004)。在城市群发展的基础上,城市之间在水平意义上的区域整合和等级性的有序合作越来越强。城市群甚至可以在跨区域的更大范围内实现资源优化配置,体现出越来越明显的全球经济特性。组团式城市群是在城市区域性集聚的基础上,更多考虑城市群的个性价值,或在经济全球化时代的整体定位发展起来的。这一概念更加强调顶层设计,注重城市群的整体功能和群内城市的功能整合。除此之外,组团式城市群还强调垂直方向上,即不同级别的城市之间社会经济分工。如群内首位城市多属于知识和资本密集型,而其他城市则主要在技术和劳动密集型经济上开展活动。也就是说,组团式城市群更强调城市间的立体性的功能匹配,强调知识在资本作用下的产业化活动。

组团式城市群不是几个城市的简单相加,而是不同类型和不同规模城市之间由资源共享、优势互补所产生的社会经济现象。在组团式城市群中,应该培育起具有全球竞争力的产业集群。正是不同的城市相互支持,营造一种创新、创业的环境,使得不同层面的产业链、知识链等复合成一个立体的具有较强生命力的社会存在。因此,大城市群才产生很强的资源吸附、配置、整合和增值的能力。

每个城市的发展都必须与外部经济发生联系,组团式城市群的形成过程实际就是各城市之间关系越来越密切的过程。一个内部经济协调发展的城市群可以使地理位置、生产要素和产业结构不同的各等级城市承担不同的经济功能,在区域乃至全球范围内实现单个城市无法达到的规模、集聚和联动效益。

二、我国三大城市群将成长为具有世界影响力的经济空间

纵观我国城市化50多年演替的历史轨迹,未来20年中国城市化进程的方向、重点、格局、成效,将对中国新一轮经济增长的动力、质量和公平性产生战略性的作用。中国经济将从原先的"点状拉动"越来越向各个大城市群的"面状组合"(组团式拉动),特别是向珠江三角洲、长江三角洲、京津冀这三个大城市区(群)进行集聚。可以预见,这三大城市群将在不久的将来健康成长为具有世界影响力的经济空间(图1—2)。

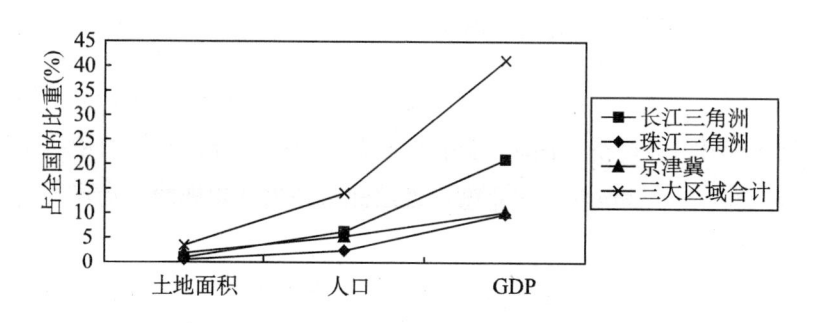

图1—2　2004年我国沿海三大区域基本情况比较

20世纪下半叶,大纽约区、大芝加哥区(五大湖区)和大洛杉矶区三大组团式城市群对美国经济的整体贡献率达到67%;大东京区、阪神区和名古屋区三个组团式城市群对日本经济的整体贡献率

超过70%。2004年珠江三角洲的地区生产总值占全国的9.02%，长江三角洲约占全国的21.02%，京津冀地区约占全国的10.31%，这三个组团式城市群占中国经济整体贡献率的2/5。美国、日本和中国的对比显示，中国经济增长的制高点和主力军尚未形成，"发展红利"的巨大潜力还未释放，组团式发展的强力拉动有待开掘，空间整合的优化能力亟须提升。

未来20年是中国社会经济发展的重要战略机遇期，大力推进中国的城市化，特别是重点培育三大组团式城市群，既是全面建设小康社会、实现现代化的历史重任，又是有效缓解中国经济社会约束"瓶颈"的操作手柄，成为保障中国经济社会快速、健康和持续发展的重大战略举措。最大限度地分享发展红利带来的好处，加快实现国家经济发展方式从点状拉动到组团式发展的重大转变，打造中国新一轮经济增长的战略平台，构筑引领中国发展势头的战略制高点，将是未来20年中国经济改革和发展必然面临的历史选择。

三、沿海地区三大城市群的发展趋势

对于中国三大城市群而言，未来5~7年，不仅将共同分享中国加入WTO及经济全球化、国际产业资本转移所带来的新的发展机会，而且各个城市群内部业已产生启动新一轮大发展的能量巨大的"引擎"。

京津冀城市群"引擎"主要来自于北京举办2008年奥运会及国家扶持老工业基地的政策。据有关部门公布的投资预算，北京将为举办奥运会进行奥运史上最大规模的投资，总额高达2 800亿元人民币，主要用于城市基础设施、城市环境改善、奥运比赛场馆建设和运营费用，以及电视媒体的转播系统和通信系统等。其中比赛场馆建设除北京外，还将在京津冀北的一些港口城市建设。举办奥运会

将带动一大批相关产业的发展,包括建筑、房地产、旅游、广告、体育博彩、城市公交等,并创造新的大量的就业岗位。据国家统计局预计,到2008年北京"奥运经济"平均每年能拉动全国地区生产总值增长0.3~0.4个百分点。作为毗邻北京的京津冀北的主要城市,从奥运大规模建设中必将分享一定利益。

长江三角洲城市群"引擎"主要来自于上海举办世博会及国际性大都市的建设。举办2010年世博会既是上海提升城市功能、向更高层次发展的加速器,同时也是一个辐射源,长三角的其他城市都可以从中受益。用于世博会园区建设的直接投资为30亿美元,而包括为世博会成功举办所需要的交通、城建等间接投资约是直接投资的5~10倍。据上海有关方面测算,这些投资需求可能拉动地方地区生产总值增长0.6个百分点(陈耀,2004)。由于长三角毗邻城市与上海市的区位、交通紧密联系,上海世博会的巨额投资会把周边城市带动起来,不仅在交通等基础设施上对接,而且在整个城市服务功能、城市品味上,都将相应提升档次。保守估计,将有100多个国家和地区参加世博会;7 000万人次的游客和展览商到上海,上海旅游业的直接收入将超过91亿元。此外,在世博会举行的183天,参观者将不会局限仅逗留在上海,势必会在苏浙两省及更多地区流动。据预测,其中有超过70%的参观者将做"延伸旅游"(《长三角报告》编撰委员会,2004)。借助"世博效应",以上海为中心的长江三角洲城市群将成长为世界著名的城市群之一。

根据国务院批复的《上海市城市总体规划》,上海将建成国际经济、金融、贸易和航运中心,成为国际性大都市。围绕这一目标,未来5~7年上海将开始城市建设和发展的又一个新高潮,由此上海市现有的一部分功能要转移或者退出,从而为长三角城市提供了承接、配套发展的良机。

珠江三角洲城市群"引擎"主要来自于香港与内地 CEPA 协定和"泛珠三角"的区域合作。2003 年 6 月 29 日签署的"内地与香港关于建立更紧密经贸关系的安排"(简称 CEPA),一方面由于 273 种香港产品以零关税进入内地,而有助于刺激香港制造业在一定程度上的复苏;另一方面随着关税壁垒的提前消除,毗邻港澳的区位和文化优势使得广东与港澳经济融合的步伐加快,从而必将带动珠三角城市群向更高层次发展。

2003 年以来,由广东省倡导并得到福建、江西、湖南、广西、海南、四川、贵州、云南八省(区)政府和香港、澳门特别行政区政府积极响应和大力推动的泛珠三角区域合作(即"9+2"),已经引起了相关地区社会各界的普遍关注,得到了广泛赞同[1]。首届论坛于 2004 年 6 月 1~3 日在香港、澳门、广州三地举办。"9+2"政府领导人共同签署了"泛珠三角区域合作框架协议"[2]。这对于进一步加强九省(区)和港澳特别行政区的交往与合作,对于促进区域内部贸易自由化和要素自由流动,获取区域内地区间的经济聚集和互补效应,提高市场配置效率,依托市场力量对资源进行更为充分和合理的配置,促进专业化分工和产业结构优化,减少重复建设,提高专业化分工水平,进而提升区域综合竞争力具有重要的意义。加强内地九省(区)与港澳特别行政区的合作,不仅对九省(区)整体上提高对外开放、对内拓展的水平,提高整体竞争力,通过港澳的桥梁作用,在更广的领域和更深的程度上参与国际经济技术合作与竞争,营造经济发展的多赢格局具有重要的现实意义。同时,对拓展港澳发展的空间,促进

---

[1] 九省(区)总面积 199.45 万平方公里,占全国面积的 20.78%;2002 年九省(区)人口 4.46 亿人(不含港澳)、实现地区生产总值 34 474.2 亿元(不含港澳),分别占全国的 34.76%和 33.67%。

[2] http://www.southcn.com/panprd/zl/forum/200405230328.htm(2004-7-12)。

香港、澳门的繁荣和稳定具有重大的战略意义。

从总体上看,未来5～7年中国东部沿海地区三大城市群都进入新一轮发展机遇期,它们对中国总体经济实力的贡献将会进一步增大,将成为新一轮中国经济增长的战略平台。

参 考 文 献

1. K. J. 巴顿:《城市经济学》,商务印书馆,1986年。
2. 安树伟、张素娥:"产业链与京津冀地区制造业的发展",《领导之友》,2004年第4期。
3. 蔡昉、林毅夫:《中国经济》,中国财政经济出版社,2003年。
4. 蔡孝箴:《城市经济学》(修订本),南开大学出版社,1998年。
5. 《长三角报告》编撰委员会:《长三角报告》(2004),中国社会科学出版社,2004年。
6. 陈建军:《中国高速增长地域的经济发展——关于江浙模式的研究》,上海人民出版社,上海三联书店,2000年。
7. 陈耀:"中国城市经济圈发展特征与前景",载陈栋生:《中国区域经济新论》,经济科学出版社,2004年。
8. 成思危:《成因与对策:透析中国的通货紧缩》,经济科学出版社,2002年。
9. 董辅礽:《中华人民共和国经济史(下卷)》,经济科学出版社,1999年。
10. 顾朝林等:《经济全球化与中国城市发展》,商务印书馆,1999年。
11. 国家统计局:"中华人民共和国2006年国民经济和社会发展统计公报",2007年2月28日。
12. 景普秋:《中国工业化与城镇化互动发展研究》,经济科学出版社,2003年。
13. 陆大道等:《中国区域发展的理论与实践》,科学出版社,2003年。
14. 饶会林:《中国城市管理新论》,经济科学出版社,2003年。
15. 世界银行:《2000/2001年世界发展报告:与贫困作斗争》,中国财政经济出版社,2001年。
16. 魏后凯:"国际化大都市建设与北京工业发展研究",中国社会科学院工业经济研究所研究报告,2004年。
17. 魏后凯:《现代区域经济学》,经济管理出版社,2006年。
18. 吴敬琏:《当代中国经济改革》,上海远东出版社,2004年。

19. 谢文蕙、邓卫:《城市经济学》,清华大学出版社,1996年。
20. 严正:《中国城市发展问题报告:问题·现状·挑战·对策》,中国发展出版社,2004年。
21. 杨波:"我国城市化滞后程度的定量分析",《重庆商学院学报》,2001年第2期。
22. 杨秋宝:"宏观区域经济发展战略50年:从平衡发展到非均衡协调发展的转换",《中共中央党校学报》,2000年第2期。
23. 赵弘:《2006~2007年:中国总部经济发展报告》,社会科学文献出版社,2006年。
24. 中国市长协会《中国城市发展报告编辑委员会》:《中国城市发展报告》(2002~2003),商务印书馆,2004年。
25. 《中华人民共和国国民经济和社会发展第六个五年计划》,人民出版社,1983年。
26. 朱荣林:《走向长三角:都市圈经济宏观形势与体制改革视角》,学林出版社,2003年。
27. 邹德慈:《城市规划导论》,中国建筑工业出版社,2002年。

第二章 乡村—城市转型机理

第一节 乡村—城市转型的含义

乡村—城市转型的提出是基于发展中国家发展的现实,更是基于中国经济发展的历史积累与现实问题的迫切需要。目前与乡村—城市转型的相关概念或者相同、相类似的提法有一些,但在其内涵与外延上还是有一些细微差别。乡村—城市转型的具体含义体现在生产与生活方式的多个方面。

一、乡村—城市转型的提出与意义

中国属于转型国家之一,在经济、制度、社会、观念诸多方面经历着种种转变,如由传统计划经济向现代市场经济的转变,由以农业和工业为主的社会向以信息产业为主导的服务社会转变,由以政府主导的社会向以法制主导的社会转变,由乡村社会向城市社会转变等。其中,从乡村型的农业社会向城市型的工业社会的转型,从指令性经济向市场经济的转型,被认为是中国目前面临的两个历史性转变过程。乡村—城市转型即是指乡村型社会向城市型社会的转变,这一问题的提出主要是基于中国经济发展的现实。

(一)工业化与城镇化的偏差导致中国乡村—城市转型的特殊性

乡村—城市转型之所以成为中国目前所面临的历史性转变过程,主要与新中国成立以来的发展经历,改革开放以来的经济与社会结构的巨大变化密切相关。新中国成立之初到中国第一个五年计划结束,经济走过了一段蓬勃发展时期,城镇化水平也迅速提高,从10.6%的城镇化率提高到16.3%。此后,中国实行了重工业优先发展战略,以及与之相关的一系列配套政策,制约了轻工业、第三产业的发展,劳动力非农转化受到影响,城乡之间生产要素的流动受到严格控制,人口城市化基本上处于停滞状态,一直到1978年,城市化率为17.9%,20年间(1958~1978年)城镇人口比重基本处于没有变化。改革开放后,农村经济与体制改革,释放了农业生产的潜力,农业劳动生产率与土地生产率都得到很大的提高,农民收入水平迅速上升。收入提高带来消费需求的上升,进而带动了工业的发展;农业劳动生产率的上升,解放了大量的农业剩余劳动力,农业生产也有了部分的剩余与积累。在这种背景下,农民面对着逐渐上升的工业品需求市场,使用农业积累的一部分资金,开始了非农产业的生产,推动了农村工业化的发展,也推动了一大批农村小城镇的建设,乡村工业化与乡村城镇化成为中国经济社会的结构转换最明显的特征之一,乡镇企业与小城镇的发展成为农村剩余劳动力与人口转移的主要途径之一,成为中国工业化与城镇化重要的组成部分。乡镇企业与小城镇的发展,在中国农村经济发展中起了不可磨灭的作用,大大改善了农村的生产条件与农民的生活质量,但是特殊环境下的发展使得它们具有先天的不足,乡镇企业的分散化发展,小城镇的产业规模、人口规模的局限,减弱了它们对农村经济的影响力,对农村剩余劳动力以及农村人口的吸纳能力。乡村向城市转型已经成为经济发展的不可逆转之势,如何更好地引导与推动乡村型社会向城市型社会转变,是中国经济发展现实的需要,也是理论界面临的主要问题之一。

(二)我国已进入乡村—城市转型的快速增长阶段

2005年我国城市人口比重达到43.0%,已经进入了城市化迅速增长的中期阶段,伴随着人口向城市的转移,资金、技术、劳动力等各种生产要素都迅速向城市地区转移,经济要素向非农产业转移,乡村型社会向城市型社会转变,包括经济转变、社会转变、文化转变、空间形态与景观转变等各个方面;伴随着乡村型社会向城市型社会的转变,社会经济也必然面临多方面的结构变革与调整,如何协调社会各方面的力量,为乡村—城市转型从政策上提供一个更为宽松的发展,从具体措施上来加速乡村—城市转化,从发展战略上将乡村—城市转型放到一个重要的位置,便于加快社会经济方方面面的结构变革。

(三)乡村—城市转型是实现小康社会、解决三农问题的主要途径

农业、农村、农民问题是发展中国家普遍存在的问题,在我国经济发展中愈来愈受到重视。十六大报告指出:"建设现代农业,发展农村经济,增加农民收入,是全面建设小康社会的重大任务。"2003年朱镕基总理在第十届人代会的《政府工作报告》中指出,五年来始终坚持把解决"三农"问题放在突出位置;而要根本解决"三农"问题,是一项长期而艰巨的任务,需要坚持不懈的努力。"三农"问题的实质是工业化、城市化问题,是工业化与城市化以及城乡协调发展的问题。"三农"问题的核心是提高农民的收入,改善农民的基本生活条件。其中提高农民收入,必须提高农民的劳动生产率:一是减少与土地相结合的农业劳动力的数量,实现农业的规模化与产业化经营;二

是发展现代农业,增加农业生产的科技含量与科技投入,通过提高土地的生产率进而提高农业劳动者的生产率。可见农业的发展与农民收入的提高,是一个工业化问题,是一个首先实现非农产业转化的问题:一方面要不断实现农村剩余劳动力向非农产业的转移,减少与有限农业用地相结合的农村劳动力,实现土地的规模化经营与产业化经营,提高劳动者的边际生产力;另一方面通过工业化的逐步深入来带动、武装农业生产。要改善农民的基本生活条件,提高农民的收入是前提,加大对农村的基础设施的投资,包括学校、医院、文化设施、水电的供应等方面是关键。而服务设施与基础设施只有在满足了一定的规模人口,或者说在某一区位集聚了足够的人口规模,其投资才具有经济效益。可见农民与农村的发展是一个不断城市化的过程,是乡村人口向城市、城镇的不断转移,农村小城镇、小城市的不断涌现与规模不断扩大的过程。

二、乡村—城市转型的含义

许学强教授(1998)是这样定义乡村—城市转型:"它强调的是在农村地区发生的由乡村向城市转化,由量变到质变的动态过程,内涵是全方位的,包括景观的、社会的、经济的、人口的转型过程,其终结是乡村转向城市或城乡融合区。"他认为乡村—城市转型是一个动态变化过程,内涵是多方面的,终结是向城市或者城乡融合区转化。实际上乡村地区的某一方面城市化特征的表现,也应该包含在乡村—城市转型的范围之内,当农村劳动力的边际生产力与城市劳动者的边际生产力接近,农业劳动力与非农产业劳动力的边际生产力接近,农业劳动力向非农产业的转移、农村人口向城市化地区的转移,基本上处于均衡状态,在这种状况下,乡村地区仍然具有存在的价值与意义,在生产方式与生活质量上已经有很大的改观,应该说也实现了乡村—城市转型。所以说乡村—城市转型,并不是以城市化地区代替农村地区,而是城市化特征在各类型地区的渗透与提升,城市化地区在扩张,但并不能完全取代农村。刘君德等(1997)指出了乡村—城市转型的具体内容。乡村—城市转型是人类社会地域空间组织由农村社会类型向城市社会类型转变的过程,这种转型包括四个方面的转变:一是人口的转变,包括人口职业转变和人口地域分布的变化;二是经济结构的转变,主要是产业结构的变化;三是空间地域结构的转变,即由农村地域发展成为城市地域,由农业生产地域为主导型转变为非农业生产地域为主导型;四是基础设施完善,即道路交通、供电、供水和供气等的配套,公共设施的完善,它是乡村—城市转型的明显标志之一。这四个方面概括了乡村—城市转型的典型特征,或者说转型的具体标志,其中任何一方面的发生,我们都可以把它成为乡村—城市转型;如果四个方面同时发生了,实际上也就是一个完全城市化过程。

综上所述,乡村—城市转型是指乡村型社会向城市型社会转化,即乡村地区向城市化地区、城乡融合区、具有城市化特征的乡村地区转化的动态过程,它包括产业结构转型(产值结构与就业结构)、人口转型、地域结构转型、生活方式转型等多个方面。具体的衡量指标可以从某一个区域的角度考虑,也可以就某一个城市来考虑。一般而言,从一个区域(包括中心城市、郊区、城乡混合区、乡村)的角度来说,如果城市化水平(用城市化率表示)达到50%及以上,就认为这个地区已经实现了城市化,即城市在区域经济社会发展中占据了主导地位。乡村—城市转型具有类似的性质。从产业结构转型来看,包括非农就业比重与非农产值比重,如果非农产值比重达到90%以上,非农就业比重达到70%以上(非农就业比重与产值比重相差距离一般为12～20个百分点),就认为区域达到了产业结构或者说经济转型。从人口转型来看,主要是在城市或者城镇居住的人口达到50%及以上,认为达到了人口转型。从地域结构转型来看,建成区面积从绝对数量与相对比重上看都在增加,因为人口密度与土地肥沃程度、开发结构的差异,很难用一个量化的指标来衡量其转型的程度,只能通过历史的比较来确定转型的进程;此外,农村土地利用结构中非农业用地比例增加。从生活方式考虑,主要可以从人均基础设施的享用数量来看乡村—城市的转型程度。例如,在一些乡村地区,虽然没有完全的乡村人口向城市或者城镇的迁移,但是从农村来看,他们在基础设施上,如人均用水、用电,人均铺装道路,人均拥有教师、医生、图书,家户拥有电脑、电话等方面的改变,也说明了他们在生活方式上的转型。应该说,从一个区域的角度而言,乡村—城市转型包括了以上四个方面,或者说是以上四个方面的综合;但是针对于不同的乡村地区,四个方面的转型程度与特点又有所差异。

从乡村具体的空间形态看,随着非农经济活动在乡村的展开,当代乡村迎来了一个变化、多样化和复杂化的新时代,以往那种低人口密度、与固守传统的价值观相联系、以农业生产活动为主的乡村概念已无法包容当代乡村的内涵。这不仅是因为当代乡村拥有多样化的景观、经济和人口,而且还因为城市和乡村本身就是一个动态的连续体,在这一连续体中既存在着一个被称之为"城市边缘区"的过渡交接地带,同时也存在着具有城乡混合特征的乡村城市和受城市辐射影响明显的城市影响区。因此,城乡连续体可以被看作是由城市核心区、城市边缘区、城市影响区、乡村城市和乡村腹地组成的一个动态变化着的混合体。从城乡连续体和发生学的观点出发,当代意义上的乡村,应该包括乡村腹地、乡村城市、城市影响区和城市边缘区这几个部分。因此,当代乡村—城市转型就不仅仅是城市核心区和城市边缘区的空间扩展,它包括更为广泛的社会经济内涵。这种内涵可以从不同的角度来把握。由于这种转型在中国突出表现为乡村空间的转型和变化,故以结构变化的观点来考察乡村空间的转型,就可以有效把握当代中国乡村—城市转型的性质和特点(苗长虹,1998)。

第二节 沿海地区乡村—城市转型机理

乡村—城市转型的主体包括农村农民、就业者、投资者以及政府;其转型机理包括三个层次,其中最基础的是乡村—城市转型的约束条件,包括区域基础条件、市场发育与需求、政府导向,它们的组合决定了乡村—城市转型的特点与方向;第二个层次是乡村—城市转型的动力机制,主要是来自三个方向的动力,即农村发展的推动力,城市发展的吸引力、拉动力、扩散力,来自区域外部的推拉合力;第三个层次是乡村—城市转型的具体环节,包括流动、集聚、创新,在约束条件的制约下,在推理、拉力及合力的作用下,通过生产要素与经济活动的流动、集聚与创新,逐步实现了乡村—城市的转型过程。

一、乡村—城市转型的约束条件

市场机制或计划机制、市场发育程度及环境是最重要的约束条件,决定了乡村—城市转型的具体运作模式。政府的导向作用,区域的基础条件也起着很大的作用。

(一)区域基础条件

区域基础条件包括自然、人文及人力资源优势。自然资源优势包括土地、矿产、森林、动植物、气候及环境等方面的大自然所赋予的天然的资源优势,包括自然资源与地理环境。在工业化与城镇化初期,自然资源条件起着较大的作用,随着社会发展,这一优势在区域发展中的作用有所下降,但依然是影响乡村—城市转型的主要条件之一。自然资源包括土地、矿藏、森林、水域等各种具体形式,并且随着科技的进步,资源的范围、数量和用途也在发生变化。地理环境是指一个国家和地区在空间上所处的地理位置、气候、地貌、水文等条件,如沿海与内陆、山区与平原、热带与温带等位置的区别,会影响到某一区域的乡村—城市转型的进程与特点。一般而言,在气候比较温和、雨水相对充足的平原地带,适宜人口的生存与发展,随着经济的发展与社会的进步,乡村型社会稳步、渐进式地向城市型地区转化。在自然环境相对比较恶劣的地区,如山地、干旱地带等区域,人口生存都非常困难,再加上信息闭塞、观念落后,生产要素很少流动,乡村—城市转型自然是非常缓慢了。此外,区位,也就是区域的相对位置,对乡村—城市转型影响非常大,如果某一区域占据了有利的港口,或者交通枢纽,或者发达的航空港,是生产要素流动比较频繁的地区,为生产要素的集聚与创新提供前提,而信息的流动本身就非常有利于各种创新活动的发生,这些都会加速乡村向城市的转变过程。

人文资源优势包括在经济与社会发展过程中形成的区域所具有的文化、历史、宗教等与人的思想、观念及活动的形成与演变相关的经济、社会优势,如江浙的文化、辛集的制革历史、五台山的宗教(当然还包括自然旅游资源)等,都给当地的经济发展带来了其他区域无可比拟的优势,在区域的发展方向与经济发展水平当中起着重要的作用。通过江浙一带的发展,通过温州模式、苏州模式、珠江模式等的启示,区域文化对经济发展的影响,已经被学者们认识并逐渐达成共识,并开始进行这方面的专门研究。江浙一带的商业意识推动江浙地区的发展,推动了生产要素在全国以及全球的流动,在不同产业之间的流动,再加上自然资源的匮乏,二者共同作用激发了人们的创新意识,形成了乡镇企业与小商品生产的明显优势,加速了生产要素首先从农业向非农产业的大量流动,非农产业的发展要求空间的聚集,进而促进了产业与人口的空间聚集,乡村形态逐步向城市形态转变。历史因素与文化有相通的一面,又有所不同。历史因素可能表现为历史上曾经发生过的某种经济活动,也可能是多年来经济活动的积累形成今天经济发展的主要因素;对乡村—城市转型的影响,主要是通过影响非农产业的发展,进而影响聚落形态的改变。比较典型的例子,如中国北方皮革之都——河北省辛集市,在自然资源、区位、交通等各方面并没有其他特别的优势,皮革业的发展却形成了相当的规模,主要是发掘了历史上曾经拥有的制革历史优势。当然,传统文化和历史因素可能成为区域经济发展的支撑或者制约。例如,传统文化所体现的"重农轻商"的农本主义思想会阻碍商品经济的发展,东方传统文化中的"整合意识"只能使人消极地适应自然,在政治上服从权力的统治,不利于个人才能的发展,不能孕育出民主政治制度和先进的科学技术等。此外包括宗教、文化、历史在内的人文旅游资源,通过对异地游客的吸引,一些区域外部的新思想、新观念的引入,以及本地经济发展,也会加速乡村向城市的转变。

　　三是人力资源优势,包括人口的数量与质量。这一资源优势常常与自然、人文特点关系密切,相互影响。在历史上人口增长与经济发展是相互影响和相互作用的:人口增长导致市场扩大,通过市场需求的拉动作用,刺激了生产的发展;人口增长扩大劳动供给,缓和了经济发展初期的劳动力短缺。但是在今天由于人口迅速增长,许多发展中国家,尤其是大国都存在严重的人口过剩,劳动力的就业与城乡之间的人口流动成了许多发展中国家面临的主要问题。从数量上看,已经成为劣势。从质量上看,劳动力素质、熟练程度是企业区域布局决策的主要因素之一,企业的选择行为又会影响某一区域的经济发展。

(二)市场发育与需求

市场发育与需求是两个相互联系但又具有不同含义的方面,它们通过影响经济主体行为、影响乡村—城市转型的动力机制,进而影响着乡村—城市转型。

市场发育包括市场主体、市场客体的发育。所谓市场主体是指监护交换客体进入市场的当事人,实际上从经济学意义上来说,主要包括厂商和居民,他们作为市场的供给者和需求者,在市场交易以及生产当中占据主体地位。市场主体的发育成熟不仅包括他们逐步接近"经济人"或者"理性人"的假设,还包括市场主体之间的意愿交换的逐渐发育成熟。因为要进行交换,首先必须具备交换的基础,拥有资产或资源,如居民手中只有拥有足够的可支配收入,他才可能对消费品产生需求(有支配能力的需求);在交换当中其合法经济权利如所有权、占有权和使用权的明晰界定,都是非常重要的。市场客体包括了交易的内容,从大的方面考虑,包括产品市场和生产要素市场,具体而言生产要素市场又包括劳动力、资本、土地、技术等各类市场,此外还包括房地产市场、金融市场、信息市场,从空间的角度考虑还可以分为国际、国内、区域性市场。市场主体与市场客体的运行都离不开市场环境的创立,市场环境是一个含义比较广泛的概念,一切有利于市场交易进行和发生,有利于生产要素自由流动的法律、政策以及背景都可以称为市场环境,如各种形式的市场阻隔、地区封锁和部门垄断等就不利于市场进入、市场竞争,需要建立符合现代市场经济要求的市场组织、法规和监管体系来改善市场环境。

畅通而宽松的市场环境的营造、开放而成熟的市场体系的形成、具备交易基础(具备可控制或者说可交易资产)与意识(追逐最大经济利益)的市场主体的发育,会逐渐形成一个经济社会的市场运作机制,即以价格调节为基础配置生产资源的经济体系的形成。而乡村—城市转型是资源配置过程,是一个生产要素在产业与地域间重新配置资源的过程,这个配置过程有两种方式:一是通过政府有计划地进行配置,一是通过市场进行有效率的配置。历史证明,一个成熟的市场体系的配置更有效率。只有具备了有效的市场经济运行体制,经济资源的配置才可能是有效率的,经济主体或者说经济行为人才可能具备投资与消费需求的动力,才可能推动工业品的生产与发展,才可能产生大量工业与第三产业向城市的集聚,推动乡村向城市转型。

市场需求包括国内与国际需求。国内需求与市场发育密切相关,包括市场主体、市场课题的发育程度,以及市场环境的宽松畅通与否,如果市场环境有利于各种生产要素与产品的流动,那么市场需求是在一个广阔的、竞争有序的大环境中。国际需求与一个国家的开放程度有关,如对某种产品的限制,与世界各国的合作与交流,与各种国际组织的联系等。

(三)政府导向及其相关政策

虽然说市场发育与需求对乡村—城市转型至关重要,但市场调节的有效性毕竟是有限度的,市场无法克服的本身的缺陷,如垄断问题、公共物品的生产、外部性、公平与效率等,都是市场机制无法解决的,都必须借助于政府的力量。其次,发展中国家在当今社会所处的劣势,使得他们处于不利的竞争地位,所以力图通过政府的支持和保护来加快经济发展进程,力求在短时间内改变经济落后的面貌,改变不平等竞争的劣势,在这个过程中制定的与经济发展相关的政策,势必影响到乡村—城市转型的进程。具体表现在几个方面：关于乡村—城市转型的直接政策，如我国城市化战略的确定，重点发展小城镇的思想，城乡人口的重新界定，市管县，市带县的行政区划方式等，必然影响到乡村城市化过程；其次与经济发展战略相关的政策，会直接、间接地影响到乡村型社会向城市型社会的转化。

新中国成立以来，中央政府采取的重工业优先发展策略，以及与之相配套的投资就业、户口、土地、福利、教育等方面的政策都在不同程度上影响到乡村—城市转型的进程。当时的口号为"变消费型城市为生产型城市"，抹杀了城市作为市场中心的产品交易与生产要素流动地的市场功能，削弱了城市的服务功能，第三产业的发展受到抑制，而第三产业是城市型产业，代表着城市的发展方向、活力以及功能的完善，同时制约了第三产业对大量农村剩余劳动力的吸纳能力，包括轻工业对农村剩余劳动力的吸纳能力。这是转型的一大阻力，来自产业转换的阻力。其次第二大阻力是户口的严格限制，农村人口向城市流动有着严格的限制，只能通过考学、参军、招工等有限的形式进行少量的人口转化，在这种情况下，乡村向城市转型的速度是非常缓慢的，改革开放前二十年几乎是停滞的。改革开放后乡村向城市的生产要素的流动限制逐步得到取消，城市发展的观念也发生了很大的变化。

以上三个方面共同作用，决定了乡村—城市转型的动力与结构。

二、乡村—城市转型的动力机制

（一）农村经济发展的推动力

农村体制改革是乡村—城市转型的动力基础。20世纪70年代末期，改革首先从农村开始，以家庭承包责任制为核心的、一系列农村土地、经营方式、收入分配政策的实施，在很短的时间内取得明显的成果，土地与劳动生产率明显提高，收入与生活水平相应提高，同时大量的剩余劳动力从土地上解放出来，向第二、第三产业转移，成为推动乡村工业化与城镇化发展的动力基础。农业生产满足了非农产业发展的需要，如粮食问题，是乡村—城市转型的基础；农村经济发展与收入水平提高产生了向非农产业与城市转型的推动力，产生大量的剩余劳动力与一定的剩余资金，可以向非农产业与城市地区流动，集聚，发展。这是从一般意义上而言的。随着农村经济发展，农业劳动力水平的提高，一方面，农业生产在满足农民基本的生存需要之后，有了大量的剩余产品与剩余资金；另一方面，可以解放出一部分剩余劳动力，二者结合，就促使了非农产业的发生，即乡村工业化的发展。

乡村工业化为乡村—城市转型提供了源源不断的发展动力，农民首先实现非农产业转化，然后实现空间转移与生活方式的转化，并且乡村工业化型式的多样性导致形成了乡村—城市转型方式的多样性。由于地理区位、历史基础和发展环境条件的差异，中国乡村工业化型式从发动主体看，可以划分为社区政府发动型和个体私人发动型。从产业动力看，可以划分为农副产品加工型、城市辐射型、矿产资源开发型、外资外贸推动型、人力资本推动型、市场加工推动型；从企业布局看，还可以划分为集中型、均衡型和分散型。而乡村工业化型式的多样性必然会造成乡村—城市转型动力和城市建设机制的差异。如珠江三角洲可看作是外资影响下的乡村工业化和城市化，苏南地区可看作是乡村社区政府发动、乡镇集体工业推动下的工业化和城市化，而浙南地区则可看作是个体私人发动、市场—加工推动下的乡村工业化和城市化。从人口迁移和流动看，有的地区乡办工业发达，人口主要流向本乡镇；有的村办和户办工业发达，人口就地非农化;有的乡村工业主要吸收本社区农民就业;而有的则吸收大量外来人口。

乡村工业化对乡村—城市转型的影响是复杂的:应该说乡村工业化是中国城市化加速发展的一种强大推动力量,在市场机制引导下,它既大大减轻了城市化推动的政府负担,为城市化推进提供了非农产业活动支持以及基础设施建设的物质和资金支持,又创立了城市化的新模式,使其形成了多元推动、多模式发展的新格局,同时也极大改变了城市体系的结构。但也应当看到,分散性仍是乡村工业布局的主体特征。这种过于分散的布局,既因缺乏聚集效益和规模经济不利于乡村工业本身增长方式的转换;又由于其未能和乡村城市建设有机结合,会进一步扩大城市化相对于工业化水平的偏差和乡村就业结构相对于产出结构水平的偏差;而其带来的就业兼业性质、对土地资源的浪费以及对乡村生态环境的污染等,甚至对农业的规模经营和乡村的现代化起阻碍作用。

(二)城市发展的吸引力、拉动力、扩散力

城市地区相对较高的生产力水平以及优越、舒适、便利的生活质量和相对较高的生活方式,对乡村地区产生了磁力与示范效应,极大影响了乡村地区的生产与生活方式,吸引了生产要素,包括资金与劳动力向城市化地区流动,促进各类型生产要素在乡村、小城镇、小城市的集聚,带动了乡村地区非农产业的发展,成为乡村—城市转型的动力。具体而言,城市对乡村型地区向城市型地区转型的动力表现在三个方面:城市产业的吸引力,城市生活方式的拉动力,城市本身的发展从产业上与地域上需要不断的向农村地区的扩张。

关于吸引力。非农产业与城市较为完备的基础设施产生的较为稳定的收益较高与较高利润对乡村地区资金、劳动力的吸引力。一般而言非农产业具有较高的劳动生产率水平,因而其收益也相对较高,吸引农村的闲散资金与剩余劳动力向非农产业的流动与集聚,乡村工业化即是在这样一种背景下发展起来的,成为乡村—城市转型的重要一步,首先实现了产业转型,为其他方式转型提供了产业基础。一部分资金与劳动力直接进入城市或者城镇,在城市或者城镇地区集中起来,夯实了城市或者城镇地区的产业与经济基础,再加上人口的集聚,城市规模不断扩张,使得乡村型社会不断向城市型社会转化。乡村地区大部分资金与劳动力在乡村地区集中,或者分散投资发展非农产业,在实现产业转化的基础上再逐步实现地域转化,这就是乡村工业化推动乡村城市化发展的过程,成为中国改革开放后城市化重要的组成部分。

关于拉动力。城市的生活方式与较高的收入水平,对乡村人口产生的示范效应以及对人口产生强烈的吸引力,引起大量乡村人口直接向城市流动与集聚。2004年城镇居民人均可支配收入是9 421.6元,是农村居民人均纯收入(2 936.4元)的3.21倍,城乡收入差别是引起乡村劳动力向城市转移的主要动力,在城乡之间的户口制约有所松动之后,大量的农村剩余劳动力涌向了城市,希望在城市能够获得较高的收入水平,最起码是高于在乡村的收入水平。城乡居民生活方式的差别,是引起乡村人口迁移的又一个动力,人们希望自己能够享受这样的生活,同时也希望自己的子女能够接受较好的教育,有机会接受更多文明社会的熏陶,这一点从城乡消费水平的对比可见。2004年城镇居民家庭恩格尔系数为37.7%,而农村居民家庭的恩格尔系数为47.2%。农民是农村社会的主体,其生活方式受农村社会经济的影响,具有封闭性、落后性、生活节奏缓慢等特点;而城镇居民相对于农民再就业、收入、文化生活、社会地位等物质和精神方面具有不可抗拒的拉力。

关于扩散力。随着城市的成长、壮大,城市产业规模、人口规模不断扩张,从空间上不断向周边的郊区或者乡村地区蔓延与扩张,同时城市中心地区地价上升,需要将一部分原有的初加工产业,或者占地面积较大的产业,或者市场竞争力下降的产业,向周边乡村地区转移,以便降低生产成本;在城市中心地区,代之而起的是一些科技含量较高、能够创造出较高收益的产业。城市产业规模扩张与升级换代,使得一些产业与投资向城市边缘区扩展,或者周边的小城市或者小城镇扩展,促进了城市周边地区的乡村—城市转型。如中心城区辐射与扩散作用形成的郊区化过程,城市大工业在郊区布点或与郊区乡镇工业联营,通过带动乡镇企业的发展来实现乡村—城市转型。从沿海地区来看,大城市周围的乡村地区首先发展起来,先是通过城市产业的扩张与合作,促进乡镇企业的发展,实现产业与就业的非农化,进而从基础设施、地域景观、社会文化等方面实现了乡村—城市转型。其中开发区的建设,是带动大城市郊区发展的增长点,开发区的建设往往依托于某一城镇,从而带动了城镇的发展,促进了城镇基础设施的建设与人口的集中。

(三)区域外部的合力

对外开放使得外资、技术等各种生产要素流入中国的城市与乡村地区。对外开放可以加速乡村产业结构变化,如珠江三角洲各地区充分利用其地理环境和华侨众多的优势,大力发展了来料加工、来件装配、来样生产和中小型企业的补偿贸易的"三来一补"产业,又积极开展多种经营,加速了乡村工业的发展,改变了大农业结构。对外开放还加速了乡村人口城市化,加速了城镇发展。

三、乡村—城市转型的环节

从微观的角度来看,生产要素的所有者包括厂商与居民,无论是作为生产者或消费者,他们的理性选择决定了乡村向城市的转型,其具体运作,主要经过三个环节:流动、集聚、创新,这三个环节相互影响相互作用相互强化,使得乡村—城市转型过程得以进行,如果要提高乡村—城市转型的速度与方向,其政策措施也应该以加强三个环节的运转为途径,达到推动乡村型社会向城市型社会的转变。

(一)流动

在充分竞争的前提下,生产要素总是流向预期利润率较高的产业部门和地理区位,分别称之为生产要素第一流动律与生产要素第二流动律。

关于生产要素第一流动律。从时间的维度考虑,生产要素总是流向生产率较高的部门,根据经验观察,在工业化过程中,工业比农业、重工业比轻工业、组装加工工业比原材料工业、机器制造工业比劳动对象工业在生产率的上升率方面逐渐形成越来越显著的优势,因而其比重日益提高。技术进步的速率是导致部门生产率上升的重要原因。在工业化的不同阶段,由于技术进步率在各部门不同,总是技术进步率高的部门逐渐取代技术进步率低的部门成为主要部门,从而使产业结构,尤其是工业结构向高度化演替,并使这种演替表现出明显的阶段性。因此,结构高度的演替同时便是结构效益的提高,具有更高技术进步率的部门也是具有更高生产率的部门,这些部门替代较低生产率的部门,从而使整个产业结构表现出总体结构性效益进步;或者说,正是这种技术进步规定的生产率提高,推动着结构高度化进程(刘伟,1995)。我们把生产要素从低生产率部门流向高生产率部门,称为生产要素第一流动律。在这一流动过程中,厂商追求的是一种高收益、高利润的生产过程。这种高收益、高利润的生产过程,是由于三个方面的原因所致:市场需求引致,以恩格尔定律所作的概括为基础;国际贸易引致,以随着资本和劳动技能的积累而产生的比较优势的变化为基础;技术进步引致,涉及加工产品对原料的替代以及生产率增长速度差异的影响。

关于生产要素第二流动律。从空间的维度考虑,生产要素总是流向聚集经济效益最显著的区位。当人口和工业在地理上集中于城市地区的时候,公共设施费用比人口平均分散在全国更为低廉。对于个人来说,城市提供了一系列的服务设施和舒适的环境,而在农村里是不能得到的,或者农村即使可以提供这些设施,成本也是非常高的。企业在城市里进行生产,其费用比在其他地方更为低廉,因而它们选择地点时,这一点具有相当的吸引力。简单而言,厂商在选择企业区位时主要考虑两个因素:一是运输成本;二是当地的生产条件,包括熟练劳动力、基础设施、市场范围等等,这些条件取决于城市的聚集经济效益,或者说只有城市才具备这样的条件。在合理的空间竞争的情况下,企业将会选择预期聚集经济最显著的区位,因为通过这种区位选择使企业获得了较好的产销条件和较高的收益。当然由于政府给那些不赢利的区位以经济援助,可能人为地使得该区位也有可能成为一个赢利的区位,也可能吸引资源和经济要素向那里聚集(冯云廷,2001)。生产要素向空间上具有低成本、高利润地域集中的过程,称为生产要素第二流动律。

这两个流动定律通过生产要素的流向说明了乡村—城市转型的两个方向:产业非农化、高级化趋势,经济活动与人口在空间的集中成为必然,因为空间的集中可以降低生产的成本,可以获得较高的收益。

(二)集聚

分工引起专业化水平的提高,专业化经济出现;分工同时引起产品种类的增加,产品之间的交易费用提高。按照杨小凯等人的理论,如果交易效率极高,或者说交易费用为零,那么经济要么是自给自足状态,要么是完全分工。如果专业化经济存在,那么是完全分工,如果专业化经济不存在,那么是自给自足状态(杨小凯,1999)。现实是专业化经济与交易费用同时存在,二者之间的两难选择,促进了分工的深化。其中交易费用存在几个方面:一是运输费用,与交易产品的数量有关;二是固定交易费用,是每次交易中确定价格所需固定的议价费用,或者解释为,每次交易中每个人与瓦尔拉拍卖商之间固定的通信费用,这种通信费用视为与贸易产品种数成正比;三是狭义内生交易费用,是指交易中人们为了从分工中获得更多的利益,而不惜减少别人从分工中得到的利益,结果造成分工利益不能充分利用或者资源配置产生背离帕雷托最优的扭曲。这种交费费用可以通过市场的多边议价而得到降低,因为市场的功能就是使人与人之间的距离缩小,每个人在议价过程中很容易转向众多的潜在伙伴,结果市场规模或者一定的人口规模集聚能用这种选择降低内生交易费用,包括生产选择交易和消费选择交易。以上三项交易费用都与聚集经济有关,可以作为聚集经济产生的三个条件:空间上的接近性可以降低运输费用;交易技术,或者说基础设施的改善,可以降低固定交易费用;人口集聚或者说市场可以通过人与人之间距离的缩减而降低内生交易费用。随着分工的深化,产品交易的数量与次数增加,交易费用增加,会抵消分工带来的专业化经济。通过人口与经济活动在空间的聚集,可以降低产品与要素的运输费用;通过共用基础设施,降低劳动者付出的固定交易费用(交易技术提高,劳动者付出的时间相对减少);通过人与人之间的面对面交易,可以降低内生交易费用。分工与专业化提高了生产率水平,降低了生产成本;而生产不同种类产品的厂商聚集在一起,既可以节约交通运输成本,又可以节约交易成本。聚集经济效益通过提高交易效率,促进了分工的深化,强化了经济活动在空间的集聚。

聚集经济一般而言分为三个层次:企业内部;企业外部、产业(行业)内部;产业外部、产业间。第一个层次也称为企业内部规模经济,是指企业生产在原有基础上扩大其产量规模(单纯的规模经济),或者在原有基础上增加产品种类(范围经济),无论是产量的增加还是产品种类的增加,都必须以广阔的市场需求为基础。企业内部规模经济的产生归功于不可分割的投入,一些大规模的制造业,如钢铁、汽车等,企业的建立必须达到一定的规模才具有经济效益,这样的组建常常会产生"公司镇"。第二个层次是企业外部、产业内部的聚集经济,被称为"定域化经济",主要是指同一产业(行业)的企业或一组密切相关的产业,由于聚集在一个特定地区,通过产业功能联系所获得的外部经济。定域化经济拥有共同的劳动力市场,企业容易获得拥有专业知识的技术人员与熟练工人,而劳动者也因为相同性质企业的集聚而找到合适的工作。定域化经济不仅存在于制造业,在零售业也很普遍,便于消费者的比较与选择。第三个层次被称作"城市化经济",对于企业,对于产业而言,都是外部经济。Goldstein and Gronberg 指出城镇化经济的表现之一是在大城市区域的专业化服务,使得城市充当"城市仓库",允许小企业进行专业化生产,而不需要提供所有的其它服务。表现之二是基础设施的提供,如高速公路、公共设施、通讯设施等。

聚集经济效益是生产要素与经济活动聚集的原始动力,而乘数效应更加强化了城市的聚集经济效应。从供给的角度,或者从生产的角度,企业规模的扩大与企业在空间上的聚集,包括同类型产业的企业,也包括不同类型相关联产业企业,它们相互作用产生外部效应,通过共用基础设施,通过提供潜力较大的本地市场,通过提供熟练劳动力与劳动技能培训,通过减少相关联产业的交易成本与运输成本等方面,都可以降低生产成本,提高相对收益,产生所谓的聚集经济效益,构成城市化的主要内容。从需求的角度,或者从消费的角度,由于向区域以外提供产品带动本地市场的消费需求增加,进而带动消费品,包括物质产品与服务产品的生产,引起产业与人口在某一区位的聚集,带来城市的增长与城市化水平的提高。聚集经济效应与乘数效应从供给与需求两个角度共同作用,引起城市的增长与规模的扩大,提高了城市化水平。

乡村—城市转型的关键环节在于生产要素与经济活动的聚集,包括乡镇企业的集中布局与人口在小城镇的集中居住。乡镇企业的分散发展,是在一定制度约束下自然发生的结果,对搞活农村经济和提高农民生活水平有其积极的作用;从今天来看,它还有许多弊端,如造成一定的环境污染,占据过多的农业用地,形成一定的资源浪费,由于分散发展,生产规模有限,在市场运行中缺乏持久的竞争力。乡镇企业的集中是小城镇发展的产业基础,产业集中起来,小城镇发展就有了依托,有了为其服务的产业、人口、市场,有了产业,就业有了保障,收入有了保障,从事非农产业就业的农民才可能迁居城镇居住,人口规模的逐步增长,是基础设施逐步完善的基础条件,跨越了一定的门槛人口,基础设施的投资才可能是合算的。近几年乡镇企业对农村剩余劳动力吸纳能力明显减少,从事非农产业的劳动力比重甚至有下降趋势,说明乡镇企业在乡村地区的自由发展需要规范化、集中化布局与生产,需要在布局上、发展战略与观念上进行创新。

(三)创新

创新思想最早可以追溯到古典经济学家亚当·斯密和卡尔·马克思。他们都表现出了对科学研究、技术创新与市场之间关系的兴趣。但最早进行专门研究的是美籍奥地利学者约瑟夫·熊彼特(J. A. Schumpeter)。按照熊彼特的观点,创新是引入一种新的生产函数,把一种从来没有过的关于生产要素和生产条件的"新组合"引入生产体系,从而提高社会潜在产出能力。他列出了五种新组合(约瑟夫·熊彼特,1990):采用一种新产品;采用一种新的生产方法;开辟一个新市场;控制或掠夺了新的原材料供应来源;实现任何一种工业的新的组织,比如造成一种垄断地位或打破一种垄断地位。时至今日,创新思想已经为社会普遍所关注,成为报纸与杂志间使用最多的词之一,创新的内涵与外延日益丰富,不仅仅包括技术创新的研究,还有社会创新、制度创新,不仅仅是企业创新,还有区域创新、国家创新。它们之间相互联系,相互影响。技术创新主要表现在两个方面:一是带来新商品和劳务的创造;二是在既定的劳动力和资金的情况下,提高原有商品和劳务产出数量。技术创新改变原有的生产规模与结构,从而客观上要求形成一种更加先进和更为复杂的生产组织和经营管理;另一方面,技术创新引起生产的集聚,会使人口更集中于城市和工业中心,从而促成现有经济制度的变化,引起制度创新。社会创新是新的物质技术和社会技术,能够帮助人类更好地满足需求,更好地解决社会问题,社会创新研究与技术和制度创新的研究有很多重合的地方。

一般说来,当创新带来的是新产品开发或原有产品改善时,由于这些产品的需求弹性较大,可能会引起生产要素向该部门流入。因为这些产品刚引入社会,其产品价格对成本的反应、需求对价格的反应都比较敏感,从而其产量的提高将可能取得较高的收益。当该部门能够获得高于一般产业部门平均水平的收益时,其他部门的生产要素就会向其转移。因此,迅速的创新将倾向于该产业部门扩张,如20年代的汽车工业的发展就是如此。经济学家霍克斯认为,创新会通过改变各种生产要素,尤其是劳动和资本的相对边际生产率,改变其收益率之间的平衡(周振华,1995)。也就是说,创新通过对劳动与资本相对收益的影响,改变其在国民收入中的相对份额。此外创新通过对生活条件和工作条件的改变而间接影响产业结构变化。创新往往会创造新的需求(最终需求和中间需求)和某些潜在的巨大需求,并且有可能通过连锁反应对需求产生更广泛的影响。这些需求结构的变动无疑会影响到产业结构的变动。

技术创新往往带有一种偶然性,在某一区位或者某一部门出现。这种偶然性与当地的文化、历史、观念以及制度环境相联系。技术创新一旦发生,将为本地的经济发展提供一个新的经济增长点,如果能够抓住发展机遇,并借助于制度创新提供一个良好的发展环境,这个增长点就会凭借技术溢出、知识溢出等报酬递增优势逐步发展壮大,并借助规模报酬递增优势发展成为一个产业。技术创新和制度创新是影响产业特征和地方环境互动发展的关键,技术创新改变产业的特征,从而提高该产业的适应能力;制度创新会改变本地的环境或解决产业发展的瓶颈问题,从而减少本地环境对该产业的约束力;因此,产业集聚是技术创新和制度创新的互动关系所导致的规模报酬递增的结果(王缉慈,2001)。反过来产业集聚又会增加技术创新的速度。由于相同性质的企业集聚在一起,它们之间在空间上的接近性,有助于它们了解到这一产业演进中的技术变化、市场需求变化、资源的来源与价格的变动,面对面的交往使得相互间的学习变得非常容易。产业集群内的企业通常能够迅速寻找到创新所需要素,包括人员、原料、相关供应商与同业伙伴的密切合作,促进创新迅速的实现。

　　此外,创新包括乡城流动的创新、农村各项制度的创新、区域发展制度创新(打破城乡分割,城乡协调发展)、产业组织的创新等方面。创新是生产要素流动的前提与加速器,是经济活动集聚的动力源泉;同时生产要素的流动域经济活动的集聚也为各类型创新活动提供了可能性,是创新存在与发展的保证。产业结构转换虽为城市化提供了动力,但只有农业剩余(产品剩余、资本剩余和要素剩余)能够向非农产业和城镇地区流动和集聚,城市化才有可能变为现实。从一定意义上讲,所谓调动国内剩余资源,其实质都在于调动农业剩余,即通过一定方式使农业产品剩余和要素剩余流向非农产业和城镇。乡村—城市转型中经济要素流动与集聚的另一重要要素是人口(劳动力)。城市化赖以实现的人口增长的来源不外乎三个方面:一是城市内部的人口自然增长,二是乡村—城市人口净迁移而产生的人口机械增长,三是城镇行政地域的扩大或城镇划分标准的变更。只有在乡村人口推力——城市人口拉力机制作用下的乡城人口迁移才是实现人口城市化的基本途径(刘传江,1998)。那么如何实现或者加速农村剩余生产要素向城市的流动,这涉及农村各项经济制度的创新,加快农村剩余资金的积累,也涉及乡城生产要素的流通渠道的创新与畅通,保证剩余生产要素能够流向收益率相对较高的产业部门与地域。"农村产业组织的创新就是实现农业产业化,这是中国农村改革深入发展的客观要求。从我国农业产业化的演变和发展的过程来看,农业产业化的出现是以发达的小城镇为据点,逐渐扩展到中小城市,这是因为,小城镇是农村商贸的集散地和龙头企业集聚的地方,可以获得聚集经济效益和规模经济效益。"(王国敏,2000)"农村小城镇的兴起为农业产业化的发展提供了空间载体和依托,农业产业化又促使经济活动相对集中,促进与农业相关基础产业的发展。因为农业产业化的发展,需要交通、运输、仓储、能源、金融、供水、供电等基础设施和社会服务体系的支持并要求其相对集中,连片发展,这必然促使商业网络系统、交通运输系统、金融系统、信息系统、教育科研系统、传播系统和社会服务系统的建立,形成一个比较完善的社会经济基础结构体系与健康、有序的经济运行机制。"(彭迪云等,1998)

生产要素的流动、集聚与创新相互影响、相互作用,形成了乡村—城市转型的三个环节,决定了乡村—城市转型的两个方面的过程。一是以非农经济发展为标志的职能城市化过程,这一过程大致起始于70年代以后;二是以城镇兴起发展、人口向城镇集中为特征的人口城市化过程,以90年代以来城镇的迅速兴起和发展较为典型。

第三节 乡村—城市转型的途径与模式

一、乡村—城市转型的途径是城乡一体化

城乡一体化发展系统是在一定的地域范围,在这个地域范围当中,有一个或者几个较高级别的城市(大城市、中等规模城市),在系统当中起着一个中心城市的作用;有数量较多的小城镇(县级市、建制镇);还有广大的农村腹地。这个发展系统是源于三种类型地域之间的各种联系,尤其是经济联系,以及生产要素在其中的自由流动(图2—1)。每一种地域类型或者一个独立的经济体,在接受其它两个类型经济体的要素输入(资本、劳动力、技术、原材料)、产品输入(半成品、最终消费品以及服务产品)的同时,也会向对方输入要素与产品。

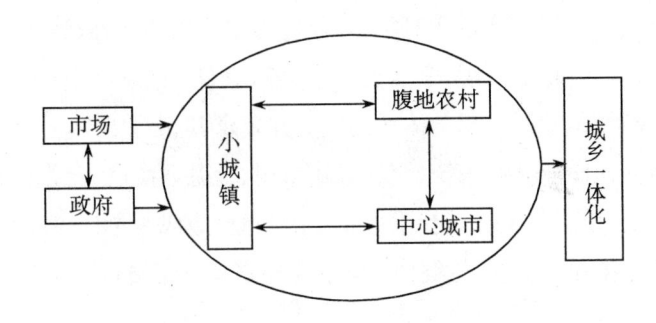

图 2—1　城乡一体化发展系统示意图

中心城市通过向小城镇和农村输入工业品、消费品、技术、服务等的同时，逐步实现中心城市与小城镇之间的产业转移，保证中心城市顺利完成产业结构调整与升级，提高中心城市的科技含量水平与服务档次。同时接受来自于小城镇与农村的原材料、半成品、最终消费品，劳动力转移以及人口流动，城市规模逐步扩大。农村在接受中心城市与小城镇输入的工业品与消费的同时，向中心城市与小城镇输入农产品，结合技术、服务输入，提高农业机械化水平，提高农产品质量与产量，扩大经营规模，与科研院所或者有关企业联合，实现农村产业化经营，提高农民收入水平。小城镇是乡村、城镇工业的载体，是为农村提供市场与服务的场所，是实现城乡一体化的核心。它接受中心城市的产业转移，得到技术、人才、机器厂房；它接受农产品的输入，得到原料、大量的廉价劳动力，这足以支撑起小城镇的工业体系。有输入，相应就会有输出，向中心城市输出半成品与成品，与大城市的工业紧密联系；向农村输入最终产品，满足农民的消费与农民扩大再生产所需要的生产工具等生产辅助产品。工业化水平的提高，会带动第三产业的发展，提高小城镇的城市化水平。

城乡一体化发展系统的运行，需要两个支点，一是市场，二是政府。只有存在一个良好的市场运作环境,才可能冲破城乡之间的相互隔离的二元结构,引导生产要素流向比较利益较高的地区,达到生产要素的最佳配置。政府与市场之间也可能会相互作用,提供一个更为宽松有效的市场环境。此外地方政府的作用还在于基础设施等公共服务的建设。

二、城乡一体化的发展系统与转型

城乡一体化思想是乡村—城市转型的前提条件,即只有把乡村和城市放在同一个系统中、放在同样重要的位置,进行生产要素的重新优化配置,实现乡村—城市转型,最终达到城乡共同发展的目的。乡村—城市转型是在城乡一体化的大系统中来实现的,这个大系统包括中心城市、小城镇以及广大的乡村地区。

(一)中心城市与城市现代化

中心城市主要通过产业、资金、科技信息等经济要素的溢出对周边地区经济产生影响,从而有力地促进城乡共同发展。首先,中心城市是重要的工业生产基地,它具有雄厚的物质基础和强大的生产能力,能为经济建设和人民生活提供大量的生产资料和生活资料,推动国民经济的发展;同时,由于其本身的生产消费和生活消费,以及生产上的分工与协作的需要,有力地刺激着与其相关区域的原材料、燃料、初级产品和粮食等的生产,并为它们提供广阔的市场,这无疑将促进周边区域经济的发展。其次,中心城市是各种产业的集聚地,当经济活动范围越来越大,等级越来越高时,由于城市面积的有限性,内部经济结构及城市负荷的制约,使某些产业在城市中获得的报酬率要比将其转移出去所得的低,因而有必要将一些初级加工、零部件加工等产业扩散出去,这就为周围乡村区域经济的发展创造了有利条件。第三,中心城市是金融活动的中心。各种资本在追求较高资金回报率动机的驱使下,必然向中心城市以外的区域转移,从而可以为周边农村区域的经济发展提供大量的资金。第四,中心城市是区域的科技文教和信息中心,是培养人才、开发智力资源、广泛交流和传播先进科学技术和管理经验的重要基地,能够有效地对周边农村区域进行技术、人才和信息的输出,从而产生溢出效应,带动周边农村区域科技文教水平的提高。

关于城市现代化。过去,我们对城市功能,只注意发挥其作为工业基地的作用,而不注重城市的商贸中心、金融中心、科技信息中心等多种功能的开发,造成城市工业片面发展,而城市中心功能载体——第三产业的发展则受到抑制,这就严重削弱了城市应有的中心作用。与此相对应,城市与区域(此处指乡村)的关系仅仅是"城乡共生关系",即是乡村向城市提供粮食、副食品和工业原料,中心城市向周围乡村提供工业制品和其它服务。这种共生关系加强了我国城乡二元结构,造成了乡村城市化滞后、城市现代化受阻和乡村日益贫困化,城市与乡村的比较优势均未得到充分发挥。城乡两个子系统在各自封闭的状态下维持着低效率增长。随着我国农村经济改革的巨大成功,城市改革随之铺开。充分发挥中心城市的功能,改革条条块块的计划管理体制,大力发展各种横向经济联合,提高中心城市的经济辐射力、吸引力和综合服务能力,成为我国城市改革的目标导向之一。各级中心城市纷纷借助这一契机,更新城市功能,提出建设现代化城市(大中城市甚至提出国际化)的战略目标,以"退二进三"为标志的城市产业结构调整,以及以"还账"为目的甚至是超前的基础设施建设,均为我国城市功能更新、向现代化迈进创造了条件。城市现代化建设已经成为城市子系统发展的内在动力,而且城市建设日益现代化,中心城市功能日益加强,吸引、辐射能力以及服务范围的加大,对区域内乡村的发展也将起到推波助澜的作用。基于以上分析,乡村城市化和城市现代化是我国现阶段城乡一体化内部动力结构中来自乡村与城市的一对作用力,它们共同推进了我国城乡一体化发展进程。

(二)农村与农业产业化、现代化

农业产业一体化的发展使承包经营的农户在成为生产主体的基础上,围绕自己的生产,进入"产前"和"产后"两个领域,与工、商以及其他经济组织和服务组织建立真正的商品交换关系,从而确立了农民作为交换主体的地位,最终使农民成为完整意义上的市场经济主体。而旨在利用现代社会发展所提供的先进技术对传统农业进行改造,按工业化标准发展农业的城乡一体化,一方面依靠先进的生产工具和手段组织农业生产,一方面依靠社会再生产和资本周转原理,构建农业内部的一、二、三次产业分工模式,提高农业自身的积累和发展后劲,避免农业与工业、城市与乡村的对立。其次在地区封锁、城乡分割、各自为政的旧体制下,乡村长期处于自给自足或半自给自足的状态,农业生产过程中物质能量的转换,生产要素之间的结合,主要在农村内部完成,而工业生产力诸要素的结合,则只能在城市的空间内实现。"两化"的结合发展,能够在广泛开展横向经济联合的基础上,建立一个统一的城乡市场体系,使生产力诸要素具有充分的活力和最大限度的活动领域,并按照客观规律的要求,在产业间、区域间得到合理配置。这无疑给农村剩余劳动力的顺利转移提供了条件,并为我们提供一条解决这一难题的有效途径。

农业现代化是建立在现代科学技术基础之上的。传统农业是靠世代相传的经验来进行,再生产所需的生产要素是靠农业内部提供,技术结构变化十分缓慢。为加速农业现代化进程,促进资源型农业向科技型农业转变,就必须加快"科技兴农"政策的贯彻实施。"两化"的结合发展,将市场信息、技术、资金、设备、管理、科技等生产要素普遍注入到农业再生产中,促进产业间、城乡间诸生产要素的合理有序交换,促进农村由单一的农业结构向现代产业和现代文明综合发展转变,从而提高农产品的科技含量,改善产品品质,降低生产成本,增强产品的竞争力。

(三)小城镇与乡村工业化、城市化

乡镇企业充分利用了农村内部闲散资金和资源,并吸收城市释放的能量,促进了农村产业结构的调整,打破了农村搞农业、城市搞工业的传统观念,使农村地区由第一产业向第二、第三产业扩展,为城乡之间进行广泛的联系和交流创造了条件。

乡村城市化是指乡村地域中传统型社区向城市现代型社区的逐步演变,从而使滞留在乡村地域上的居民逐渐享受到现代城市文明的过程。在这一过程中,乡村地域的就业结构、人口居住地和居住方式、居民生活方式和价值观念都将发生深刻变化,并且城市将不断从乡村中产生,但是乡村城市化并非是要将所有乡村都建设为城市的"全城化",形成"城市国家",而是使乡村与城市居民在不同地域上共同继承、创造和平等分享人类共有的物质文明和精神文明,逐步地缩小并消灭乡村与城市之间的差别,达到乡村与城市的协同发展。改革开放以来,城乡经济改革,特别是农村经济改革的成功,使我国城乡关系进入了一个新的阶段。在乡村地区,人多地少、劳动力大量剩余的基本国情是乡村城市化中来自乡村内部的推力;城乡居民收入分配差异、生活方式与生活质量的差别则是中国乡村城市化中来自乡村外部——城市的拉力。在这两种"力"的"合力"作用下,乡村经济迅速呈现多功能综合发展的局面;乡村非农产业的发展,不仅为大量乡村剩余劳动力提供了就业机会,提高了乡村地区的收入水平,而且也大大改善了乡村地区的基础设施状况与居民的生活质量,加速了乡村城市化进程,而乡村城市化进程的加速又使城乡差距日益缩短。

乡村工业化、乡村城市化都离不开小城镇的发展。从产业上,小城镇作为农村地区的政治和经济中心,能促使农村地区社会、经济、环境协调发展。通过完善乡村地区的交通和通讯等基础设施,为农业产业化和乡村工业化创造良好的发展环境,促进乡村地区的资源和乡镇企业向小城镇集中,使其成为广大农村地区的经济增长中心。从地域上,小城镇作为城市和乡村地区联系的桥梁,凭借自己的优势,为城市产业、经济技术扩散提供场地和条件,通过大中城市、小城镇和广大农村腹地等层层带动模式,实现大城市增长及作用的发挥,从而带动广大农村经济的发展。

(四)市场的作用与政府的引导

城乡一体化发展系统的运作主要是通过市场机制来实现的,无论城乡经济一体化、城乡生产要素(劳动力、资本、土地等)市场一体化,城乡空间一体化,都应该遵循市场规律,从市场需求出发,本着成本最小、收益最大的原则来优化生产要素的配置,提高劳动生产率与资金使用效率。冲破城乡二元结构思想的束缚,从城乡大系统总体发展的角度进行城乡之间的合理分工,坚持城乡并重,城乡一体化,经济为先的原则发展经济。但同时我们也必须认识到,市场机制在我国还有许多不成熟的地方,有些方面还需要政府的参与才能够实现,比如有关政策、法规的制定,为市场运行提供一种宽松的、良好的环境,保证市场经济正常运行。

城乡一体化建设离不开政府观念上的转变以及相应的引导、支持。例如，中心城市对周边区域的作用是在一定的经济社会制度环境下进行的。一种有利的制度将极大地促进中心城市溢出效益的发挥，并能有效地降低城乡之间经济合作的制度成本。如城乡之间经济协作、补偿贸易、经济联合等一系列经济制度的创立，就极大地推动了城乡之间经济上的合作。相反，如果实行五六十年代的以农补工的制度，即使城市经济再发达，也不利于城市经济势能的溢出。政府的作用还表现在由地方政府出面进行基础设施建设相对比较容易。这是因为政府比较容易得到银行贷款，土地批租权掌握在政府手中，从土地批租得到的资金一部分可用于基础设施建设。

三、乡村—城市转型的模式

乡村—城市转型的模式从不同的角度具有不同的分类方法，从动力机制考虑，可以分为自下而上型转化模式(以农村内部发展的推动力为主)、自上而下型(以城市对农村发展的吸引与扩张力为主)转化模式、外力(以区域外部的合力为主)推动型转化模式，以及混合型(存在两种或者三种动力)转化模式。按照地域景观特征，又可以分为乡村地区转型模式、城镇转型模式、城市边缘区(或者城市郊区)转型模式。从空间差异又可以分为沿海地区转型模式，中西部地区转型模式。这里主要讨论地域景观划分类型，即乡村地区转型、城镇转型、城乡边缘区转型。

乡村地区转型。乡村地区转型"主要是通过发展以市场为导向的商品农业；发挥本地资源和人力资源优势，改善投资环境，吸引外资，发展乡镇企业；办开发区等方式来促进转型。"(许学强，1998)乡村地区的发展在某些较好区位或者非农产业发展较好、具有一定集聚规模的村、集镇、城镇发展成为小城市，实现城市化过程。对于大多数乡村地区，随着经济发展，财富积累，在交通、金融、通讯以及居住、教育、医疗卫生、文化娱乐等方面的改善，相应改变了农村本身的观念、生产生活方式。乡村向城市地区转型，最终目的是提高经济发展水平，改善人们的生活方式，提高人们的生活质量，向城市转型也分为几个层次：产业转型、基础设施改善、地域（景观）转型、生活方式转型、价值观念转型等各个方面。可能是实现全面的转型，完全的城市化过程，也可能是实现部分的转型，如在基础设施方面有所改善，在生活方式与生活水平上有所改善，非农产业有部分发展。一部分剩余劳动力以及剩余资金直接向大中城市迁移，实现城市化过程；一部分基础较好的村、乡、镇转化为小城镇、小城市；大多数乡村地区在生产生活环境上有所改善，也有称之为"城式化"型，即是指以缩小乡村与城市在经济和生活方式上差距为目标，而不追求城市"名义"的一种乡村城市化模式。对中国绝大多数乡村来说，其乡村城市化只能是靠自己的努力去发展经济，去实现生活方式的变革，即走农业机械化，农业工业化，管理现代化，农工商一体化的道路。

城（集）镇转型。农村城镇是城市现代化要素向乡村扩展和辐射的中间环节。农村城镇的城市化水平直接影响城市现代化要素向农村扩展和辐射能力，因此必须加强城镇城市化（城镇转型），特别是要重视县城与重点镇的建设，使之真正具有城市功能。作为区域发展中心的城市需要经济能量和产业的极化，成为人力、资本资源的积累和集中的中心，成为综合产业极，成为区域中的商贸中心、服务中心。资本、人口、生产在特定区位的集中，必将使这一区位的交通、物流、商业、贸易等部门相应产生和发展；金融、保险、房地产、邮电通讯和各类服务业也相应产生和发展。企业经济活动的集聚必将促使公共经济活动的集聚。城市基础设施的发展，乃至科学、文化、教育、医疗卫生等部门在城市的发展，使集聚经济得以进一步放大。反过来说，科学、文化、教育、医疗卫生等部门离开了集聚也难有其发展。人类经济活动和社会活动在特定区位的大规模集聚,也就是人口在城市的大量集聚,同时意味着市场的集聚。有了规模市场才能有规模生产,有了规模生产才能享有规模经济。

城市边缘区(城市郊区)转型。以为城市服务为基本特征的乡村城市化模式。由于城市周围的乡村具有与城市地域上联通的地理优势,有的还在行政意义上隶属城市,其转型方式主要是靠发展三高农业,向城市提供农副产品;与中心城市联合发展工业,成为中心城市的工业发展基地,通过产业链条加强城市与郊区的联系;借助接近中心城市的优势,向城市输送劳动力,提供城市发展用地和分散城市部分功能。

参 考 文 献

1. Paul Cheshire and Edwins. Mills. 1999. *Applied Urban Economics* (*Handbook of Regional and Urban Economics*, Volume 3). North-Holland, p. 1469.
2. 冯云廷:《城市聚集经济》,东北财经大学出版社,2001年。
3. 刘传江:"论城市化的生成机制",《经济评论》,1998年第5期。
4. 刘君德、彭再德、徐前勇:"上海郊区乡村—城市转型与协调发展",《城市规划》,1997年第5期。
5. 刘伟:《工业化进程中的产业结构研究》,中国人民大学出版社,1995年。
6. 苗长虹:"乡村工业化对中国乡村城市转型的影响",《地理科学》,1998年第5期。
7. 彭迪云等:"产业化与城镇化联动:农村改革和发展的新飞跃",《南昌大学学报》,1998年第1期。
8. 王国敏:"论农业产业组织的创新与发展",《四川大学学报》(哲学社会科学版),2000年第4期。
9. 王缉慈等:《创新的空间——企业集群与区域发展》,北京大学出版社,2001年。
10. 许学强、薛凤旋等:《中国乡村—城市转型与协调发展》,科学出版社,1998年。

11. [澳]杨小凯、黄有光:《专业化与经济组织:一种新兴古典微观经济学框架》,经济科学出版社,1999年。
12. 约瑟夫·熊彼特:《经济发展理论》,商务印书馆,1990年。
13. 周振华:《现代经济增长中的结构效应》,上海三联书店,上海人民出版社,1995年。

第三章 京津冀地区的乡村—城市转型与协调发展

  京津冀地区与"大北京"地区(清华大学人居环境研究中心,2002)、京津唐地区相比,范围有所扩大①,即"2+8"("2"指北京、天津两个直辖市,"8"指唐山、保定、廊坊、秦皇岛、承德、张家口、沧州、石家庄),由京津唐和京津保两个三角形地区组成(图3—1)。土地面积18.24万平方公里,2004年总人口6 967.8万人,地区生产总值14 118.51亿元。它既是我国首都所在地,又是我国特大城市最集

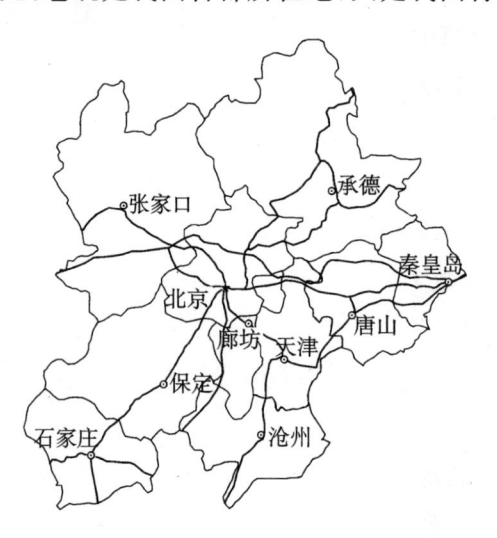

图3—1 京津冀地区示意图

---

① 京津唐地区包括北京市、天津市和河北省的唐山市、秦皇岛市与廊坊市。

中、科技和教育最发达的地区。实际上,大北京地区相当于历史上的"京畿"地区,今亦称作"首都圈"。

第一节 京津冀地区乡村—城市转型的特征与问题

一、农村工业化加速,农村经济结构发生显著变化

改革开放以来,农村经济体制改革使京津冀地区的乡镇企业和多种经营迅速发展。乡镇企业以自身的积累为基础,广泛吸引国内外资金,围绕都市工业和第三产业的需求,壮大成为农村经济发展和农民致富的主要力量。同时,一些大型的专业化市场、为都市生产和生活服务的第三产业也悄然兴起,并成为启动一些农村地区经济发展的重要手段。京津冀地区农村经济彻底摆脱了单一农业生产的局面。2000年北京市郊区乡镇集体企业、个体企业和联合体企业已发展到10.24万个,从业人员达到96万人,年收入达到819.17亿元。农村的第二产业和第三产业成为北京市郊区农村经济发展的主导产业,二、三产业的总收入占北京市农村经济总收入的35%、53%(北京市统计局,2001)。2000年天津市农村经济总收入达1 276.10亿元,乡镇企业个数12.13万个(天津市统计局,2001)。农村产业结构由以前的一、二、三转变为二、一、三,农村工业的主导地位形成。由于第一产业进入追求质量、效益的现代化都市农业发展的阶段,其为大城市居民、工业提供的农产品的同时,要求城市及乡村工业为其提供较好的物质装备,从而扩大了对工业品的需求,带动了工业布局及产品结构调整。第二产业的发展又带动了第三产业的发展,特别是乡村工业的区域布局规划,使工业小区、经济开发区的建设不断更新,这种集中带动了以餐饮服务为初始、金融、信贷、通讯、信息、科技

咨询、房地产、交通为未来发展方向的第三产业的繁荣发展。

二、农业剩余劳动力向非农产业大规模转移,农民的商品意识显著增强

随着我国城乡隔离政策的逐步解体,以及农村二、三产业对劳动力的需求,大量的农村剩余劳动力开始向城市和农村非农产业转移,农村劳动力的职业构成发生明显变化,农民的非农化水平迅速上升。2000年北京市乡村有从业人员165.84万人,其中从事农业生产的人口占42.40%,从事二、三产业的农村劳动力达到57.60%(北京市统计局,2001)。1978~2000年天津市非农劳动力由23.87万人增加到88.42万人,年均递增率为6.13%,而同期乡村劳动力年均递增速度仅为1.27%,比非农劳动力增长低5个百分点。其结果,天津市乡村非农化水平从1978年的18.76%上升到52.61%(天津市统计局,2001)。与此同时,唐山市、秦皇岛市和廊坊市的农村地区也出现农业剩余劳动力向非农产业转移的现象,唐山市非农化率达到55.32%,秦皇岛市非农化率达到68.86%,处于京津城市走廊的廊坊市的非农化率达到58.71%。随着农村劳动力职业的分化,农村出现不同的社会阶层,农村内部的体制更新和人的观念更新也越来越快,农民的商品意识增强,人们的市场竞争意识也随之建立。京津冀地区农村已经摆脱了依靠政府、依赖都市的心理,开始积极地、主动地投身于商品经济大潮之中,向小康社会迈进。

三、人口的空间积聚不明显,农村农业和非农产业发展受到严重制约

农业剩余劳动力的大规模产业转移促使农村经济社会发生很大变化。在农业剩余劳动力产业转移过程中,并没有引起大规模的人

口空间集聚。这些非农从业人员仍然分散在农村,而没有向城市和小城镇集中,农村城市化的进程显然滞后于农村的非农化进程。其中的主要原因包括三个方面。一是参与城市二、三产业的农民工人,其主要从事那些收入较低、依靠体力的生产活动,同时又不能同等享受一系列城市市民待遇,因而面临着难以承担入市的"门槛",他们不能完全脱离农村在城市定居。二是参与农村二、三产业的农民工人都就近转移到各自社区内的乡镇企业之中。由于我国长期以来的城乡隔离以及乡村之间的隔离,使得二、三产业的生产要素在移动中难以集聚到城市和小城镇这些条件好的区位,而是分散到各个村庄。这些农民工人在产业转移的过程中却不能实现空间转移。三是目前乡村就业、养老、医疗等社会保障制度明显滞后,不能改变农民对土地的留恋心理,使得农民工不愿意放弃农村土地及相应的权利。在京津冀地区农民工兼业的现象仍然十分普遍,他们的住所仍然分散在农村,而且在农村仍然拥有一份属于自己的、作为生活保障的耕地。一方面,他们只是把耕地看作是生存的一道屏障,但并不会重视这些耕地的产出,甚至出现撂荒。然而,这种行为却严重地制约了农业的适度规模经营以及与之相适应的农业企业化,阻碍了农业现代化的进程。另一方面,他们的住所分散在乡村,他们的消费需求对城市,特别是小城镇第三产业的发展不能产生有效的刺激和拉动,因而不能诱导城镇基础设施及服务业的进一步发展,使得小城镇不能很快进入服务能力改善—生产要素集聚,服务能力再改善—生产要素进一步集聚的良性循环轨道。

四、小城镇数量迅速增加,但集聚程度较低

尽管农村城市化滞后于农村非农化的进程,但由于生产要素的集聚趋势以及政府的及时引导,京津冀地区农村发展起来大量的小城镇。这些小城镇的基础设施比周围农村要齐全一些,服务水平也较高。它们将成为促进乡村—城市转型的主要区域。2000 年北京市郊区分布着 103 个建制镇,并重点发展了小汤山镇、沙峪镇等 33 个中心镇。随着天津农村经济社会的发展,天津农村城市化经历了起步与渐进的发展阶段:从 1994 年开始,全市组织 30 个小城镇试点建设,镇区经济成倍增长,城镇服务水平显著增强,居住环境明显改善。到 2000 年这些试点镇形成了一定规模的人流、物流,在带动区域经济发展,促进农村工业化、农业现代化建设中起到了示范和带动作用。2000 年全市共发展建制镇 114 个,向城镇转移的农村人口共 8 万余人,向镇区转移企业达到 139 个,镇区环境得到综合整治。唐山市、廊坊市和秦皇岛市的小城镇数量也有明显上升,其中唐山市小城镇数量达到 116 个,秦皇岛市小城镇数量达到 38 个,廊坊市小城镇数量达到 60 个。

小城镇在发展过程中,工业园区大量建设,餐饮、商贸、仓储运输等传统骨干行业发展迅速,而新型服务形式不断涌现,文教卫体等社会服务行业的商业化初见端倪。与此同时房地产、旅游、中介服务等新型行业初见规模。然而,由于乡镇工业的分散布局、农民工人对土地的留恋以及社会保障问题的因素,大量小城镇人口的集聚规模偏小,无法达到城市基础设施建设的最低人口规模,从而约束着这些小城镇服务功能的提高。所以,小城镇的服务行业一般具有种类少、规模小、科技含量低等问题。大量的小城镇长期处于缓慢发展状态。即使一些小城镇在政府组织下开展了房地产、工业小区、商贸市场等的建设,但由于产业集聚规模小,也难以吸引大量的农村人口,因而出现有城无市的虚假繁荣。因此,小城镇规模普遍较小,经济总量不大,人气不旺。天津市小城镇镇区人口平均规模仅为 3.3 万人,其中小于 3 万人口的建制镇达到 67 个,占总量的 59%。另一方面,城镇建设的多元化投资机制,特别是引导社会力量开发建设小城镇的渠道尚未形成,导致大部分城镇基础设施和社会服务设施建设速度慢、质量低,城镇道路不成系统,给排水设施不健全,公建设施不配套,许多小城镇依然保持着农村的形态。

五、农村社会组织职能弱化,社会经济生活秩序有待提高

农村改革风暴以巨大的威力猛烈地冲击了传统的农村组织系统,使得以行政强制为基本调节方式,以地缘组织为核心的组织系统从结构到职能发生了深刻的变化。一是家庭组织由单纯地执行生活、生育和抚养功能的血缘组织演变为独立生产经营实体,经营职能成了家庭组织的非常重要的职能。虽然家庭联产承包责任制释放出多年来被抑制的农业劳动生产热情,但作为经营组织家庭有明显的局限性。①家庭组织容纳的生产要素十分有限,不利于采用现代化的技术装备的大规模经营。同时,家庭又是集社会保障功能和生产经营功能于一身的混合组织,具有货币收入最大和家庭生活稳定的双重目标,从而形成一种自给性、封闭性的超稳定组织,极大地制约着农村经济的专业化分工,妨碍着生产要素的合理流动和重新组合,市场机制难以导入,从而导致整个社会生活的停滞。②地缘组织分解后,行政组织的基本职能是向农村经济和社会发展提供服务,但由于集体可控财力有限,因而其服务职能也受到制约。合理必要的行政调控失去了其应有的灵敏度和力度,社会经济生活秩序日益陷入紊乱状态。③业缘组织的发展很不规范。农户或小规模的乡镇企业面对市场的风险自发形成了许多农村中介组织,如农民协会、企业家协会、专业协会等组织应运而生。这些组织在组织农民和企业协作方面起了很大的作用,但其存在的不规范性也对农村经济带来一些负面影响。一方面,不少业缘组织的产生主要不是根源于客观经济过程的内在有机联系和取得协作效应的一致的利益动机,而在很大程度上取决于当事人的血缘关系、私人交情和个人道德。这种带有浓厚血缘色彩和感情道德因素的业缘组织往往是一种超稳定的组织系统,在组织效应十分低下,甚至没有存在必要的情况下,它仍然顽固地维持下来,从而造成经济要素的极大浪费。另一方面,一些业缘组织产生以后没有建立明确的行为规范、合理的组织原则、恰当的组织结构、高效的组织决策系统,因而其自适应能力和承担风险的能力弱,组织的生存和发展极不稳定,业缘组织不断产生又不断消亡的事实说明了这一点。

六、"环京津贫困带"——京津冀地区协调发展所必须面对的问题

2005年8月,亚洲开发银行公布的《河北省经济发展战略研究》报告首次提出:"环京津地区目前存在大规模的贫困带。"[①]在国际大都市北京和天津周围,环绕着3 798个贫困村、32个贫困县[②],共272.6万贫困人口。

"环京津贫困带"与京津地区的经济发展相比存在很大落差(杨连云、李宏民,2006)。改革开放初期,河北省的32个环京津贫困带的县域经济与京津二市的远郊15县基本处于同一发展水平,但是在20多年后的今天,两者之间的经济社会发展水平形成了巨大的落差。2004年,环京津贫困带31个县(不含涿鹿县)的县均GDP仅为京津远郊15县区的16.3%,而农民人均纯收入、人均GDP、人均地

---

① http://news.163.com 2005-08-18 02:15:00。
② 这32个贫困县分别是尚义县、康保县、沽源县、张北县、赤城县、崇礼县、怀安县、万全县、阳泉县、蔚县、涿鹿县、丰宁满族自治县、围场满族蒙古族自治县、宽城满族自治县、平泉县、滦平县、隆化县、承德县、涞源县、阜平县、顺平县、唐县、易县、涞水县、曲阳县、献县、海兴、盐山县、东光县、南皮县、孟村回族自治县、肃宁县。

方财政收入仅分别为北京市的30.2%、16.0%、1.9%,为天津市的33.1%、18.7%、2.3%(图3—2)。

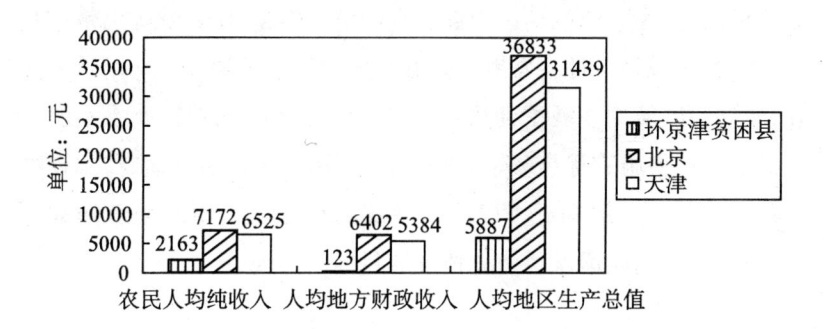

图3—2 2004年环京津贫困县与北京、天津经济发展水平比较

《河北省经济发展战略研究》反映出的状况,不仅出乎亚行官员的意料,也出乎很多国人的预料。但是,贫困带的形成绝非一日之积。长期以来,我们的发展思维和路径都是"以城市为本位",为了城市的快速发展,大规模向周边地区索取各种资源。从一定意义上讲,"以城市为中心"的发展模式在土地有限、人口众多的中国有其合理之处,并且在实践中也解决了一部分问题。不过,"城市本位"的发展模式也造就了类似于"环京津贫困带"的难题。早在20世纪90年代中期,就有学者提出了广东等发达省份城市繁荣与周边贫困严重失衡的问题。除此之外,中国长期的城乡二元结构也是产生贫困带的重要因素。在此结构之下,城乡对各种资源的占有、分配和使用存在着巨大的不公平性,从来都是优先保证城市的生存和发展。这种遗留问题不仅涉及城乡发展不平衡,还蔓延到了城乡人民的医疗、社会保障等各个方面。因此,从城乡二元结构的形成及其后果来看,这种结构本身也是"城市本位"的体现。

环京津贫困带的长期存在,必然影响京津冀区域经济的协调发展。目前,国家有关部门十分重视和关注京津冀区域的发展,着手建立促进京津冀区域经济社会协调发展,优势互补的新型决策管理体制和机制,旨在尽快推动京津冀实现经济一体化,使之发挥出带动我国环渤海区域经济社会发展的核心作用。但由于环京津贫困带的存在,使这一区域的发展受到严重的"短板"现象的制约。如果不制定特殊的战略措施和优惠政策,改变这一区域贫困落后的现状,不仅继续影响京津冀地区的城市建设和经济发展,也必将会影响我国北方经济的发展,影响国家经济总体发展目标的实现。

第二节 京津冀地区乡村—城市转型的动力机制

一、农村工业崛起的推动

改革开放以来,京津冀地区农村工业在"村村点火、户户冒烟"的热潮中迅速发展起来。从发展过程来看,存在这样三个阶段:第一阶段(1978～1983年)为起步阶段,这一时期京津冀地区的乡镇工业以集体所有制为主体,主要是发展为都市国有大工业拾遗补缺或为国有工业配套的行业,属于劳动密集型加工企业,还无法形成乡村工业自己的优势。第二阶段(1984～1990年)为发展阶段,这一时期京津冀地区农村乡镇工业有了迅速发展,同时这些乡镇工业通过引进国内外技术和资金,采取多种形式发展自己的产品,从而摆脱完全依赖国有大工业的状态,形成乡村工业自己的特色,其企业个数比较稳定,企业素质明显提高,产值和规模迅速提升,极大地刺激了农村服务行业的发展,支持了农业科技进步,使农村产业结构发生明显改变,容纳了大部分乡村农业剩余劳动力,成为农民致富达小康的主要手段。这一时期,乡镇工业已经成为农村经济增长的主要来源,并成为农村的经济、社会结构变化的源头。第三阶段(1991年至今)为乡镇工业二次创业阶段,这一时期乡镇企业主要是针对所有制结构、产品结构和技术结构形成的阻力进行改革,重点是乡镇企业向公司制的改制,提高产品质量、树立自己的品牌,引进先进的技术及管理人员,向基础设施更为完善的城镇集聚,等等。乡镇企业的二次创业将极大地提高乡镇工业的市场竞争力,使乡镇工业在更为广阔的市场环境中得以稳定发展,从而进一步促进农村的现代化进程。

二、城郊第三产业兴起的拉动

对于北京市、天津市、唐山市、廊坊市、秦皇岛市的近郊农村而言,发展为城市生产和生活服务的第三产业也具有得天独厚的优势。这些乡镇往往利用这一区位优势,积极主动地发展房地产、旅游、健身、运输、仓储等第三产业,启动了农村经济的发展,引发了农村社会的变革。特别是北京市和天津市是我国最为重要的两个大都市,它们的近郊农村的第三产业发展势头更猛。

(一)北京市顺义区马坡镇第三产业与农村的经济发展

北京市顺义区马坡镇位于北京市东北郊,距北京市城区 30 公里,交通十分便利,"京密"公路和"京承"铁路穿区而过,境内公路达 70 公里,距首都机场仅 8 公里。全镇总面积 35.10 平方公里,2000 年人口 16 911 人,其中农业人口 15 922 人,非农业人口 919 人。该镇有农村劳动力 7 716 人,其中从事第三产业的人员为 1 452 人,从事第二产业的人员为 4 783 人,从事第一产业的人员为 1 481 人。三次产业劳动力分配比重为 18.82%、61.99%、19.19%。90 年代以前,马坡镇是一个典型的农村乡镇,既没有城镇繁荣的市场活动,也没有现代化的社会文明。90 年代以后,马坡镇充分依托优越的区位优势,突出发展为北京市生产和生活服务的第三产业,兴建了高尔夫球场、赛马场、网球场、乡村俱乐部等休闲旅游设施以及别墅区,逐渐发展成为北京郊区的一个重要的度假、休闲、健身基地。在第三产业的带动下,马坡镇工业和农业都有了长足发展,逐步发展成为一个以非农业为主,具有诸多现代化特征的城镇社区。1999年马坡镇被北京市人民政府批准为第二批小城镇建设试点镇,被国务院列为小城镇综合改革试点小城镇。

90年代以来,马坡镇人民解放思想,实事求是,积极探索农村经济发展的出路。本着发挥区紧邻首都的区位优势、舒适优美的自然环境、实干诚信的人文精神,提出"借助外力、狠抓三产,壮大自己"的发展思路,以吸引外资为突破口,把第三产业摆在首要发展位置,试图通过发展第三产业来改善投资环境,带动农业产业结构调整和经济社会发展。目前,"京密"公路以东的旅游、休闲娱乐、房地产开发区已初具规模,第三产业给马坡镇经济社会发展注入了活力。随着旅游业、房地产业、休闲娱乐项目的不断发展和壮大,马坡镇逐渐形成了人口、技术、信息、资金的集聚能力,为乡镇工业的发展积累了必要的条件,促使乡镇工业也迅速发展起来,马坡镇经济社会开始从沉闷、单调的农村经济社会生活向城市景观过渡。马坡镇成功地以第三产业为龙头,带动了第二产业发展,促进了农业进步,成为第三产业兴起带动农村经济结构调整和农村城市化的典范。

(二)廊坊市香河县淑阳镇第三产业与农村经济的发展

廊坊市香河县淑阳镇从与北京市接壤、与天津相邻、位于大北京经济圈腹地的实际情况出发,依托地缘、人缘优势,抢抓机遇,大力实施"壮大三产实力,带动一、二产业发展,促进镇域经济腾飞"的发展战略,坚持政策上倾斜、管理上规范、环境上优化,初步形成了以工业园区为载体,以商贸服务为先导,以各类专业市场为龙头,以产业化为依托,以"大贸易、大流通"为主要特征的第三产业发展新格局,为农村经济注入了生机和活力。2002年全镇总产值达到了64.73亿元,农民人均纯收入5 487元,镇级财政收入完成4 658万元,人均财力在廊坊市90个乡镇中位居首位,并连续多年保持了河北省百强乡镇、廊坊市十强乡镇、全县首富之位。

1. 大力发展第三产业,构筑全镇经济新格局

近年来,淑阳镇紧紧围绕家具这个优势行业,加大投入力度,筹资20多亿元搞第三产业基础设施建设,整合全镇力量发展第三产业,使全镇呈现出"六业腾飞"的喜人局面。①家具营销业发展势头强劲。截至2002年年底,镇区内的香河家具城已拥有大型家具展厅25座,展厅面积达到40万平方米,已相当于整个北京市家具展厅面积的总和。汇聚名优厂商300余家,展销摊位达到1 300余个,日客流量上万人,年成交额达到22亿元,税收近3 000万元。②家具原材料营销业乘势而上。目前,家具城内已有家具材料城15座,经营范围包括皮革面料、布艺面料、裥花、泡沫、沙发簧、五金件等,经营摊位已有300家。③带动了餐饮服务业发展。随着家具城的兴起,带来了餐饮业的兴旺和繁荣。沿家具城周围餐饮设施星罗棋布,累计达200家以上,出现了一批星级饭店。④仓储运输业应运而生。遍布香河家具城周围大大小小的仓库发展到了百余家,专门从事出租、家具运输的车辆达到了500辆。⑤长途客运业和旅游业得到前所未有的发展。镇区内道路四通八达,多条线路的镇内公共汽车从镇区穿过。近几年,随着香河家具城的迅猛发展,以及香河天下第一城、国安足球训练基地、北务屯旅游度假村的不断开发,万辛湖垂钓娱乐旅游休闲,潮白河右堤"绿色长廊"等休闲旅游等发展迅速。⑥专业市场开发呈现大发展势头。2000年帮助本地客商筹资4 000万元,

引进北京华联综合超市有限公司香河超市项目,这是落户在河北省的第一家。围绕特色建市场,先后建起木板、建材、大型农副产品批发交易市场15个,并引进了正大养鸭和建起了苗木公司等一批农字型龙头企业。

2. 实施三产带动战略,促进二、三产业协调发展

淑阳镇坚持用第三产业的振兴激活与其紧密相连的第二产业的发展,促进二、三产业协调发展。在具体操作上,突出抓了"三个带动"。①围绕家具市场的发展带动家具制造业的上档升级。淑阳镇在家具营销业做强做大的基础上,有针对性的对家具制造业进行整顿,重新组合,制作家具的厂家由2 000家优化重组至200家,实现了规模经营,达到了规模效益。②围绕家具材料市场带动家具材料生产的发展。前几年,淑阳镇家具所用原材料泡沫都从外地购进,由于运输等方面的原因,增加了家具制造业的成本。到目前为止,全镇已有10家原来只倒卖泡沫的摊点搞起了泡沫加工,年产量达到了3万吨以上,超过了全省的总产量。③围绕第三产业的发展带动第二产业全面发展。几年来,淑阳镇成功地引进了年产值超亿元的国能集团华北制冷设备有限公司和东华纸制品有限公司两家大公司,年产值超过5 000万元的北京香河旅游家私公司、华鑫非织造布有限公司、希泉泡沫厂和东兴纸业有限公司等。通过发展规模企业,做到了第二、第三产业互动、相互协调、共同发展。

3. 解放思想,营造环境,为第三产业发展提供强有力的保障

淑阳镇木材资源并不丰富,家具产业能够迅速崛起,建成了中国屈指可数的家具市场,发展了第三产业,带动了第二产业,关键是解决了四个方面问题。①解放思想,更新观念。在家具城的开发上,淑阳镇引进现代管理制度,使家具城的经营者实现了由农民企业家向现代企业家的转变,经营模式由传统的一家一户向市场化、集约化的

转变。②明确思路,科学定位。淑阳镇确立了"依托家具抓三产,以三带二求发展"的工作定位,举全镇之力促进了全镇家具产业的发展。③招商引资,筑巢引凤。几年来,淑阳镇不断加大招商引资的工作力度,通过外出招商、以商招商等形式,借助外力发展自己。④努力营造良好的发展环境。还有全力打造先进一流的软环境,实施"引商、安商、乐商、富商"工程,制定招商引资优惠政策,完善项目服务体系,营造文明诚信经商氛围;加大硬环境建设力度。千方百计帮助企业搞好基础设施建设。

4. 坚持与时俱进,构筑第三产业发展的新平台

为加大招商力度,促进全镇经济的可持续发展,淑阳镇立足于构筑新的人流、物流、资金流、信息流汇聚平台,推进二、三产业聚集,在继续培育家具城市场的基础上,围绕"一个园区,三个市场,以三带二"发展目标,对工贸小区重新整合。目前,占地 10 000 亩的工业园,颇具规模的北京五金建材城市场、家居装饰材料批发市场、钢材市场已具雏形。投资 1.2 亿元的家具项目,投资 1.5 亿元的灯饰城项目,投资 5 000 万元的家居装饰项目相继在园区落户,投资 1 000 万元,占地 210 亩的钢材市场举行了开工典礼。举全镇之力,园区占地达 7 000 亩的廊坊首家台湾工业园项目也全面启动。

三、区域专业市场发展的引导

市场推动型是一种依托区域性专业化市场发展而带动农村经济发展的一种类型。京津冀地区专业市场一般是在当地家庭工业销售其产品的刺激下发展起来的。这与当地的商品经济意识及规模、专业产品优势以及政府的组织密切相关。在发展早期,市场是一种简单的马路市场,没有正规的销售场所,主要是当地企业销售当地产品。在专业化产品具有一定规模和声誉的基础上,由政府牵头组建

固定市场,形成自己的市场网络,当地生产有了市场依托。此时专业市场进入发展阶段。这一时期,仍然是当地产品生产规模决定市场规模,市场的功能主要是为了推销当地的专业产品。但是,商品经营规模却逐渐壮大。在市场的推动下,当地专业产品的生产规模日益壮大,市场的规模也随着增大,影响范围逐渐扩大。当专业市场已不仅仅服务于当地产品,而成为一个更大范围区域的交易场所时,专业化市场进入它的形成时期。在这一时期,越来越多的外来产品和外来人口参与到专业市场中来,市场的功能强大,市场的性质已经从一个小规模的本地市场转变为一个区域专业化市场。此时市场的经营利润要明显高于产品生产利润,农村的商业阶层迅速扩大,他们不仅仅经营当地的产品,更多的是在经营外地的同类产品,由此极大地推动了市场的繁荣。而市场的繁荣又吸引来大量的产品。一方面,专业市场发展不仅为当地经济创造了流通条件,而且使当地专业化产品生产得以提升、优化和发展;带动了运输、仓储、邮电、金融、商贸、房地产、餐饮等第三产业的发展。另一方面,专业市场的发展促进大批农业劳动力向非农产业转移、农村人口向城镇集聚,加速了农村城镇化进程。以专业市场为龙头,建设万商云集的商品集散地,发展配套设施齐全的新型城市(镇),成为京津冀地区实现农村城镇化的重要模式。可见,专业市场从小到大,发展迅猛,搞活了流通、促进了生产、满足了消费、增加了财政收入、富裕了百姓生活。"办一个市场,兴一群产业,活一片经济,富一方百姓,建一个城镇"就是对专业市场促进农村经济发展的真实写照。商品市场以其丰富的商品、灵活的经营方式、开放公平的竞争机制,促进了城乡商品的大流通,成为连接生产和消费的纽带。在经济全方位、宽领域、多层次不断开放的格局下,商品市场不仅仍然发挥着重要的中介和桥梁作用,而且日益与生产过程紧密结合,日益与当地经济紧密融合,成为推动京津冀地区农村经济发展的一股重要力量。农村区域性专业市场的发展引发了农村经济和社会的深刻变革。

位于天津城郊的何庄子、金钟、红旗、柳滩四大蔬菜综合批发交易市场,成为全国大流通的网头。武清大沙河蔬菜、宝坻县北方生猪、宁河县七里海河蟹等19个专业批发市场,成为内供外销的主要集散场所,带动了相关产业的迅速发展。以小城镇为依托的308个综合批发交易市场,2000年成交蔬菜250万吨、水产品22.8万吨、禽蛋16.04万吨、肉类21.3万吨。初步形成了"本地为主、外埠调剂、贯通南北、沟通东西"的大流通格局。

四、土地流转集中产生的新的"推力"

改革开放以来,农村经济体制改革调动了农民的生产积极性,京津冀地区农业劳动生产率显著上升,从而产生巨大的"推力",造成农业劳动生产力的剩余。近年来,随着土地流转集中的开展,农业科技投入的增加,农业生产发展又将"推出"一批农业剩余劳动力。农业剩余劳动力不断向城市和小城镇转移不断推动了农村经济社会的发展。京津冀农村的农业是都市型农业,其必须在稳定联产承包经营基础上进行。鉴于该地区农村二、三产业比较发达,很多农民对土地的依赖程度不高,加之人均土地较少较零散,已经出现土地外租、粗放经营甚至个别户弃耕的现象。为适应都市型农业基地建设需要,建立健全土地使用权流转制度势在必行。要在延长土地经营30年不变的同时,明确农村土地经营权可以突破社区界线在更大范围内流转,推动土地向大户或规模经营单位合理集中。土地流转坚持自愿、有偿原则,不仅可以防止土地撂荒,而且有利于按都市型农业主导模式,发展农业集约化、设施化、工厂化经营。

(一)天津市大港区的土地流转集中

大港区从1983年实行家庭联产承包责任制,把土地承包到户,确立了家庭经营的市场主体地位。中央决定把农民的土地承包期由原来的15年再延长30年,当时全区共有7个乡镇,73个自然村,3.19万户农民,农业人口达10.16万人,在册耕地面积20.15万亩;区政府组成7个土地延包责任工作组深入到各乡镇、村大力宣传土地延包期的有关政策,按照"大稳定、小调整"的原则,与73个村3.10万户农民签订了19.71万亩的土地延包合同,发放证书31 011本。从调查情况看,大港区土地承包经营权的流转比较复杂,但基本上呈现加速流转的态势。全区73个行政村,有61个村出现了土地流转,涉及农民1 265户,流转面积达1.09万亩。

大港区土地承包经营权流转加快的主要原因。大港区农村土地承包经营权流转加快的主要原因有以下两个方面。①经济相对发达,经济收入的多元化使土地矛盾不突出,人们不再以土地做为谋生的唯一手段,而是把种地作为工余之后的副业。二、三产业的发展和农村剩余劳动力的转移,使人们对土地的需求减弱,甚至出现主动放弃土地承包经营权的现象。大港区港西街70%以上的农村劳动力在企业就业(不含三产和个体运输、搞流通人员),其中联盟村303户农民只有3户经营土地,绝大多数土地转租给外地人经营。中塘镇在搞30年延包时,有517户农民主动放弃土地承包经营权。②人多地少,农业比较效益低。大港区土地普遍盐碱瘠薄,人均占有耕地不足2亩,传统的种植业收入低,劳动强度大,而且基本上是靠天吃饭,农业淡水资源缺乏,使农民种多收少,致使人们经营土地的愿望不是很强烈。从从业情况看,2002年大港区共有农村劳动力35 909人,其中从事第一产业的劳动力只有3 245人,仅占劳动力总数的9%,

而从事第二产业的为 24 785 人,超过劳动力总数的 69%,从事第三产业的为 7 879 人,为劳动力总数的 21.9%。从收入情况看,2002 年大港区农民人均纯收入为 5 683 元,其中来自第一产业的仅为 223 元,只占人均纯收入的 3.9%,来自第二产业的为 4 590 元,占人均纯收入的 80.8%,来自第三产业的为 870 元,占人均纯收入的 15.3%。农业比较效益低和收入的多元化,促使大多数农民愿意把土地流转出去,甚至出现土地撂荒现象,这种现象虽然不突出,但却很普遍,几乎每个村都有。

　　流转的形式及流转过程中的管理情况。大港区农村土地承包经营权流转含盖了转包、出租、互换、转让、征用等多种形式。其中大宗的土地流转以出租、转包为主;其次是农业产业结构调整带来的土地置换、互换;再次是国家重点工程建设,小城镇建设和工业园区建设产生的征用;最后是农户之间的转让。转包、出租的对象基本上是外地人员,并以非集体经济组织为主,这类流转多数是在村集体协调、组织下进行。原则是坚持承包主体不变,转包、出租所得全部由原承包人所有,村集体只发挥组织、服务和监督职能,不参与经营和管理。由原承包农户与村集体签订协议,村集体与转包、出租对象签订协议。如大港区港西街由各村集体组织集中 4 000 亩耕地转租给外地人种棉花,收益全部交给农户。这种流转是绝大多数农户乐于接受的一种形式。征用土地情况比较复杂,大至有三种类型,一类是国家建设征用。一般都是一次性补偿,长期占用。在处理这类流转上大港区采取了三种处理方式,第一种是把国家赔偿总数不低于 30%的金额一次性补给占地农户,如国家高速公路征地;第二种是把国家征地一次性补贴费用,按每亩地两年内的最高种植效益乘上剩余承包期,一次性补给农户;第三种方式是只赔付农户当年的青苗损失费,所占土地由村预留的机动地予以调换,国家征地赔补全部归集体所有。二类是招商引资建设工业园区征地。每亩每年补贴农户300元至承包期满。三类是城镇工业征用和小城镇建设征用。城镇工业用地多数是建设村集体企业,小城镇建设重点是在农村全部推行楼房化。城镇工业用地一般用村集体预留地与占用农户耕地进行合理调换,企业收入则归村集体所有,用于公益性事业。小城镇建设采取占补平衡的原则,新楼建成后,老住宅基地实行退宅还田。

互换和转让主要是在农户间进行,由于大港区农业结构调整,在规模开发种植、养殖基地时出现三种情况,一种是在开发园区内农户占地过多,但又不想多发展该项目,一种是想发展但在园区内无地或地少,另一种是有地但不愿意发展该项目。对此一方面由农户之间自愿调换耕地,另一方面由村集体在预留地中予以置换。目的是保证形成规模经营。转让多数是在农户亲朋好友间进行,一般不收取费用。从土地流转管理情况看,大港区较好坚持了合法、有偿、自觉、有序的原则。

(二)北京市农业发展与土地流转

到2000年底,北京市已基本完成土地延包工作。据北京市经管站统计,全市实行农业经营的3 700个村中,实行家庭经营的有2 796个,耕地面积284.2万亩,占农用耕地面积426.9万亩的66.6%;实行规模经营的521个村,耕地面积73.8万亩,占17.3%;实行两田制的29个村,耕地面积6.9万亩,占1.6%;实行土地租赁经营等其他经营方式的村354个,耕地面积62万亩,占14.5%,北京市确立了以家庭经营为主、多种经营方式并存的经营格局。北京市农地经营方式在农业遭受冲击下呈现的不适应性有五个方面。①小规模、平均化的生产资料分配方式,难以实现土地合理的经济规模和土地要素、劳动力要素的有效结合,降低了农业生产要素的综合利用效率。②相对较多的劳动力集中在相对较少的土地上,增加了农业的活劳动成本,降低了农业收益。③生产规模过小使生产的组织、管理、产品销售成本相对较高,新品种、新技术推广的成本相应提高。④大型机械难以在分散、碎化的地块上充分发挥其效能,影响了劳动生产率进一步提高。⑤难以进行标准化生产。表现在难以实行统一的化肥、农药施放标准、管理标准、栽培标准,难以控制产出品的外观、质量、卫生、营养标准等。

土地延包30年后,北京市农村开始平稳推进农村土地流转工作。到2000年底,全市已有8.5%的耕地进行了流转,主要集中在平原地区;流转形式以转让为主;接转方多为集体;农民自愿放弃土地经营是土地流转的主要原因。土地流转解决了人均占有土地零散、不便管理的弊病,稳定了郊区土地承包关系搞活了土地使用权,不仅使大量从事非农业的农民摆脱了土地的束缚,而且推动了农业结构调整,提高了农业经济效益,促进了农民增收(图3—3)。

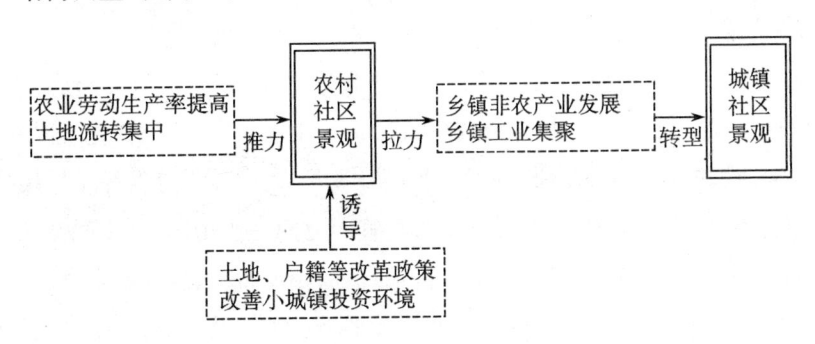

图3—3 乡村—城市转型动力机制分析

五、政府的农村城镇化政策

当前地方政府在农村城镇化进程中的地位相当突出。地方政府的服务意识显著增强,为了创造一个宽松的投资环境,它们不仅制定和完善了扶持农产品加工、销售、龙头企业的招商引资政策、技术改造政策、科技进步政策、出口创汇政策、"三项工程"政策、安排富余劳动力政策、融资政策等,创造良好的政策环境、加大对乡镇企业发展的引导和扶持力度。同时在城镇基础设施建设方面也不断创新,以此吸引生产要素向工业园区集中,以壮大农村经济。京津冀地区农村政府都意识到建设工业园区是吸纳农村劳力、发展农村经济的新载体。因此,都将乡镇工业园区建设提高到农村经济工作的战略地位上来。为此,各级地方政府都加强领导、提高认识、努力创造良好的政策和服务环境,以创新工业园区的管理,建立多元化的投资机制。通过抓重点、挖项目、促招商,实现乡镇工业园区建设和发展。

另一方面,各地政府根据实际情况积极调整乡镇行政区划,大力发展小城镇,以此拉动农村经济的发展。天津市积极组织小城镇试点建设,30个试点镇经济得到迅速发展,城镇功能显著增强,居住环境明显改善,镇区面貌都有了很大改观。这些各具特色的试点镇已经形成了一定规模的人流、物流,逐步发展成为农村地区的政治、经济和文化中心,在带动区域经济发展,促进工业化,农业现代化,加快农村城市化进程中起到了示范和带动作用。北京市充分发挥小城镇在集聚农村人口、吸纳农村劳动力转移等方面的作用,通过小城镇建设,提高郊区城市化水平。按照科学规划、合理布局、设施配套、环境优美、增强特色的原则,重点扶持了昌平小汤山镇、顺义后沙峪镇、通州宋家庄镇、大兴西红门镇、怀柔杨宋镇等33个中心镇的建设。加快小城镇二、三产业的发展,根据各自的优势和特点,大力发展各具特色的产业,吸引乡镇企业和各种生产要素向小城镇集聚。实施户籍管理新政策,引导农村人口向小城镇集中。加强小城镇基础设施和环境建设,创建小城镇发展的良好形象(北京市人民政府,2001)。

第三节　京津冀地区乡村—城市转型的类型

京津冀地区乡村—城市转型的程度和质量与其动力机制密切相关,而推动乡村—城市转型的动力与都市经济社会发展的辐射和带动相关,与乡村经济社会发展的基础和体制有关。由于北京市、天津市以及唐山市都是我国重要的综合性大城市,特别是北京市和天津市是我国著名的大都市,它们的经济、社会辐射对周围农村地区的二、三产业发展、基础设施建设、思想观念以及农业剩余劳动力转移产生重要的影响作用,成为决定乡村—城市转型动力大小的关键因素。因此,乡村—城市转型的动力随着远离大城市而逐渐衰减,京津冀地区乡村—城市转型的程度也相应地出现大城市近郊区、远郊区和边远地区三种不同的类型。

近郊区乡村—城市转型的特点是：人口密集,人均耕地少,农业劳动力少,大多数劳动力从事二、三产业,农业劳动力转移迅速,农村非农化率高。在农村经济结构中,非农产业十分发达,二、三产业比重占绝对优势,农业所占比重低。农业土地流转集中程度较高,农业企业化经营、专业化生产特点明显；乡镇企业素质较高,并与大城市技术力量有着稳定的联系,乡镇企业改制基本完成,工业小区已经初具规模；受城市经济社会发展的带动,第三产业蓬勃发展,市场发育良好,各项服务业的发展与经济发展、居民生活形成良性循环。人口的素质较高,居民消费水平高,思想观念先进,商品经济发达,外来人口比重高,人口向中小城镇集聚明显,农村城镇化水平高。这一社区经济社会景观开始向城市景观过渡,并带有明显的城市色彩。

远郊区乡村—城市转型的特点是：人口较多,农业剩余劳动力转移迅速,人口有向小城镇集聚的趋势。在农村结构中,非农产业也比较发达,但产业素质偏低,经济效益不高,大多数工业小区集聚规模小,特别是大型的投资项目稀少。居民消费水平较低,商品经济有所发展,小城镇各项生产和生活服务设施发展缓慢,农村城镇化水平较低,社区经济、社会景观没有完全摆脱原来的传统农村模式,农村的人居景观还比较明显。

边远地区乡村—城市转型的特点是:人口密度低,人口素质低,非农产业发展缓慢,农业剩余劳动力的产业转移和空间转移都存在较大的困难。在农村经济结构中,农业产值和就业劳动力的比重均高于其它产业,因而其经济结构仍属于典型的农业经济结构特征。小城镇规模小,基础设施薄弱,工业小区项目缺乏。人口分散在各个自然村庄,城镇化程度最低。社区经济、社会景观变化不大,农村景观十分典型。北京市和天津市是我国经济、社会实力最强的城市,其郊区的城市化具有典型的随距离衰减的特征。唐山市等城市的乡村—城市转型也具有上述特点,但并不典型。这里不作探讨。因而,本次研究只讨论北京市和天津市乡村—城市转型的情况。

一、北京市的乡村—城市转型类型

北京市乡村—城市转型类型根据与北京市的距离形成内圈层、中圈层和外圈层三种类型(表3—1)。

(一)内圈层

距离市中心4～15公里的环状地带。在地域上包括朝阳区、海淀区、丰台区、石景山区四个近郊行政区,土地面积1 282.80平方公里,2000年总人口514.60万人,其中外来人口95.20万人。常住人口为419.40万人,非农业人口为371.70万人,占常住人口的89%。

表3—1　2000年北京市不同区域乡村—城市转型的比较

区域	人口密度（人/平方公里）	非农化率（%）	外来人口占总人口的比重（%）	粮食单产（公斤/公顷）	小城镇数量（个）
内圈层	3 261	75	18	9 319.89	1
中圈层	392	60	7	9 250	53
外圈层	209	40	5	7 730	49

资料来源：北京市统计局，《北京统计年鉴》(2001)，中国统计出版社，2001年。

人口密度为3 261人/平方公里。2000年乡村从业人员为231 372人，非农化率达到75%，农业非农化率是三个圈层中最高的。农业劳动生产率高，其粮食单产达到9 319.89公斤/公顷，也是各个圈层中最高的。农村乡镇工业和第三产业发达，农村乡镇集体企业、个体企业和联合体企业总数达到7 084个，从业人员为20.68万人，人均利润为5 100元。农村基础设施最为发达，农村服务业发展迅速，土地利用集约程度高，居民生活方式城市化，表现为大量社区居民与城市居民混居现象，城乡联系最为密切，城乡景观差异最小。该类地区是北京市农村城市化水平最高，乡村—城市转型最为彻底的地区。

(二)中圈层

距离市中心大约15~40公里，在地域上包括房山区、门头沟区、通州区、昌平区和顺义区五个行政区域，土地面积6 473.80平方公里，占全市面积的38.50%。2000年总人口272.70万人，其中暂住人口18.80万人。常住人口253.90万人，其中非农业人口为88.60万人，占常住人口的35%，人口密度为392人/平方公里。2000年乡村从业人员为748 123人,非农化率为60%,低于内圈层,但高于外圈层。农业劳动生产率高,其粮食单产为9 250公斤/公顷。农村乡镇工业发达,第三产业发展较好,非农产业在农村经济中占据主导地位。2000年乡镇集体企业、个体企业和联合体企业总数达到16.36万个,从业人员为48.45万人,人均利润为5 400元。农民收入来源多,居民消费水平较高,其生活方式向城市生活方式过渡。小城镇是这类地区人口集聚的地点,目前共分布着53个小城镇,工业小区初具规模,基础设施较为齐全。这类地区城镇化水平较高,社区景观已经具有一定的城市特色。

(三)外圈层

距离市中心40～70公里,地域范围包括大兴县、平谷县、怀柔县、密云县和延庆县五个远郊县,土地面积8 964.10平方公里,占全市土地面积的53%。2000年总人口为197.2万人,其中暂住人口为10.20万人。常住人口为187.00万人,其中非农业人口47.40万人,占常住人口的25%,人口密度209人/平方公里。乡村从业人员为67.32万人,农村非农化率为40%,明显低于内圈层和中圈层。农业劳动生产率较高,其粮食单产为7 730公斤/公顷,低于内圈层和中圈层。农村乡镇工业和第三产业有所发展,农业生产在农村经济中仍然占有重要的地位。2000年乡镇集体企业、个体企业和联合体企业总数达到3.08万个,从业人员达到26.84万人,人均利润为5 600元/人。农村经济不发达,农民收入有限,生活方式仍然保持农村原有的传统。小城镇已经达到49个,但质量不佳,企业和人口集聚规模低。这类地区是北京市城镇化水平最低的地区,社区景观保持着农村传统的模样(胡序威、顾朝林、周一星等,2000)。

二、天津市的乡村—城市转型类型

根据天津市乡村—城市化转型程度与距天津市中心的远近和辐射的便捷程度,划分为环城区、近郊区和远郊区三个不同类型。

(一)环城区

该区环绕在天津市中心区周围,包括东丽区、西青区、津南区、北辰区四个城区。该区土地面积1 909.66平方公里,占全市土地面积的16%。2000年该区常住人口为129.34万人,其中非农业人口为34.62万人,人口密度为677.29人/平方公里。目前,该区共有乡镇36个,其中设建制镇35个。环城区农村经济发展水平高,农业生产科技含量高,农业产业化经营初见成效;工业企业基础雄厚,大多数乡镇是作为天津市工业卫星城发展起来的;第三产业快速发展,各项社会事业全面进步。该区既分担了中心城区部分功能,以高新技术产业和居住为主,还在改变中心城区边缘四处蔓延的局面起到了城市控制圈的作用。同时,环城区内大片的果园、林地、菜田、水面和风景区,又构成了对中心城市的生态保护圈。社区的经济社会景观具有浓厚的城市特点,居民的消费水平高,生活方式和思想观念都与中心区居民非常相似。

在环城区中,作为天津市城郊卫星城镇发展起来的小城镇已经具有相当的实力,在乡村—城市转型中起到了示范和带动作用。西青区的杨柳青镇是西青区的政治、经济、文化中心,是以天津汽车工业生产为主的工业卫星城。西青区的大寺镇将建设成为天津市的电子工业基地。东丽区的新立镇将建设成为商贸、加工工业基地。东丽区的军粮城镇将建设成为以工业、仓储为主的组团。津南区的咸水沽镇建成以轻纺、电子仪表为主的组团。津南区的双港镇建设成为以加工工业为主的组团。北辰区的双街镇建成以汽车配件、商贸为主的组团。北辰区的小淀镇建设成为以家电、旅游度假为主的组团。

(二)近郊区

该区是天津市经济社会辐射较为便捷的地区,包括京津塘沿线的武清区和塘沽区以及汉沽区和大港区。该区土地面积3 830.78平方公里,占全市土地面积的32%。2000年该区常住人口为176.27万人,其中非农业人口为82.22万人,人口密度为460.14人/平方公里。目前,该区共有乡镇50个,其中设建制镇25个。近郊区是天津工业发展的新的增长点,各类经济技术开发区发展迅速,有力地带动了农村经济结构的调整和社会变革。工业和第三产业在农村经济结构中的比重迅速上升,城市化的生产和生活方式逐渐渗透到农村社区的各个方面。该类区域农村城市化的步伐很快,农村社区的景观变化迅速。随着近郊区经济的不断发展以及第三产业的进步,该区与中心区的联系将更为紧密,因此将迅速融入到天津市经济社会发展的循环之中。

滨海新区包括塘沽区、汉沽区和大港区,是天津市工业东移的重要基地,是天津市新的经济增长点,其目标是以建设现代化工业基地,发展港口经济为重点,加快工业东移战略的实施,形成以港口为龙头,开发区、保税区为发展方向的现代化经济新区。塘沽区建成以港口为重点,以高科技、外向型工业为主导,商贸金融协调发展,以开发区、保税区为发展方向的现代化新区。汉沽区建成以海洋化工为主,水产养殖业、果品业与农副产品加工业协调发展的现代化城区。大港区建成为以石油化工为主,外向型、新兴产业与第三产业协调发展的现代化新区。

武清区作为京津塘高速公路高新技术产业带的重要节点和天津与北京联系的主要通道,建成为以高新技术为主的产业基地和外向型新兴科技城。随着武清撤县设区,区委、区政府及时提出以城市化为主导的率先发展战略,充分发挥地处"京津走廊"的区位优势,按照统筹兼顾、协调发展的原则,坚持城区与乡镇统筹协调、共同发展的思路,不断完善通讯、供水、供电等各项基础设施建设,为投资者创造设施先进、配套齐全、城乡统一的发展环境。招商引资成绩斐然。同时各乡镇也纷纷建起各具特色的工业园区,全区上下形成了以开发区为龙头、18个乡镇工业园为依托,高低结合、优势互补的招商引资和产业发展新格局。工业化进程进一步加快。不断加强工业基础设施建设,加快推进传统工业向现代工业的换代升级,采用现代新技术、新设备和新材料加快技术改造,开发高科技新产品,增强市场竞争力。目前,全区已初步形成电子、新型建筑材料、地毯、自行车、服装、化工、机械等几大支柱产业。一大批名优产品推向国际市场,外贸出口不断增加,其中地毯出口量已居全国首位。京津"鲜菜园"建设水平进一步提升。围绕打造武清绿色农业品牌的发展目标,进一步加快农业结构调整步伐,继续做大做强无公害蔬菜、奶牛两大主导产业,扩大种养规模、提高质量、增强竞争力。目前,武清区已经成为京津之间奶业发展规模最大、质量最好、产业化模式最优的地区。

(三)远郊区

该区主要包括天津市管辖的四个县:宁河县、静海县、宝坻县和蓟县。该区土地面积 6 011.50 平方公里,占全市土地面积的 50.40%。2000 年该区常住人口为 229.75 万人,其中非农业人口为 33.49 万人,人口密度为 383 人/平方公里。目前,该区共有乡镇 126 个,其中设建制镇 54 个。农业发达,以农副产品加工为主的乡镇工业发展迅速,以专业市场为主的流通业有一定优势,对推动农村经济发展产生重要意义。如宝坻的北方生猪市场等。各个县城的第三产业比较发达,人口集聚明显。其他小城镇发展缓慢。这是天津市乡村—城市转型中最为缓慢的地区,大部分农村社区景观变化不大(天津市人民政府研究室,2003)。

第四节 京津冀地区乡村—城市转型的对策

一、改革户籍制度

户籍制度对农村劳动力转移的影响正在逐渐减弱,但在京津冀地区的内圈层地区以及一些发展较好的中圈层地区,户籍制度仍然对劳动力流动产生较大的限制,主要表现为由户籍问题造成购房、入学等方面的待遇与本地居民形成的政策差距,如房价高、学费高等因素提高了农民迁移的成本,从而在物质上和心理上动摇了农村劳动力的转移决策。因此,改革户籍制度将有助于推进农村劳动力转移和农村城市化进程。户籍制度改革首先从小城镇户籍改革开始,逐步实行按居住地和职业确定身份的户籍管理登记制度。农民只要在小城镇建成区拥有合法固定的住所和稳定的非农职业,居住满两年,本人及共同居住的直系亲属就可以申请在小城镇落户城镇户口。在严格禁止弃耕撂荒和粗放经营的前提下,允许进入小城镇落户的农民对其原有承包地继续拥有土地承包权,鼓励其经营使用权的转让,但必须按有关法定程序履行报批手续。

经过批准在小城镇落户的人员,在入学、就业、参军和社会保障等方面,享受城镇居民的同等待遇,依法保障其公民的合法权利,与当地原有居民享有同等的权利,履行同等的义务。同时,要淡化户籍制度的"福利化"色彩。与上述改革相配套，要进行劳动就业制度和社会保障制度等方面的配套改革，提高劳动就业市场化的程度，建立社会化的社会保障体系，为户籍制度改革奠定基础。

二、搞好农村土地的流转与集中

从京津冀地区农村土地利用制度来看，表现出典型的公平有余而效率不足的特征。其严重地削弱了农业劳动力向小城镇转移的"推力"，也导致乡镇企业和小城镇的规模效益难以形成。土地使用制度与流转制度市场化程度很低，市场对土地资源的配置还未能起到基础性作用。因此，土地制度使得市场机制不能有效地引导和推动乡村—城市的转型过程。为了促进乡村—城市化的转型，必须尽快推进京津冀地区土地集中化的进程，实现农业生产的规模效益，将农村中的兼业型人口从农业生产中彻底分离出来。土地集中化一方面推动了农业生产技术的发展，提高了农业劳动生产率，推出更多的剩余劳动力；另一方面有助于城镇非农产业的发展和人口集聚，从而形成城乡经济发展的良性互动机制。目前京津冀地区土地流转与集中的实践已经展开，但非常有效的形式并不多见。土地流转的机制有利于土地的集中，农业企业化实现的首要条件是土地的流转集中：在推行各种流转制度的同时，要配套构建农村有效的社会保障制度、要提高城镇吸纳农村剩余人口的能力。其次，农业企业经营还需要法律确认农业企业的法人地位，确立其作为独立生产者的市场主体地位。第三，培育和健全农村社会化服务体系，为农业企业的经营创造一个有效的商务环境。

三、促进小城镇工业的集聚

地方政府要加强对工业园区的管理和引导，促进乡镇企业的集聚。从京津冀地区农村工业园区发展的情况而言,总体上是要打破城乡分割的户籍、土地使用、投资融资等体制,促进乡镇企业、农民、资金、技术、人才、信息等要素向小城镇流动和合理配置。具体来讲,京津冀地区乡镇政府的主要任务有三点。一是制定有利于工业园区发展的优惠政策,鼓励有条件的企业向工业园区集中,鼓励企业通过联合兼并和资产重组进入园区。对入园的企业应适当减免一些地方性税费、配套费等。工业园区征用的土地应强化政府的宏观调控力度,采用长远规划、分阶段实施的办法,对征用的土地价格进行一定限制,以减轻企业负担,促进园区良性发展。对工业园区的项目,建议实行减免和免征水、电增容费,对企业设备投资部分减免所得税的政策。二是引导推进企业向集团化、专业化、协作化方向发展,提倡和鼓励以优势企业和名优产品生产企业为龙头,通过联合、兼并、股份合作等形式实行资产重组,使生产要素在更高层次上得到优化,提高企业的组织化程度。要引导龙头企业面向国内、国际两个市场,围绕自身的优势、核心资源来进行主导产品开发和规模扩张。将一般的零部件及半成品生产加工,通过园区扩散到中小企业中去,从而形成龙头企业与小企业群之间的配套协作关系。三是大力推进小城镇基础设施建设,提高小城镇的承载能力和吸引力。从政策上鼓励企业、个人投资兴办乡镇公共事业,鼓励农民带资兴办各种企业,参与城镇基础设施建设。通过建立市政设施有偿使用制度和收费制度,解决投资者的投资回报问题,逐步推进小城镇基础设施建设的市场化进程。

四、搞好农村社会保障

根据小城镇经济发展水平和居民承受能力,吸取国外和国内社会保障改革的经验,与农村城市化、农业现代化相配套,针对不同特点,采取不同的标准和形式,逐步建立起符合社会保障自身发展规律的社会保障体系。小城镇的社会保障水平要适应小城镇的生产力发展水平,从实际出发,保障居民的基本生活,使权利与义务相统一,鼓励社会、企业、机构、家庭和个人多方共办,在建立小城镇社会保障制度时,应该突出重点,逐步建立。建立健全小城镇社会保障制度,核心是制度建设。在建设过程中,要基本建立养老、医疗保险为主体,并与社会福利、社会救济和优抚安置事业有机结合的社会保障体系,逐步形成覆盖范围广、资金渠道多、社会程度高、待遇合理适当、管理体制统一的小城镇社会保险事业机构。在保障水平上,必须低起点、低标准,以保障老年人口、贫困人口为目标,并随着经济和社会发展的水平提高而提高。在制度建设上则要有超前的意识,既要便于以后与城镇社会保障制度接轨,又要发挥自身优势。镇区要建立符合社会主义市场经济体制要求的新型社会保障体制和统一的社会保障机构,镇区成立社区服务中心。探索成立小城镇社会保障委员会。在完善镇财政条件下,有条件的镇在年预算财政中安排一定比例的社会保障基金,并逐步建立镇区社会保险网络。

五、促进乡镇企业的二次创业

从京津冀地区农村非农企业的发展状况看,企业发展已经形成群体优势,但存在着一个普遍的问题是企业的发展潜力小。一是企业技术水平低,技术创新能力弱,企业品牌较少,且市场占有率低;二是企业虽然已经进行股份制改造,但大多采取的是高度集权的管理制度;三是企业外部经营环境较差,很难获得发展所需要的生产要素,如经理人、技术人才、技术信息等等。企业发展潜力影响着企业未来的发展,因而涉及乡村—城市转型的进程。因此,如何提高乡镇企业的素质和潜力,实现乡镇企业由数量优势向质量优势转化的二次创业就成为乡村—城市转型的关键。京津冀乡镇企业的二次创业的重点有三个方面。①提高企业的技术水平和产品的档次，形成持续的创新气氛和制度，逐步改变农村工业作为城市工业加工车间的地位，使农村的成品和半成品能按市场准则进入生产资料市场和消费品市场。②继续深化企业的改制工作，建立现代的企业制度。一是推动企业向股份化、公司化、集团化发展，实现股权的多元化，从而为吸收外部生产要素创造条件。二是改革企业内部的管理机制，实现权利的分化：首先从生产和销售环节上进行权利的剥离，并形成独立的工作能力和决策权利，形成较为分散的权利结构和企业的专业化运作机制。在此基础上，逐步实现经理层的剥离和独立。从而能够调动企业职工的劳动积极性，使他们能够充分参与企业的各项管理，保证企业充满创造力和创新精神。③加快小城镇基础设施和各项社会事业的发展，为企业发展提供一个更为便利的商务环境，增强第三产业的服务能力和水平。

六、加快农村区域市场的建设

农村区域性市场的完善能够保证乡村—城市转型所需要的各种要素。为促进农村城市转型，京津冀地区农村区域性市场建设的主要任务是整顿市场秩序，促进市场要素发育，促进区域间要素流动，建立农产品期货市场和区域性共同市场，发展区域性劳务市场，引导农村剩余劳动力合理流动，建立区域性资金市场，解决农村工业的资金来源，保证在比较利益原则下，参加交易各区域都能得到发展。健全由政府、有关部门和民间组织等代表各利益集团人员组成的市场监督体系。完善区域市场的法律和法规，使各区域市场的组织制度、行为规范、交易规则正规化和一致化，实现区域市场调节区域内和区域间农民的经营活动，对区域间经营活动的引导有利于农村经济和社会的发展和变革。各级政府的职能在于维护区域市场公平竞争的环境,而不对市场机制本身的运转施加干预。

农村区域市场从现时期干预型市场为主向目标模式的变迁中,各级政府起着决定作用。这是因为,我们所说的弱化农村区域市场中的行政介入,并非意味着政府对市场撒手不管,放任自流,而是要掌握和引导区域市场发展方向,纠正自发形成的市场中出现不利于社会利益的倾向,使市场制度和规范在良好的经济环境中建立。对于地方政府而言应主要抓以下三方面的工作。①政府行为规范化。农村各级政府作为政策的制定者和实施者,其行为的规范化包含着三层互相递进的含义。一是政府应有一个全面的政策目标体系,而不能"头痛医头、脚痛医脚"的政策脉冲;二是应有相应的一套政策规则,这些规则描述了政策手段应该如何对经济条件作出反应以改善目标的运行;三是为使每项特殊政策规则运行顺畅,有必要确定对这一规则的必要承诺,其中包括政策实施的延续性,福利增加等。②协调相关利益集团。农村区域市场的主要参与者包括农民、乡镇企业、县乡政府。农民和消费者进入市场谋求自身效用的最大化,而企业进入市场则是获取利润。政府则通过各项政策对各渠道的交易施加影响。每项政策的实施就是对各集团利益再分配,因而为保证经济发展和社会安定,协调各集团的利益关系是政府政策目标之一。③搞好区域市场的开放。开放区域市场应作为发育农村区域市场的基本策略,也是全国统一市场发育的要求。目前,京津冀地区较有影响的农村专业化市场开放意识较高,但开放的手段比较薄弱。在信息高度发达的商业社会,农村信息的获取严重滞后,从而阻碍了商品的流通和技术的传播。因此,信息通道的建设已经成为政府开放市场的重要任务之一。

参 考 文 献

1. 北京市发改委:"北京市国民经济和社会发展第十个五年计划纲要",2001年。
2. 北京市统计局:《北京统计年鉴》(2001),中国统计出版社,2001年。
3. 崔在元:"天津市小城镇可持续发展研究",天津师范大学硕士学位论文,2003年。
4. 国家计委产业发展研究所课题组:"发展农村和农村经济、提高农民收入的对策建议",《经济研究参考》,2001年第62期。
5. 国家计委国土开发与地区经济研究所课题组:"小城镇建设与发展问题研究综述",《经济研究参考》,2001年第77期。
6. 胡序威、周一星、顾朝林等:《中国沿海城镇密集地区空间集聚与扩散研究》,科学出版社,2000年。
7. 黄天元、乔观民:"小城镇工业园区建设研究",《经济地理》,2001年第2期。
8. 景普秋:《中国工业化与城市化互动发展研究》,经济科学出版社,2003年。
9. 黎赔肆、刘嘉俊等:"论农业企业化经营",《经济地理》,2000年第4期。
10. 马俊哲等:"小城镇建设——农村现代化的突破口",《北京农业管理干部学院学报》,2001年第4期。
11. 钱智、季任钧:"加强京津冀联合,带动天津经济发展",载《跨世纪京津联合与发展》,天津社会科学院出版社,2000年。
12. 天津市发改委:"天津市国民经济和社会发展第十个五年计划纲要",2001年。
13. 天津市人民政府研究室编:"为了新的跨越",2003年。
14. 许学强、薛风旋等《中国乡村——城市转型与协调发展》,科学出版社,1998年。
15. 闫二旺:《区域经济发展的微观机理》,经济科学出版社,2003年。
16. 杨连云、李宏民:"环京津贫困带的现状与发展战略研究",载景体华:《2005~2006年:中国区域经济发展报告》,社会科学文献出版社,2006年。
17. 宗锦耀、陈剑光:"论小城镇集聚企业和农民的制度安排、规划布局和功能定位",《经济研究参考》,2001年第77期。

第四章 长江三角洲地区的乡村—城市转型与协调发展

长江三角洲地区包括江苏省中南部8市(南京、扬州、泰州、南通、镇江、常州、无锡、苏州)、浙江北部7市(杭州、嘉兴、湖州、宁波、绍兴、舟山、台州)和上海全市,共16个地级及其以上城市(图4—1),总面积10.16万平方公里,2004年总人口达8 212.14万人,地区生

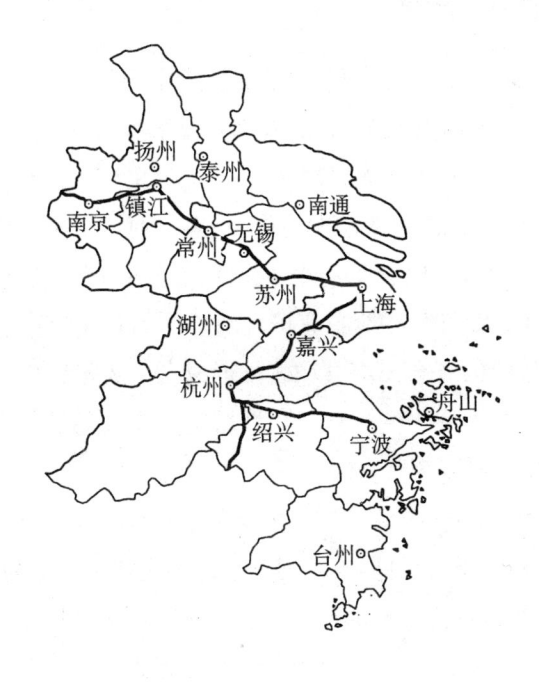

图4—1 长江三角洲地区

产总值28 775.42亿元。长江三角洲的核心区域是苏州、无锡、常州、杭州、嘉兴、湖州、上海7市。长江三角洲以其仅占全国1.06%的土地面积、6.32%的人口,却占据了全国21.0%的地区生产总值,成为我国沿海规模最大、实力最强的经济区。中国经济实力最强的35个城市,有10个位于长江三角洲;全国综合实力百强县,长江三角洲地区占了一半(钱江晚报新民生,2003)。

第一节 长江三角洲地区乡村—城市转型的区域背景

一、自然与历史背景

长江三角洲濒江滨海,平原沃土,河湖水网相连,气候温暖湿润,自然环境优越;开发历史悠久,经长期兴修水利、筑堤、防洪、围湖、蓄水、排涝、垦田,较早形成人口稠密、物产丰富的鱼米之乡。长江三角洲是中国河流最为稠密的水网地带,众多的河流带来了农业灌溉和水上交通的便利,促使农业发达并为现代经济增长的实现创造了有利的条件。明清时期,本地农业扩大经济作物种植,手工业、商业空前繁荣,在传统的省会州府县城之外形成了一大批以经济功能为主的工商业市镇,为后来的长江三角洲城市密集区的形成奠定了基础(宁越敏、张务栋、钱今昔,1994)。

1840年鸦片战争以后,中国逐步沦为半殖民地半封建社会。本区由于位于长江下游尾闾,这种通江达海的位置为西方列强所垂涎,一些城市先后被辟为对外通商口岸。其中上海的发展尤为突出。鸦片战争前夕,上海市区人口估计达到20余万人,到1945年上海总人口为337万(黄文忠,2003)。其他如南京、杭州、苏州、无锡、宁波、南通等,近代资本主义经济也有一定程度的发展。到1949年本区共有11个城市,城市人口为712万,占全国城市人口的26%,小城镇更是星罗棋布,成为大中城市连接广大农村的桥梁。

1949年以后在一个较长的时间内,由于政治、经济等多种原因,长江三角洲未能成为国家建设和投资的重点区域,未新修一公里铁路,未新增一个设市城市(胡序威、周一星、顾朝林等,2000)。改革开放以后长江三角洲经济发展缓慢,大多依靠地方政府提供的有限资金,建设了一批地方轻纺工业项目。因此到20世纪70年代后期,与国内其他重点建设的地区相比,该区域经济发展显得更加落后了。但是,长江三角洲是矿产资源贫乏的地区,纺织具有明显的比较优势,加之轻纺工业与市场经济关系密切,这为70年代以后该地经济的快速起飞打下了良好基础。

70年代末改革开发政策的实施,对中国沿海北中南三大区域的城市化进程产生了明显的影响,总的影响是南方快于北方。改革开放之前我国城市数量增长是北方略快于南方,改革开放之后是南方(年均增长14个)明显快于北方(11个)(周一星、曹广忠,1999)。改革开放以来城市化发展重点的转移,从各类开发区建立的时空过程看得一清二楚。1979~1980年设立了4个经济特区,1984年开放了14个沿海港口城市,1985年长江三角洲、珠江三角洲、厦漳泉三角地带划为经济开放区,1988年海南全省批准为经济特区,1990年决定开放开发浦东新区。

1990年开始的浦东开放开发,其力度在福建以北的中国沿海是独一无二的,这大大增强了外国和国内其他地区的企业在上海投资的积极性,对于整个长江三角洲地区的经济发展和城市化进程有十分显著的带动作用。长江三角洲地区是我国各种开发区功能最为全面的地区(刘卫东、彭俊,2001)。大量开发区的建设,导致城市用地迅速扩大。如上海市浦东新区的行政总面积 522 平方公里，超过浦西老市区（324 平方公里）。上海的带动作用是长江三角洲地区城市化的重要推动力。

二、区位条件

（一）区位条件得天独厚

长江三角洲地区位于我国东海岸线的中点，扼长江入东海的海口，临江濒海，并处于世界环球航线的附近。本区大陆海岸线长近千公里，长江优良岸线 600 公里，由上海港、宁波港、舟山港、乍浦港、南京港、镇江港、张家港港、江阴港、南通港等组成我国最大的沿海沿江港口群。港口吞吐量占全国的 70%，其中上海港就占 35%，同世界 160 多个国家和地区以及 300 多个港口有着经济贸易的联系，成为我国对外联系的重要门户（朱金海，2001）。同时，通过长江水运大动脉，可以沟通面积 180 万平方公里，人口 3.5 亿，粮、棉、工业产量占全国 1/2 的长江流域，具有极为广阔、发达的腹地和市场。

集"黄金海岸"和"黄金水道"于一身的区位优势，在实行全方位对外开放战略的态势下，我国东部沿海地带和横贯东西的长江流域所形成的紧密结合的"T"字型态势，是我国在今后相当长时间内进行重点开发建设的地区，而长江三角洲正处于这一交接点的核心区位，使长江三角洲地区同沿海其他地区相比，具有面向国内、国外两大市场的有利区位，蕴藏着极大的发展潜力。因此，无论从地理位置还是从我国对外开放总体战略的高度和国际经济格局的演变趋势看，作为沟通长江流域腹地与海外国际市场的长江三角洲都具有良好的区位，成为促进本区域城市形成与发展的一种特有的空间优势。

(二)内外联系广泛

长江三角洲地区是我国近代民族工业的发源地,对内对外的经济联系历史悠久,客商、华侨遍布世界各地,同世界上 160 多个国家和地区保持着密切的经济贸易联系,同时还承担着国内市场大部分工业品和日用消费品的供应任务,是全国最大商业贸易区和重要的出口创汇基地。改革开放尤其是上海浦东开放开发以来,市场经济日趋活跃,在吸引外资、引进技术、扩大出口及对外经济联系和合作方面取得了较大成就。加之港口众多,海陆空交通运输方便,在实行全方位对外开放方面具有其他地区无可比拟的优势。

三、产业基础

(一)农业

长江三角洲自古以来就是中国农林渔业最为发达的地区之一。到 20 世纪 70 年代末,江浙地区的农林渔业已在中国占有重要地位,1979 年江浙两省的土地面积合计只占全国土地面积的 2.1%,但粮食产量占全国的 12.7%,棉花产量占全国的 27.3%。本区的粮食作物以水稻为主,其单位面积产量不仅在中国,而且在世界上也是属于最高水平的。江浙地区经济作物中居全国首位的有茶叶、蚕丝、黄麻和油菜籽。自古以来,养蚕业就是江浙交界太湖流域的支柱产业,太湖沿岸的杭嘉湖平原的农民大多夏天种稻,冬天种麦,养春蚕和秋蚕,养蚕业的收入要占当地农民总收入的 40% 左右。得益于养蚕业的发达,浙江的制丝工业在中国占有重要的地位。浙江的渔业也在全国处于领先地位,舟山渔场是全国最大的渔场,江苏的淡水鱼产量居全国第一位。正因为如此,江浙地区被誉为"鱼米之乡"和"丝绸之府"。江浙地区发达且生产率较高的农业是乡镇企业原始积累的主要源泉之一,也是形成"江浙模式"的重要条件(陈建军,2000)。

(二) 工商业

作为长江三角洲经济中心的上海,其早期的发展与商业、金融业密切相关。历史上的经济与政治因素和地理位置优越,使各种资本向这里汇集,商业与金融业迅速发展,借着各种经济势力的产业资本也向这里集中。依靠长江三角洲富饶的农业所提供的粮食、棉花、蚕茧、畜产等轻工原料,本地的劳动力,加上引进国外的设备、技术与信息,从东北、华北运来工业原材料与燃料,使现代工业迅速发展起来。解放前上海是我国工厂、工人、动力最集中的城市。新中国成立初期,上海市行政区域总面积 638.18 平方公里,其中市区面积 82.40 平方公里,总人口 509.92 万,其中市区人口 418.94 万(黄文忠,2003)。

江苏和浙江是中国近代工业的发祥地之一,纺织、食品、机械、建筑材料、化学工业、电子通讯设备等产业在国内占有重要地位。特别是纺织和机械工业,由于历史悠久和具有雄厚的产业基础与技术积累,因此无论是产品种类,还是质量都处于全国领先位置。1978~1993 年纺织、机械、食品饮料、化学工业和建筑材料等产业是江浙两省的主要支柱产业,上述五大产业的产值占本省全部工业的比例,江苏是 52.6%,浙江是 52.2%。可见,江苏、浙江的工业主要集中在与人民日常生活有密切关系的消费品生产领域,有着丰富的消费品产业的技术积累是江浙地区经济发展的有利条件之一,也是乡镇企业得以迅速发展的重要条件。

（三）交通运输

长江三角洲地区自古江、河、湖、海运发达,54个城市中沿江城市有10个,大运河穿城而过的有11个。尤其是太湖流域,通航条件良好,拥有1.6万公里以上的内河航道,因而大大加强了区内的经济联系。迄今内河水运量约占本区货运总量的34.6%,占全国内河水运总量的35%。沪宁铁路、沪杭铁路和杭甬铁路联系了区内15个主要城市中的10个。1996以来沪宁、杭甬、沪杭和乍(浦)嘉(兴)苏(州)高速公路的先后通车,以及准高速列车的营运,使长江三角洲的陆地交通开始步入现代化交通时代。上海港和宁波港的货物吞吐量分别列我国沿海港口的第一位和第五位,南京则是我国最大的内河港。本区有我国第三大机场上海虹桥机场,南京是鲁宁输油管道的终点站。这一切使本区成为五种运输方式齐全的综合运输区(胡序威、周一星、顾朝林等,2000)。

如果将铁路、公路、航道连在一起计算,长江三角洲单位面积上拥有的交通运输线路密度为全国平均数的4倍多。这说明长江三角洲交通条件良好,一方面具有和国内广大地区联系的优势,另一方面又具有发展国际贸易和引进先进技术、设备和传递信息的巨大发展潜力,本身又有强大的经济实力和腹地资源。这些优势是我国乃至世界上其它一些大河三角洲不可相比的。

（四）人口与资源

长江三角洲是我国人口密度最高的区域之一,2004年人口密度高达808人/平方公里,约为全国平均水平的6.0倍。

上海、江苏和浙江都属能源、原材料贫乏的省份,特别是在人均拥有耕地、能源、原材料等指标上都远低于全国平均水平(表4—1)。

有研究指出,如果将全国各省、自治区(不含直辖市)的人均自然资源的保有量按从多到少排序的话,则江苏和浙江分布列倒数第一、二位。长江三角洲地区的能源和原材料几乎全靠外省调入。

表4—1　2003年长江三角洲地区各省市与全国人均拥有主要资源量比较

资源类型		全国	上海	江苏	浙江
总人口	万人	129 227	1 711	7 406	4 680
	占全国的比例(%)	100.00	1.32	5.73	3.62
石油	万吨	243 193.6	—	2 350.0	—
	占全国的比例(%)	100.00	—	0.97	—
天然气	亿立方米	22 288.7	—	24.5	—
	占全国的比例(%)	100.00	—	0.11	—
煤	亿吨	3 342.0	—	25.8	0.5
	占全国的比例(%)	100.00	—	0.77	0.01
铁矿	亿吨	212.4	—	2.4	0.1
	占全国的比例(%)	100.00	—	1.13	0.05
铜矿	万吨	3 003.0	—	7.0	9.5
	占全国的比例(%)	100.00	—	0.23	0.32
水资源	亿立方米	28 124	595.57	440.94	964.00
	占全国的比例(%)	100.00	2.12	1.57	3.43
耕地面积	千公顷	130 039.2	315.1	5 061.7	2 125.3
	占全国的比例(%)	100.00	0.24	3.89	1.63

资料来源:根据国家统计局:《中国统计年鉴》(中国统计出版社,2004年)有关资料整理。

四、经济发展态势

(一)区域经济快速增长

在计划经济时期,长江三角洲地区不是我国的重点投资地区,经济增长缓慢。1953～1977年中国的决策层一直把富饶的长江三角洲地区作为中国的主要商品粮基地,并以此为指导思想来安排国民经济的建设计划。这一时期江苏、浙江的农业发展速度高于全国平均水平,但是地区生产总值、国民收入、工农业总产值和工业总产值等多项指标的平均增长率,除江苏的工业生产平均增长率之外,其余均低于全国平均水平。从积极意义上说,改革开放前江浙两省在农业上取得的进步为1978年以后高速增长的形成奠定了扎实的基础,而良好的农业发展基础是江浙模式形成的重要前提条件(陈建军,2000)。

自20世纪80年代以来,长江三角洲地区经济增长非常迅速,其中以城乡建设、交通运输、现代通信、旅游、高新技术产业等的增长速度尤甚。1978～2004年江苏省人均地区生产总值由430元/人增加到20 705元/人,浙江省由244.2元/人增加到23 942元/人,上海市由684.6元/人增加到55 307元/人。据预测,到2020年左右长江三角洲地区有可能崛起成为世界第六个特大型国际都市带(魏后凯等,2002)。

(二)经济增长中内向启动与外向开放并重

长江三角洲经济增长过程中,区域内部资源动员与国内市场开拓是关键,固定资产投资增长率特别是非公有资本投资增长较快。如1978～2004年上海市全社会固定资产投资总额由27.91亿元增加到3 050.3亿元,江苏省由21.75亿元增加到6 557.1亿元,浙江省由23.23亿元增加到5 781.4亿元。并且社会固定资产投资中非国有投资所占比例相对较高,这与区域内较高的储蓄率是密不可分的。长江三角洲第二产业比重较高,为内向型经济增长提供了条件。另一方面,外资的进入也是本区经济快速增长的重要原因。长江三角洲是继珠江三角洲之后国外对我国的新投资热点,如浦东新区到1994年底,外资进入已经突破100亿美元,国内投资达230亿元,而且投资的项目技术层次高、规模大、设备先进,为长江三角洲注入了更强劲的活力。中国和新加坡两国联合开发建设的苏州工业园,具有起点高、规模大、开发形式新颖等特点,是长江三角洲继浦东新区开放开发之后的又一重大举措。2000年长江三角洲地区主要城市实际利用外资总额达到116.57亿美元(表4—2),这一切为该区经济快速增长提供了新的资本、技术与市场。

表4—2　长江三角洲主要城市实际利用外资情况　　单位:亿美元

城市	总计	上海	苏州	无锡	常州	南京	镇江	扬州	南通	杭州	嘉兴	湖州
实际利用外资	116.57	48.16	28.83	10.82	7.00	9.87	2.93	0.83	1.47	4.31	1.53	0.82

资料来源:http://all.163.com/stock/hunter/special/biao.jpg。

(三)乡镇企业的快速发展使区域产业结构发生重大变化

1978年浙江省的三次产业构成是38.4:43.7:17.9,1989年这一比例调整为26.7:48.9:24.4,2004年进一步调整为7.3:53.8:39.0;同期江苏省产业结构由27.6:52.6:19.8调整为2004年的8.5:56.6:34.9。促使长江三角洲地区产业机构发生重大变化的是乡镇企业的发展。长江三角洲是我国乡镇企业最发达的地区之一,乡镇企业工业产值约占全国的40%,迄今大部分县及县级市的乡镇企业工业产值已超过整个工业的1/2,苏南和上海郊县等地则占到2/3。在多数县市的农村工业总产值中,工业已占90%以上。因此,可以认为这里乡镇企业不仅早已成为农村经济的主要支柱,而且在整个国民经济中也占有重要地位。苏(州)(无)锡常(州)一带乡镇企业普遍摆脱了原来规模小、技术落后的状况,趋向于朝大型集团化、国际化方向发展,与外商合作以及利用外资进行企业技术改造已达到较大规模。在农村工业化的同时,乡村城镇化也有明显发展,不仅乡镇按规划进行改造和建设,而且还形成了一大批具有现代化城市功能的村镇,长江三角洲的乡村—城市转型有加快的趋势。与工业相比,本区第三产业发展相对滞后,但近年来,交通、通讯发展迅速,金融、房地产发展势头旺盛,各类商贸市场及旅游业也有显著发展。

(四)核心竞争力与创新能力提升中的区域集聚与外溢效应明显

长江三角洲地区是我国重要的文教科研中心,其教育经费投入约占全国的1/6,高于其人口总数约占全国6.1%的水平;科研经费的投入已超过全国的1/6,接近1/5;而文教科研经费的投入则占到全国的28.5%;大中型企业的科研经费已超过全国的1/4;技术市场成交额约占全国1/5;高新技术出口额约占全国1/5。可见,长江三角洲地区作为我国知识、技术要素密集区域,技术创新能力较强,吸纳外来资金、技术能力也较强。自20世纪90年代中期以来,长江三角洲地区已成为跨国公司、港澳台资本、技术与产业的重要接受地,珠江三角洲地区的一些制造业也向长江三角洲转移(洪银兴、刘志彪等,2003)。

(五)形成了各具特色的区域经济发展模式

在长江三角洲地区的经济发展过程中,各地根据自己的区位条件、经济发展的历史文化基础、生产要素地域空间分布状况和资源条件,充分发挥区域优势,形成了各具特色的区域经济发展模式,如"温州模式"和"浦东开放开发模式"等。

(六)城镇体系联系日趋密切,已经形成较强的聚合力

按 1995 年市镇非农业人口计算长江三角洲地区的城市化水平为 34.5%,高于全国平均水平 11.8 个百分点。由于三角洲地区有许多农民进城从事非农产业,据分析全区实际城市化水平已经超过 45%(胡序威、周一星、顾朝林等,2000),而且城镇体系发育较好,各种不同规模的城市有不同程度的发展。

上海是长江三角洲经济社会集聚与扩散的主要核心,三角洲各地的经济发展均与上海有着千丝万缕的联系。长江三角洲地区内部已经形成经济一体化的互动趋势,区内各区域及城市间已经形成较强的聚合力(张颢瀚、张鸿雁,2000)。①区域内经济关系形成互补和相互依赖性需求。区域经济功能分化,长江三角洲地区内不同梯度的中心城市展示了区域性中心的功能。特别是产业结构优化和第三产业扩展需求增大,城市经济辐射半径扩张。区域内经济关系在产业、要素、市场等方面形成互补和相互依赖。②上海对周边城市的吸引力和拉动力增大。城市内部产生创新需求,以上海为轴心,周围产生区域经济与文化向心力。③社会关系和体制关系的改革与发展有摆脱行政划和自然条件限制而相互交融的倾向。城市化水平提高,城市人口增多,人口与市场动态关系相适应流动。④城市与城市郊区包括远郊区间正在出现新型的整合关系。区域发达地区出现地

理重组,已经出现某种程度的郊区化发展趋势。长江三角洲地区城市群正出现西方发达城市群早期出现的区域地理重组现象,为一体化经济模式创造了较好条件。⑤长江三角洲区域内交通的改善和新型交通体系出现,对能源供给配置、生产生活设施配套、环境治理等产生一体化要求。⑥区域协调极的功能地位越来越突出。长江三角洲地区各城市中心辐射区相互覆盖,在上海发展极的影响下,各城市间处于区域"发展极"和"协调极"整合的需求过程中。

(七)工业已形成区域性成片分布,并有明显的产业轴线

长江三角洲的工业已在城镇和乡村广泛展开,形成区域性的成片分布,在上海周围与苏(州)(无)锡常(州)一带,城乡工业企业已达到相当密集的程度。同时长江三角洲也已形成明显的产业轴线(吴传钧,1998)。①沿沪宁、沪杭甬铁路,大中城市密集,工业历史悠久,且产业规模较大,是最早形成、也是规模最大的产业带。②南京到苏北扬州与沿通扬运河,连接苏北高沙土地区的一批老的城市和县城,在原有农产品加工与轻纺工业基础上增加了新的产业并扩大了规模,形成了苏北沿江产业轴线。③临江产业轴线。历史上苏北与苏南的工业和大中城市紧贴长江两岸的并不多,即使原来已有的产业规模也不大。近十余年来,随着沿长江港口的建设,苏南、苏北为充分利用长江水资源和航运条件,产业布局向沿江靠拢,临江已建和在建一批火电站、钢铁、炼油、石化、造船、建材等工业迅速发展,临江城镇规模明显扩大。从发展趋势看,临江产业带将会进一步加强。

(八)产业基础厚实

长江三角洲地区作为全国最大的综合性工业基地,工业门类齐全,工业的配套体系完整,机械、汽车、钢铁、石化、轻纺、建材、电力、

电子通信、医药等均在全国占较大比重,而且本区的农业是全国的高产稳产地区。长江三角洲地区劳动者素质较高,科技专业人员、熟练工人、科技开发力量以及高等教育在校学生等方面在数量、质量上均居全国领先地位。本区自然条件优越,文化历史悠久,旅游资源丰富,市场发育较早,区位优势明显,这些都十分有利于未来的发展(严东生、任美锷,1999)。

五、经济关系与产业关联

上海是长江三角洲的核心。长江三角洲地区的经济关系可以追溯到19世纪。在鸦片战争前夕,上海市区人口估计为20万人。按人口数量排序,1843年上海在全国位居第12位(黄文忠,2003)。之后随着西方列强用大炮打开中国大门之后,由于优越的地理位置,上海很快成为西方各国进入中国的桥头堡,从积极意义上说,上海也成为中西方文化交流的窗口和枢纽。以此为契机,国际资本和上海周边已经有相当程度资本主义产业基础的江苏、浙江的民族资本以及居民大量涌入上海,使上海在一个不太长的时间内就发展成为中国最大的工商业城市。上海近代产业的形成与江苏、浙江有密切的关系,如曾经在很长时间内作为上海主要产业的棉纺织业的发展就与江苏南通、无锡地区发达的棉纺织业有着密切的依存关系,浙江杭嘉湖地区的丝绸产业则是上海丝绸业及其相关产业的基础。江苏、浙江还是上海农副产品的主要供应地,是支撑发达的上海消费品工业的重要的原材料供应地和产品市场。

新中国成立至改革开放之前,支撑上海发达的消费品产业仍旧是江苏、浙江的农、林、渔、副业等第一产业,后者则从上海等地购入加工工业制品。总之,这一阶段江苏、浙江与上海的经济关系基本上是一种国家计划体制下的垂直分工关系(陈建军,2000)。

1978年以后,随着改革开放政策的推行,江苏、浙江和上海之间的经济关系发生了很大的变化。在三次产业中,上海第二产业比例明显下降,而江浙两省第二、三产业的比例明显上升,结果是与江浙相比,上海曾经有过的第二产业优势不复存在,而江浙作为新兴工业大省的地位得到确认。即曾经有过的江苏、浙江的第一产业,上海的第二产业的垂直分工体系由于江浙两省工业的迅速发展而不复存在。尽管如此,江浙和上海的经济关系并没有由于改革开放的进行而被削弱,恰恰相反,随着改革开放的深入,它们之间的经济关系呈进一步紧密的趋势(表4—3)。

表4—3 上海与长江三角洲主要城市的经济联系强度指数(L)

城市	苏州	无锡	常州	南京	镇江	扬州	南通	杭州	嘉兴	湖州	宁波
经济联系强度指数	19.5	11.9	4.4	5.6	1.6	1.0	6.1	8.6	7.1	3.0	7.0

资料来源:http://all.163.com/stock/hunter/special/biao.jpg。

上海工业门类齐全,轻重工业发达,是我国最大的综合性工业基地,机械、电子、钢铁、汽车、石化等工业在全国占有重要地位。20世纪90年代以来浦东新区的开放开发,有力地推动了上海各项建设事业的发展,同时也进一步明确了上海作为长江三角洲的经济核心地位和龙头地位。电子通讯、生物医药、新材料等高新技术产业发展迅速,2001年上海市工业总产值中,高新技术产业比重已经达到23%左右,信息产品制造业比重则达到13.2%,超过了汽车工业,成为上海市第一大支柱。除了高新技术产业之外,上海在迈向国际大都市过程中,日益发展成为企业全国销售网中的重要枢纽以及大公司、大银行总部和研发中心所在地。目前跨国公司在上海设立的区域或中国总部已达78家,其中,仅集结在陆家嘴的跨国公司区域总部就达

26家,国内大企业集团总部34家,跨国公司在上海设立的跨国研发中心已有100多家。上海的产业结构调整将带动长江沿江产业带,首先是带动长江三角洲的产业结构调整与经济发展。上海作为长江三角洲地区的首位城市,2004年底人口规模1 352万,今后首位度还会提高(2004年与长江三角洲第二位城市杭州相比首位度是2.08),由于上海拥有广阔的经济腹地,其辐射范围已经大大扩展(图4—2)。地理交通优势使得苏州在接轨上海方面赢得先机,在长江三角洲的迅速崛起中,苏州甘做上海的配角,凭着一直走在长江三角洲前列的招商引资,为发展高科技外向型经济打下了扎实的基础,2001年苏州被美国《商业周刊》评为"全球九大新兴科技城"之一。

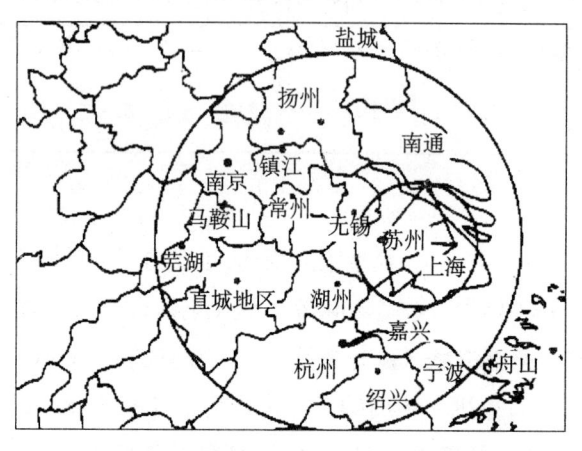

图4—2 上海都市圈辐射范围及苏州、南通区位示意图

第二节 长江三角洲地区乡村—城市转型的途径

一、开发区的带动

改革开放以来,长江三角洲地区整体的经济与城市化水平得到

了空前的发展,开发区在这一过程中发挥了关键的作用,有的研究指出,长江三角洲地区已经建立了以开发区为主导带动区域整体发展的城市化模式(张弘,2001),即区域整体城镇格局之中以若干经济增长点的形成强力促动周围地域城市化发展的模式。

开发区的建设为长江三角洲的乡村—城市转型注入了强劲的活力,具体表现在以下几个方面。

(一)浦东开放开发的带动

有的研究将浦东开放开发的经济发展称之为"浦东开放开发模式",这一模式是指由中央政府发动,地方政府推动,开放与开发相结合,内外联合,相互促进的区域经济发展模式(洪银兴、刘志彪等,2003)。该模式着重发展以金融贸易为核心的第三产业,吸引以跨国公司投资为主体的高技术产业,进而塑造以金融贸易为核心的区域化、国际化经济增长中心。浦东开发始于20世纪90年代初期,浦东新区位于上海黄浦江东面,面积522平方公里,规划城市建成区面积350平方公里。浦东新区的开放开发已经取得了令人瞩目的成绩。1990~1999年浦东新区地区生产总值从60.2亿元增加到800.05亿元,平均每年增长21%;1994~1999年高新技术产值由10亿元增加到450亿元。到1999年年底,已有67个国家和地区的5 942家外贸企业落户浦东,世界500强企业中在浦东投资的已有近100家,有24家在浦东建立了地区总部,14家建立了投资性公司,3家建立了合资销售性公司。进入浦东的内联企业有5 183家,注册资金194.77亿元。形成了四个国家级重点开发小区[①]。

浦东的开放开发加之上海的振兴无疑将成为一个发展极,将首

[①] 即陆家嘴金融贸易区、高桥出口加工区、外高桥保税区、张江高科技园区。

先带动长江三角洲的经济发展和乡村—城市转型。浦东开放开发对于长江三角洲地区乡村—城市转型的影响主要表现在对江苏、浙江经济发展的带动作用上,具体而言有以下三点。①加速技术转移的可能性。浦东开发开放的目的之一是使上海加速成为中国乃至远东的经济和金融、贸易中心,为了实现这个目标,上海对过去以制造业,特别是劳动密集型制造业为主的产业结构进行彻底调整。在调整过程中,与上海地理位置最为邻近,且与上海有密切产业分工关系的江浙乡镇企业等非国有经济将获得更多的技术转移机会,从而有助于这些地区乡村—城市的转型。②由加速改革开放带来的发展机会。以浦东开放开发为契机,中国改革开放的前沿地带由华南的广东、福建向长江三角洲乃至整个长江领域扩展。在20世纪80年代改革开放中尚无重大建树的上海一转成为改革开放的先行地区,许多重大的改革措施都是上海先行,如金融体制的改革、证券交易所的设立、浦东保税区的建立等。作为金融、贸易中心的上海的重振雄风,给江浙的经济发展带来了新的有利因素,如总部位于上海而主要由各地方持股的股份制银行——交通银行的重建,受到了江浙两省各地方的欢迎,其首批分行大都分布于江浙地区;20世纪90年代新设立的浦东开发银行也有相当部分是由江浙出资的。为分享优惠政策、促进对外开放、获取海外商贸信息而直接进入浦东新区的江浙地方企业也有很多。③对外开放的波及效果。以浦东开发为契机,国际工商经贸界掀起了上海热,作为上海两翼的江浙地区也因此成为外商投资新的热点而备受关注。1991年以后,江浙的外商投资增长率有了明显的提高,外商投资大幅度增加。如1993～1998年江苏省开发区实际利用外资、外贸自营进出口额、工业产品销售额每年平均增长率都超过了50%,江苏省成为仅次于广东省的外资引进最多的省份。

(二)开发区对城市空间发展的影响

大量开发区的兴建加剧了长江三角洲本就十分密集的城市密集度,使区域内城市网络的形成由此进入加速阶段[①]。开发区的建设创造了大量的就业机会,不但缓解了农村剩余劳动力的转化问题,还吸收了大量区外、省外的自发性迁移人口,使这部分人不但改变了职业,而且离开了农村,构成长江三角洲地区城市化进程中一个十分重要的组成部分。由此导致的城市化,一方面使农业用地特别是耕地锐减,另一方面以开发区为先导的扩展面积迅速扩大,使大量农村景观逐渐转变为富有特色的新型城市景观。例如,与改革开放前的1978年相比,上海市的市区面积仅浦东新区就增加了522平方公里;南京市的城区面积从原来的76.34平方公里扩大到186.73平方公里;苏州市新增加新区面积37.6平方公里,工业园区规划面积为70平方公里,苏州市及其所辖六个市(区)的各种经济技术开发区的面积约150平方公里以上(洪银兴、刘志彪等,2003)。这种变化主要是建设开发区和新区的结果。

长江三角洲地域范围内的城市可以分为集中块状、一城多镇、带卫星城的大城市、双城等基本结构类型(胡俊,1995)。由于开发区的建设,使得其所作城市空间形态在一定程度上发生了演化。

(三)开发区对农村城市化的影响

以上海的虹桥、漕河泾、闵行等开发区和市郊工业区的建设为例对这一问题进行分析。虹桥、漕河泾、闵行开发区是1984年上海市

[①] 虽然长江三角洲地区城市沿沪宁、沪杭甬等主要交通轴仍然呈现带状分布,但在整体区域范围内已经可以认为长江三角洲地区是我国极为典型的网络状城镇群结构模式之一。

确定的三个最早的国家级开发区,1990年上海浦东开放开发之后,又陆续设立了陆家嘴金融贸易区、金桥出口加工区、外高桥保税区和张江高科技工业园区,整个浦东新区面积达到522平方公里。在国家级开发区的带动下,上海市政府共在郊县建立了11个市级开发区,总面积150平方公里(表4—4)。市级开发区加上国家级开发区,其规划面积达到233.8平方公里,大大超过80年代初上海中心城区的面积。另外还设立了40个县级开发区,196个乡镇工业小区,以便为外商投资、接纳市区工业扩散、乡镇的工业集中提供发展空间。这些开发区和工业区,基本上分布于市郊农村地区,它们点状分布,成片开发建设,一方面为郊区工业的进一步发展提供了场所,促使产业与人口向城市集中,有力地推进了上海整体经济实力的不断提高;另一方面由于开发区多以城镇为依托,在开发区的建设过程中,城镇的基础设施得到配套改建、增建,从而促进了上海郊区的乡村—城市转型。

表4—4　1995年上海市主要市级开发区

开发区名称	规划面积（平方公里）	项目数（个）	累计吸引外资金额（亿美元）	功能与特色
星火开发区（奉贤区）	16.82	23	7	集轻纺工业、医药工业、建材、机电等行业于一体
青浦工业园区（青浦区）	16.16	20	3	以纺织、化学工业为主
奉浦工业区	18.8	10	—	多种工业
嘉定工业开发区（嘉定区）	24.8	60	6	以汽车配件、冷冻器具、电子产品为主

续表

开发区名称	规划面积（平方公里）	项目数（个）	累计吸引外资金额（亿美元）	功能与特色
康桥工业区	26	200	4	以汽车配件、建材为主
松江工业开发区（松江区）	20.56	156	10.78	以电子、轻纺工业、医药化工、电子机械为重点
金山嘴工业开发区（浦东）	8.3	62	1.6	以制鞋、纺织、食品、建材为主
上海市莘庄开发区（闵行区）	13.65	90	3	以电子机械、现代生物等高新技术为主

资料来源：转引自胡序威、周一星、顾朝林等：《中国沿海城镇密集地区空间集聚与扩散研究》，科学出版社，2000年，第241页。

二、卫星城的发展

卫星城发展对于乡村—城市转型的影响主要体现在特大城市和大城市周围，本区以上海周围最为典型，下文的分析也主要以上海周围的卫星城展开。

新中国成立初期，上海市行政区域总面积636.18平方公里，其中市区面积82.40平方公里，总人口509.92万，其中市区人口418.94万。上海市政府一开始就力图根据科学的规划来改造、建设和管理上海。由于当时的形势，最初的上海城市发展规划所遵循的指导思想，主要是如何对城市进行收缩改造，而不是如何发展扩大。1958年国务院将江苏省的宝山、嘉定、松江等十个县划归上海，使上海市的市区面积达到 6 185 平方公里,这为上海的发展提供了更大的空间,为卫星城的建设提供了条件。1959 年提出的"上海城市总体规划草图"和"关于上海城市总体规划的初步意见"指出:"上海的城市建设以'逐步改造旧市区、严格控制近郊工业区、有计划地发展卫星城镇'为方针。"(黄文忠,2003)为此,上海市第一批卫星城建设正式启动。第一批选定的卫星城是闵行(机械)、吴泾(化工)、安亭(汽车)、嘉定(科研)、松江(轻工业),它们离上海市中心的距离都在40 公里以内,呈扇形分布,且多为工业区。当时,卫星城镇作为接纳外迁工厂和人口的基地,规划每个点 10 万~20 万人,要有基本独立的物质基础和大体完善的城市生活。

20 世纪 50 年代后期规划的第一批卫星城的选点和建设,总的来说比较成功,在发展上海新兴工业、调整城市总体布局及促进郊区经济发展等方面起到了重要的作用。但是,由于受到当时历史条件和认识水平的限制,规划和建设中的重生产、轻生活倾向始终存在,因而使得卫星城的生活设施总体水准不高。70 年代以后,随着上海工业的发展,又兴建了金山和吴淞两个卫星城。这两个卫星城虽然也是按照工业布局的要求设计和建设的,但由于建设的起点比较高,并在规划时留下了较大发展余地,或者能够依托原有的市镇,这就为它们发展成综合性或多功能的新市区奠定了较好的基础。至此,上海共兴建了七个卫星城。卫星城的建设为上海发展基础原料工业及装备工业作出了贡献。据 1985 年统计,上海卫星城镇的企业数仅占全市的 3.2%,但工业净产值和固定资产原值分别占 12.9% 和28.6%。90 年代在上海市确立的六大支柱产业中,汽车、石化、电站设备等支柱工业主要分布在卫星城。

2001 年上海市政府制定的"十五"计划纲要指出:"着眼于长江三角洲城市带的整体协调发展,完善城市功能布局,提高中心城区现代化水平,加强郊区城镇建设,健全市域城镇体系。"(黄文忠,2003)为此,一方面要以外环线及环城绿带为隔离带,控制中心城向外扩张蔓延。而重点是推进郊区新城、中心镇建设。要完善发展政策,依托产业基础,发展特色经济,明确城镇功能,形成特色风貌,吸引人口集聚,加快"一城九镇"的发展。重点开发建设松江新城以及朱家角、安亭、高桥等中心镇,这样就使上海卫星城的建设进入了新的阶段。

卫星城的发展对乡村—城市转型有很大影响。下文以吴淞卫星城为例说明。

吴淞卫星城有时被称为吴淞—宝山卫星城,由蕴藻浜工业区和宝钢两个部分组成,距离市中心18公里。1978年国家决定在沿海地区建立一个大型钢铁基地,经综合比较,定址于上海宝山县的月浦地区,这就是宝山钢铁总厂,简称"宝钢"。月浦以南就是1959年开辟的蕴藻浜工业区。到80年代中期,这里已有上钢一厂、上钢五厂、上海钢管厂、钢铁研究所、吴淞煤气厂、铁合金厂等37家大中型企业和张家浜港区,并有商业设施丰富的"张庙一条街"。

宝钢从1978年12月开始勘查,1985年一期工程建成投产,形成了年产钢300万吨的生产能力。同时建成的宝钢生活区面积有121公顷,建有职工住宅近100万平方米,公共建筑15万平方米,公共设施完备,且具有当时上海的先进水准。

80年代中期,吴淞卫星城占地42平方公里,其中蕴藻浜工业区30平方公里,宝钢12平方公里,常住人口18万。1988年宝山县和吴淞区撤销,组建为宝山区。根据1992年编制的《宝山区城市总体规划》,宝山将建成以钢铁冶炼、港口能源为主导,具有多种产业、环境良好的新区,是中心城工业和人口疏散主要基地之一。到2010年的规划人口为50~55万。

三、乡镇企业的发展

(一)乡镇企业发展的背景

前已述及,虽然长江三角洲地区自古以来就是"鱼米之乡"、"丝绸之府",也是近代中国工业的发祥地之一,在 20 世纪前半期,这一地区一直是当时中国经济的重心。但在 1949~1978 年间,这一地区的经济增长速度一直没有达到全国平均水平。因此,到 1978 年这一地区除了传统农业以及和传统农业相关联的轻工业、纺织工业、丝绸工业之外,重工业及其相关产业相对薄弱。但是,这里存在着一系列有利于经济发展的条件(陈建军,2000)。①拥有发达的农业,一是为乡镇企业的创立提供了原始积累,二是向乡镇企业提供了原材料。②本区是我国城市化水平最高的地区之一,电力、交通、通讯等基础设施比较完备,为乡镇企业的发展提供了良好的外部条件。③1970~1980 年,我国的商品市场基本上属于卖方市场,提供了从农业到工业较低的进入门槛,这为尚处于初级发展阶段、技术水平和管理水平都不高的乡镇企业提供了有利的发展环境和良好的发展机会。即使它们的产品在许多时候有各种各样的缺陷,但只要在价格上有竞争力,就能找到销售市场。

此外,长江三角洲有促进乡镇企业发展的内在原因。①严峻的人口压力以及由此产生的农村过剩劳动力的利用问题。长江三角洲地区历史上就是人口密集的地区,但相对而言耕地较少,加之新中国成立之后人口增长过快。如 1970 年原苏州地区农村劳动力比 1949 年增加了 1.82 倍,但是耕地面积减少了 91%。1970 年原苏州地区的农村地区平均每个农村劳动力拥有的耕地面积只有 0.16 公顷。按当时的劳动生产率,每个农村劳动力至少可以耕种耕地 0.33 公顷以上,据此标准推算,约有一半的农村劳动力是剩余劳动力。在中国的政治、经济背景下,解决过剩的农村剩余劳动力唯一可行的办法就是在农村发展二、三产业,即发展乡镇企业。②提高农民生活水平的要求。

乡镇企业早在50年代就已经出现,直到1984年人民公社解体和家庭经营体制的确立一直被称为"社队企业"①。1978年之前长江三角洲地区乡镇企业虽然有一定的发展,但是更大的发展则是在1978年之后,江苏省江阴市向阳村乡镇企业的发展就很能说明问题(表4—5)②。

表4—5 1975~1997年江阴市向阳村乡镇企业发展情况　　单位:万元

年份	工业产值	销售收入	税金(含地方收费)	利润	固定资产	职工(人)
1975	14.99	—	0.108 7	1.08	6	182
1976	20.65	—	0.392 2	5.13	13	220
1977	97.12	—	0.993 6	24	14.5	280
1978	139.85	—	0.399 8	69.45	21.04	293
1979	165.48	—	0.785 2	61.70	42.70	392
1985	1 473	1 120	42.5	102	398	778
1986	1 716	1 318	38	89.5	538.3	780
1987	1 918	1 579	45.3	137.5	733.5	875

① "社"指人民公社,"队"是指人民公社下的生产大队。
② 江苏省江阴市向阳村是一个已经基本实现农村工业化和农业现代化的"超级村庄",坐落在经济发达的苏南地区北部,临近苏州、无锡、常州三个著名的工业城市,南距苏州80公里,无锡50公里,西距常州60公里;向阳村以西21公里处为江阴市区,西行12公里直达张家港市;紧靠华土镇西侧边界,距镇中心仅5公里。向阳村从1990年开始,一直在当地工业界保持一流水平,1990~1995年连续被江阴市政府授予"工业明星村"称号,1994年先后入选江苏省乡镇企业局的"全省千家最佳经济效益乡镇企业"、国家统计局等单位的"中国500家最大乡镇企业"等。

续表

年份	工业产值	销售收入	税金(含地方收费)	利润	固定资产	职工(人)
1988	2 412	2 103	58.1	210	1 042.8	918
1989	3 428	2 748	55.5	237	1 157.4	1 102
1990	5 831	4 773	73.3	580	1 647.38	1 241
1991	6 718	5 357	81	573	1 937.38	1 228
1992	8 741	6 780	85.5	466.5	2 363.09	1 312
1993	11 501	9 508	110.4	575	2 813.88	1 318
1994	19 253	15 009	147.1	1 114	4 826.1	1 431
1995	25 538	20 615	222	1 520.5	8 643.46	1 872
1996	26 305	21 230	303	1 952	11 289	1 997
1997	28 465	22 273	330.8	1 979	10 718	2 122

资料来源:根据中国社会科学院农村发展研究所组织与制度研究室:《中国村庄的工业化模式》,社会科学文献出版社,2002年,第119~120页、122页、125页资料整理。

(二)苏南模式

江苏省南部的苏州、无锡和常州三市及其所辖的12个县市区,在乡村工业发展道路上走过了一条独特的道路——以集体经济为主体,以乡镇企业为核心,以中心城市为依托,走农副商贸协调发展之路的"苏南模式"。"苏南模式"主要指苏南地区在地方政府、社区政府推动下以乡镇企业为主体的集体所有制企业推动经济发展的路径选择。80年代初是苏南模式的初步形成时期,由地方政府、社区政府扶持的乡镇企业发展迅速,推动着该地区区域经济快速增长。80年代中后期至90年代中期是苏南模式快速增长与急剧收缩、快速增长的波动时期,乡镇企业在高速增长、规模数量急剧扩张后陷于发展缓慢、关停并转、治理整顿的收缩阶段。1992年以后随着国家国民经济运行的逐渐好转,乡镇企业又进入快速发展时期。90年代中后期以来,苏南模式进入调整与稳定发展时期。在这一时期,随着市场化进程的推进,苏南模式发展中的一些弊端逐渐显露出来,为了弥补缺陷,提高乡镇企业的市场竞争力,推行了一系列以乡镇企业为重点的市场化改革措施,苏南模式进入调整与稳定发展时期。

苏南模式对乡村—城市转型的影响主要体现在以下四个方面。①吸收农业劳动力,扩大城镇人口规模。由于苏南地区固有的优势和历史基础,本地区乡镇企业起步早,发展快,特别是80年代以来发展更为迅速,已成为吸收农村剩余劳动力的主要方向,带动了小城镇的集聚增长。②以工兴镇,促进小城镇发展。本地区的乡镇工业是小城镇建设资金的主要来源,如1977~1990年锡山市(原无锡县)乡镇企业用于小城镇建设的资金就达25亿元。③以工支农,推进农村剩余劳动力向城镇的持续转移,苏南地区乡镇企业通过向农业提供建农资金,促进了农村劳动生产率的提高,进一步解放了农业生产力,使他们步入二、三产业,进而落户于小城镇。这一良性循环保证了小城镇的发展和农村城市化不断推进。④城乡联合的广度和深度比较突出。

(三)乡镇企业发展对乡村—城市转型的影响

乡镇企业的发展一直是改革开放以后中国农村经济体制改革和农村经济发展的一个方面,但在长江三角洲地区,乡镇企业的发展已经超出了农村发展的意义和范围,成为推进该地区乡村—城市转型的一支重要力量。

乡镇企业对乡村—城市转型的影响最直接、最重要的作用是促进农村非农化。乡镇企业绝大多数设在农村地区,企业的员工包括管理者和经营者绝大多数来自农民和农村基层干部,在这个意义上说,乡镇企业是中国农村非农化的载体。与此同时,乡镇企业的发展也促进了小城镇的建设和发展。乡镇企业很多都设在小城镇上,随着乡镇企业的发展,农村小城镇也兴旺和发展起来。在乡镇企业发达的苏南地区,90%以上的小城镇有了现代化的通信设施,以及文化中心、图书馆、电影院、中小学校和幼儿园等公共设施,这些并非由国家投资兴建,都是由本地乡镇企业出资建设的。浙江横店集团对横店镇发展的影响就颇能说明乡镇企业的发展对乡村—城市转型的影响。

浙江省东阳市横店镇位于浙江中部半山区半丘陵地带,距离东阳市18公里,改革开放之前,横店是一个"公社",辖40个行政村、2.44万人,耕地面积800公顷,人均0.03公顷。由于远离大城市,不沿海,不靠铁路,也没有国道干线经过,长期处于封闭落后状态,是中国农村典型的一个穷山乡。70年代末期,人均年收入不足80元。1975年横店开始发展乡镇企业,1981年组建了横店纺织总厂,1984年组建了横店工业总公司,之后以横店工业总公司为核心,联合村联户办企业及外部相关企业,组建了浙江省第一家工、科、贸一体化的乡镇企业集团——横店企业集团公司,1993年改组为横店集团。横店集团的发展模式被称为"横店模式"(孙是炎,1995)。横店集团已发展成为全国特大型乡镇企业,拥有17家全资子公司、1家进出口总公司,下辖200多家紧密型骨干企业和1 000多家半紧密型、松散型企业,并有3家境外公司,在全国各主要城市建有30多个生产基地和贸易窗口(刘忠孝、徐文容,2000)。

1985年刚建镇时,镇域面积只有39.7平方公里,今天的横店镇域面积达到97平方公里,镇区规划面积由原来的4平方公里拓展到18平方公里。所辖行政村增加到108个,7万常住人口,加上外来经商、务工等流动人口,总人口已近10万。过去的横店没有工业基础,今天的横店是全国闻名的"国家社会发展综合实验区"、"全国乡镇企业示范区"、"全国星火技术密集区"、"全国小城镇建设试点镇"、"全国小城镇综合改革试点镇"、"国家 2000 年城乡小康型住宅示范区"。目前，横店路面宽阔、街道纵横、高楼大厦鳞次栉比；工业区、商业区、文化旅游区、居民生活区颇具规模；交通、通讯、金融、学校、医院、商场、自来水、液化气、广播电视、法律服务、文化体育设施等市政工程不断完善，已建设成为一座高科技工业城，并迅速崛起了一座闻名海内外的高水平影视旅游城。横店电子元器件、照明电子、汽车工业、医药化工、建筑材料、针织轻纺等工业，影视文化旅游、商贸服务等第三产业，以及高效农业、草业等其它新兴产业蓬勃发展，被誉为"中国磁都"和"东方好莱坞"。20 年来横店集团直接投入基础设施的资金近 20 亿元，为横店镇的经济发展和社会进步做出了不可磨灭的贡献，使横店的硬件基本具备了一个小城市的基础和框架。经国务院批准的《浙江省城镇体系规划》将横店镇的发展目标定位为，到 2010 年发展为镇区人口 10 万人以上的小城市。

四、小城镇的建设

农民城的兴起、小城镇的发展有力地促进了农村城市化和现代化，为长江三角洲地区的乡村—城市转型创造了条件。上海奉贤区洪庙镇的发展颇能说明小城镇发展对乡村—城市转型的影响。奉贤区洪庙镇是 1986 年由原奉贤县奉城、平安、四团部分村组建起来的一个乡，建乡时洪庙镇既没有集镇，也没有办公场所，只有一个行政村所属的下伸店、一个医疗室和一所村级小学。之后大力发展乡镇企业，到 1995 年底，洪庙镇已经拥有总资产 12 亿元，镇村办企业 111 家，独资企业 15 家，私营企业 280 家，在全国各地建立了 18 个生产基地或贸易窗口，还在美国建立了 1 家境外企业。1995 年全镇工业总产值7.5亿元,利润达4 000万元,年递增45%以上,农村人均年收入由建乡初的500元增加到1995年的4 200元。到1995年,洪庙镇已建起一座占地2平方公里,建筑面积60万平方米,具有水、电、道路、通讯以及教育、卫生、文化、旅游、度假、绿化、生活等设施齐全的新型小城镇,全镇2/3(约1.2万人)农民住进农民城,过上了城市化生活(朱文忠、杨章明,1998)。

需要说明的是,小城镇建设对长江三角洲地区乡村—城市转型的影响与乡镇企业的发展对乡村—城市转型的影响是联系在一起的。

五、专业市场的发展

专业市场是以现货批发为主,集中交易某一类工业品或若干类具有较强互补性和互替性工业品的场所,是一种大规模集中交易的坐商式的市场制度安排。专业市场大致可以分为"工业品专业市场"、"农副产品专业市场"和其他类型的专业市场。专业市场的发展,不仅推动了流通体制的改革,也有力地促进了乡镇企业和农村非农产业化的发展(陈建军,2000),对乡村—城市转型的影响也很明显。专业市场主要出现在浙江省,受课题研究范围的限制,下文的讨论集中于浙北地区。

(一)浙江的"专业市场现象"

在中国,浙江专业市场的发展是领先的和有代表性的,起步最早,发育程度最高。1993年浙江有专业市场2 084个,是全国专业市场总数的12.72%,年成交额却占全国的22.64%。特别是浙江的工业品专业市场,其数量不过是全国的1/10,但年成交额却占全国的1/4,即浙江的工业品专业市场平均规模是全国的2.5倍(陈建军,

2000)。到2001年底,浙江共有各类商品交易市场4 278个,平均每万人就有一个市场。年成交额4 652亿元,市场平均成交额超亿元,其中超10亿元的市场有78个,超100亿元的市场有6个(郑勇军、袁亚春、林承亮等,2002)。浙江已连续11年创市场成交额、超亿元市场数、单个市场成交额三项全国第一,被誉为"市场大省"。

浙江从一个"资源小省"发展成为位居全国第四位的"经济大省",最重要的驱动力是以超常规速度推进农村工业化,而浙江农村工业化的最大特点是农村工业化与专业市场相互依托、相互促进,形成了显著的专业化市场效应、规模经济效应和网络经济效应。甚至有人把"农村工业化+专业市场"概括为"浙江模式"。由此可见,专业市场在浙江工业化和市场化进程中占有重要的战略地位。浙江专业市场迅速崛起并在经济发展和市场经济发育过程中发挥关键性、广泛性作用,是在中国改革开放和工业化的大背景下,浙江工业化、市场化和社会转型进程中的最为重要的经济社会现象之一。

(二)专业市场与乡村—城市转型

浙江专业市场的出现和繁荣得益于经济体制的改革和地域经济的发展,专业市场的繁荣和发展又有力地推进了地域经济的发展,从而推动了本区的乡村—城市转型。

1. 专业市场为浙江中小企业尤其是乡镇企业提供了降低交易成本的共享式销售网络,为高度分散的需求者和小规模的生产者提供了交易平台

销售网络是指某种商品或劳务从生产者向消费者转移过程中,和商品所有权转移过程中所经各环节中间商连接起来形成的通道。作为共享式销售网络的专业市场,是一种以批发为主,集中交易某一类商品或若干类具有较强互补性和互替性的商品的场所,是一种坐

商式的市场制度。这种有形市场是一个巨大的商品流通网络,不仅其自身是商品的集散中心和信息的集聚中心,而且其外部还有大量的商店和各种商品交易会作为网络的末梢伸展到城乡各地。通过专业市场推销产品的乡镇企业,可以共同分享专业市场的商品流、信息流,和物流巨大、辐射面广所形成的营销规模经济优势。因此,对于成千上万小规模的乡镇企业来说,专业市场是低交易成本的共享式的销售网络。当许许多多分散的和小规模的商品需求者和生产者集中在一起时,就会形成规模可观的交易群,在这一群体中,供需双方见面的成本大大降低,完成交易的概率大为上升。

概括起来,专业市场与地方经济的发展关系大致有两种类型:"专业市场—地方产业","地方产业—专业市场—地方产业"(陈建军,2000)。

2. 专业市场的发展加快了农村工业化、城市化的步伐

在专业市场出现之前,农村初级市场、城乡农贸市场及马路市场的发展也在一定程度上促使社会在配置资源及获取方式上增加了多种可能性,特别是为乡镇企业和个体私营经济的发展积累了资金。但也不可否认,初级市场的交易范围狭窄,组织规范水平低下,还难以对农村工业化、城镇化起直接的促进作用。专业市场出现并发展以后,交易规模扩大,范围被拓展,已不再局限于农副产品,而是以人们日常生活所必需的轻工产品为主,已突破了当地农村社区,开始向周边地区甚至全国辐射,并由此带动了周边地区经济发展。专业市场打破了传统农业与工业的界限,模糊了产业边界,提高了农村地区的第二、三产业比重,促进了农业劳动力向工业的转移,缩小了农村与城市的收入差别,促进了农村工业化进程的不断加快。随着工业化的进程,农村城镇化或城市化水平也日益提高。

3. 以市场发展为主导的乡村—城市转型

这里以慈溪市周巷镇为例进行分析(胡序威、周一星、顾朝林等，2000)。

周巷镇地处慈溪市西南部，是慈溪、余姚、上虞三市的边缘结合部。东距宁波市区72公里，西南离杭州市区222公里，区位交通便利。镇域内有纵横贯通的水运网络，可直通杭甬浙东运河。1995年末周巷镇辖48个行政村，农业人口46 376人，户籍外暂住一年以上人口约1万人，镇域面积35.33平方公里。

周巷镇是长江三角洲南翼近年来发展迅速、经济实力较强的小城镇，被列为全国100个试点小城镇之一。1995年地区生产总值为76 190万元，人均地区生产总值13 427元，经济发展水平居慈溪市前列。周巷镇经济结构的明显特点是"以工业为主，市场发达"。"市场发达"是周巷镇的主要特点，1995年市场成交额达61.8亿元，其中中国食品城的成交额达60亿元，并呈现出持续加速发展的势头，成为周巷镇经济发展的主要动力源泉。

90年代中期，周巷镇市场已从马路市场逐步转向有专用市场、室内经营的第三代市场，并初具规模，先后建有农贸市场、副食品市场、木材市场、农机市场等。其中周巷镇的中国食品城规模较大，设施较完善，一、二期建筑面积占地2.5公顷，营业面积达2万多平方米，现有摊位1 500多个。1993年周巷中国食品城在全国百强市场评比中名列第17名，浙江省居第5位。市场有力地推动了周巷镇规模的不断扩大，1995年城区人口已增至3.2万人。周巷镇城区用地以中国食品城为中心，沿329国道及大通路两侧发展，到1994年底，周巷镇按规划用地范围统计(含部分农村)，建成区建设用地为2.9平方公里。

六、大城市向周围地区(周边农村)的扩散

(一)城市郊区化

前已述及,新中国成立初期上海市区面积 82.40 平方公里,市区人口 418.94 万。从 50 年代开始的工业化进程,使上海的城市功能逐渐转变为工业城市。为此,需开辟新的工业区以适应工业发展的需要。"一五"期间,上海在距市中心 10~20 公里处先后开辟了 11 个工业区,即柳营(化工)、北新泾(化工)、彭浦(机械)、桃浦(化工)、高桥(化工)、五角场(机械)、漕河泾(仪表)、长桥(建材)、吴淞(钢铁)、庆宁寺(造船)、周家渡(钢铁)。经过 40 多年的建设与发展,上述工业区大多与市区连成一片。在工业向外建设的同时,从 1952 年起在城市周围兴建了一批住宅区,形成新的住宅区环。

到 80 年代初,上海市的行政地域可以分为城区(城区又可以分为核心区和边缘区)、近郊区和远郊区三个层次。80 年代初期以来,上海市开始出现了人口郊区化(表 4—6),在上海的三个地域圈层中,只有近郊区的人口有较大幅度的增长,城区和远郊区人口分别减少了 2.7% 和 1.2%。城区中的核心 4 区人口减少了 13.3%,边缘区人口增幅为 3.4%。在人口郊区化的同时,还出现了工业郊区化和第三产业郊区化。1982 年城区工业职工占上海职工总数的近 60%,到 90 年代初,这一比例下降到 30%。与人口郊区化相比,工业郊区化的扩散程度更为广泛,达到了远郊。随着人口郊迁和浦东新区的开发,第三产业无论是商业、金融或者贸易在郊区的发展正方兴未艾。

表 4—6 1982~1993 年上海市不同地域范围的人口变化

地 域	面积 (平方公里)	1982 年 (万人)	1993 年 (万人)	增减(%)
城 区	132.0	554.4	539.6	−2.7
其中:核心区	28.0	200.9	174.2	−13.3
边缘区	104.0	353.5	365.4	+3.4
近郊区	770.0	171.3	266.4	+55.5
远郊区	5 438.5	460.3	454.5	−1.2
合 计	6 340.5	1 186.0	1 260.5	+6.3

资料来源:转引自胡序威、周一星、顾朝林等:《中国沿海城镇密集地区空间集聚与扩散研究》,科学出版社,2000 年,第 244 页。

由于城市的郊区化,导致了中心城区面积的扩大,使部分近郊区逐渐纳入市区范围之内。80 年代初,上海建成区面积 140 平方公里,城区半径仅 10 公里;到 1995 年建成区面积达到 300 多平方公里,城区半径达到 15~20 公里。

(二)近郊区的变化

上海市近郊四区(闵行、嘉定、宝山、浦东)由于与中心城市较近,而率先实现乡村—城市转型,并最终与中心城区融为一体。

闵行、嘉定、宝山、浦东四区有地理上的区位优势。上海中心城区要"长大",就首先向周边地区求得发展空间。90 年代以来,宝山县与吴淞区合并为宝山区,上海县与闵行区合并为新的闵行区,嘉定县改为嘉定区,川沙县成为浦东新区的主体。上海市区周边四区的建制区划调整,一方面为中心城区城市改造,以及企业、人口向外扩散创造了条件;另一方面为四区背靠大都市快速发展工业、商业、建筑业提供了舞台。近年来,近郊四区农村的工业化、城市化正在以前所未有的速度发展,成为上海中心城的重要组成部分。

第三节 长江三角洲地区乡村—城市转型的机制分析

分析长江三角洲地区乡村—城市转型的机制,主要受到三类因素的影响,一是农村的推动力,二是城市的集聚力、扩散力和拉动力,三是环境因素。

一、农村的推动力——"鲶鱼效应"

农村对乡村—城市转型的推动力主要表现为人口急剧增长与有限土地之间的尖锐矛盾,这一矛盾促使农村居民自发寻求摆脱困境的出路。长江三角洲地区乡村—城市转型的快速推进实际是这种人口压力下所产生的经济后果。农业劳动力与耕地之间的矛盾受两种因素制约。一是农村总人口的增加导致农村劳动力数量的增加,加之技术和社会进步导致劳动生产率提高,即使在耕地维持原状的情况下,总人口的增长也会导致矛盾的加剧。二是在农村城市化过程中,耕地的减少。随着城镇的发展,扩大区域性交通设施的建设,农民收入的提高导致农村居住环境的改善等均需占用大量的耕地。

前文述及,长江三角洲地区历史上就是人口密集的地区,但相对而言耕地较少,加之新中国成立后人口增长过快。如1957～1998年江苏省江阴市峭岐镇农业人口从28 440人增加到46 209人,40余年间人口增长了1.62倍;另一方面,面临着人均耕地面积下降的问题。同期耕地面积从2 811.5公顷减少到2 625.1公顷,农业人口人均耕地面积由0.10公顷减少到0.06公顷。浙江省义乌县(现已改为义乌市)人均耕地只有 0.04 公顷,加之土地贫瘠,20 世纪六七十年代农民人均年分配收入一直徘徊在 60 元左右,是典型的"高产穷县"。70 年代义乌县农业劳动力共有二十几万,而耕地面积只有 2.53 万公顷,即使使用最落后的生产工具,也有十几万的剩余劳动力。加之"大跃进"和"人民公社"造成农业资源大量无效转移,致使农业生产受到很大损失。1957~1969 年浙江省粮食总产量只增加了 8.16%,而同期农村人口增加了 21.66%,农业劳动力增长了 40.44%,即使不考虑耕地面积的减少,"马尔萨斯法则"所揭示的人口压力已使农业生产隐藏着严重的危机。作为缓解危机的手段之一,就是推行农业机械化,使农业生产有了显著的提高,但随之而来的另一个问题就是就业。可以说,仅从农业方面来看,人地关系的矛盾日趋尖锐。人地关系的矛盾使本区的农民感到自己生活在有生存危机的环境中,于是就出现了"鲶鱼效应"[①]。正是这种有威胁的环境迫使浙江农民走出家门,背井离乡,走南闯北;另一方面,由于人多地少,资源匮乏,再加上受农业收益递减规律的制约,农民从事非农产业的机会成本很低,这也促使农民大胆走出家门,摆脱土地的束缚,进入非农产业。

1978 年之前,由于政策的强大阻力,使农村大量剩余劳动力以隐性方式存在于农村地域,改革开放以后逐渐转变为显性。同时随着政策的逐渐宽松,人地矛盾不但不再成为制约经济发展的瓶颈,反而成为走向市场经济的强大动力。随着资金、技术、劳动力等要素在土地上的有效投入带来的劳动生产率的提高,也带来了大量剩余劳

[①] "鲶鱼效应"源自这样一个故事。挪威的一家远洋捕捞公司发现存放在水槽中的沙丁鱼不喜欢游动,不久就会死去。后来在水槽中放了一条鲶鱼,原来懒洋洋的沙丁鱼立刻感受到威胁而不停地游动起来,从此沙丁鱼就很少死掉。"鲶鱼效应"就是指当环境产生威胁时,往往会激励人们发奋图强,积极进取。

动力转入非农产业,最终促进了乡村向城市的转型(图4—3)。

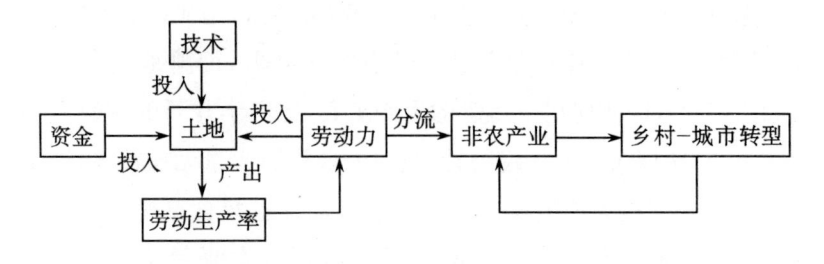

图4—3 农村推动力下的乡村—城市转型

(资料来源:转引自胡序威、周一星、顾朝林等:《中国沿海城镇密集地区空间集聚与扩散研究》,科学出版社,2000年,第145页。本文作了部分修改)

二、城市发展的扩散力、拉动力和吸引力

(一)自上而下的扩散力机制

自上而下的扩散力机制包括开发区建设、中心城区的辐射与扩散、产业结构的布局与调整等。

1. 开发区建设

开发区建设是长江三角洲地区乡村—城市转型的重要形式。1984年我国沿海开放城市设置的经济技术开发区受经济特区模式的影响,都选择在远离老城区,与原有港区也保持了一定距离的地方。它们一般距离母城10多公里到数十公里,这反映了在80年代初期,决策者们既想利用资本主义之长,又担心资本主义某些不利因素蔓延的微妙心理(何兴刚,1995)。由于这些开发区远离老城区,大部分开发资金都投入到基础设施和银行、税务等经济活动不可缺少的设施中,使得开发费用过高,流动资金缺少,且短期内大量收回投资无望。此后不久,决策部门很快认识到了这些问题,及时地对经济技术开发区区位选择进行了调整,由以孤立发展为主逐渐向近郊和城市边缘地带转移,如1986年设置的上海虹桥开发区距市中心仅6.5公里,闵行开发区距市中心也只有30公里。这样使开发区在发展外向型经济的同时,也保持了与母城密切的经济联系,这也说明现阶段中国中心城市的集聚力大于扩散力,城市空间演化仍以外延扩展为主。

一般而言,城市建设新区要么出于疏解城市人口的目的,要么为了截流新增人口。与一般的乡村—城市转型模式不同,长江三角洲内各开发区呈现出明显的投资导向,而基本可以忽略人口增长因素。开发区先进的产业结构、与国际接轨的管理体制和高水平的基础设施,对于吸引城市人口和外来高层次人才有着显著效果;大多处于城乡交界处的地理位置和所辖地区行政建制的宽泛性,又使得开发区对于促进农村人口向城市流动,以及农村地域向城市扩展有着巨大的包容力。

在这些因素的作用下,开发区自身城市化发展的乡村—城市转型特色表现为以下五个方面。①城市化过程和乡村—城市转型全面、迅速、整体,经济增长与空间扩展的规模与速度均极为惊人。②城市化和乡村—城市转型方向呈现明显的工业经济先导、社会功能相对滞后的特点,城市化进展和乡村—城市转型进展不均衡。③开发区与所在城市的整体城市化进程和乡村—城市转型相互促进、协同发展,并且仍将日趋密切。④在开发区大规模基础设施建设和行政手段的支持下[①],以开发区为核心的城市化和乡村—城市转

---

① 长江三角洲地区开发区建设规模起点高,基础设施投资强度大。据统计,1999年长江三角洲六个国家级高新技术开发区新开发土地面积6.65平方公里,当年基建投资总额104.82亿元,基础设施投资总额18.69亿元,每开发1平方公里土地花费的基建总投资和基础设施投资分别较全国53个高新技术开发区的平均水平高14.1%和18.4%。目前长江三角洲开发区的投资环境大多达到了"七通一平"、"八通一平"(道路、供电、供气、通信、排水、排污、供热、有线电视和土地平整),甚至"九通一平"的标准。

型对周围农村地域有巨大的带动作用。⑤开发区本身所在地区就构成了乡村—城市转型的空间地域,具体表现为:一方面使中心城市得到了拓展和延伸。到 1998 年底,苏南苏锡常三市共有国家级开发区六个、省级开发区四个,已开发建设面积 87.76 平方公里,占同期城镇建成区面积的 36.4%,目前一个以沪宁铁路和高速公路相连接,以大批卫星城镇为依托的新型城市带正在形成。另一方面使县城所在镇得到再造与扩容。以苏锡常三市所辖的吴县、锡山、武进三市为例①,90 年代以来,以建设省级开发区为契机,以紧邻中心城市的原有集镇为基础,开始了由现有城镇向中等城市转换的历史进程。到 1998 年底,三市市区的建成区面积分别达到 14.8 平方公里、8 平方公里和 12.8 平方公里。其他九个县城也在开发区建设中得到了扩展,平均建成区面积达到 21.6 平方公里(梁湖清、刘荣增、朱传耿,2002)。

2. 中心城区的辐射与扩散

中心城区的辐射与扩散所形成的郊区化过程,是带动乡村—城市转型的主要动力之一。上海中心城区的扩散,表现为中心城区呈"摊大饼"蔓延式向郊区扩展,如闵行、宝山、嘉定在城市总体规划中被确定为辅城,这些近郊区与中心城区的结合部不仅成为中心城区人口外迁的主要接受地域,而且是中心城区一些工业外移的最佳区位选择,实际上逐渐发展成了建成区(刘君德、彭再德、徐前勇,1997)。再如杭州市城市空间形态的变化。1983 年编制的第二轮杭州城市总体规划,将沿主要对外交通线分布的临平、瓶窑、余杭、闲林埠、桥司、城厢、富阳七个城镇作为杭州市的卫星城镇,担负着疏散市

---

① 到 2002 年底,锡山市更名为锡山区,武进市更名为武进区,吴县市更名为吴中区。

区人口和工业项目扩散的作用。这样就展开了杭州城市空间向远郊城镇放射状发展。一方面,50年代始建的位于近郊区的五个各具特色的工业区,随着中心区的空间离心扩散和近郊工业区的向心集聚建设,大多数工业区已与中心区粘连在一起,并且从工作—居住平衡出发,杭州新建和完善了十多个居住小区,使中心区的范围大为扩展。另一方面,为配合下沙开发区的建设而新建的航海路和跨钱塘江第二大桥,杭州—富阳一级公路的建设,邻接的余杭、萧山市明显地出现了沿着与杭州行政区域相接或穿插地带进行房地产开发、工业小区建设和休闲度假地的建设,揭开了杭州沿江、跨江发展,从单一中心向多核发展的序幕(胡序威、周一星、顾朝林等,2000)。

中心城区的辐射与扩散的机制是聚集不经济和空间近邻效应。规模经济可以带来效益,但是无论什么地区,在特定时期、特定技术条件下可能达到的聚集规模总是有一定限度的。超过了这个界限就会走向反面,由聚集经济转变为聚集不经济,导致生产成本上升、企业利润下降。聚集不经济分别是由不合理聚集和聚集过度造成的。由于聚集不经济,导致过度聚集区域原料供应困难、资金不足、工业用地不足、劳动力在数量与质量上均不能满足需要、运力紧张等,其中一项或几项因素严重欠缺都会限制地区聚集规模。这时分散推力就开始起作用,其作用趋向于促使企业分散布局到主要聚集中心以外的地区去,这种生产力布局的变化被称为"外溢",对于乡村—城市转型的影响就是城市不断向郊区的扩展。

空间近邻效应是指区域内各种经济活动之间或各区域之间的空间位置关系对其相互关系所产生的影响,各种经济活动或区域的经济影响力是随空间距离的增大而减小。空间近邻效应所导致的中心城区的辐射与扩散对乡村—城市转型的影响,主要表现为促使区域经济活动就近扩张,即在满足发展所需条件的前提下,各种经济活动一般都会采取由近及远逐步推进的方式来扩大自己的影响空间、建立分支机构、寻求发展合作伙伴。因此,紧邻大中城市的小城镇,就有利于就近接受大中城市的技术扩散与市场商品信息的迅速传递,有利于参与更高层次的城市职能分工,便于产品的进出口,也便于节约产品的运输费用。在大中城市的带动下,他们的发展远比远离大中城市的城镇发展要快得多,如杭州古荡镇、览桥镇、半山镇,宁波的段塘镇、宗汉镇、横河镇,绍兴的柯桥镇、钱清镇等都是浙江省的"百强乡镇"。

3. 产业结构的布局与调整

产业结构的布局与调整所导致的经济扩张引起城郊边缘区人口集聚并逐渐转变为城市型人口。如90年以来,江苏省江阴市市域第三产业增长迅速。在市区,经济结构向第三产业、高技术产业的转变尤为明显。市区依托港口优势及江阴长江大桥建设,其经济职能正由工业为主向商贸、信息、交通等多种产业转换。伴随市区经济结构的转换,原有企业向城市郊区搬迁,同时市区中心地位加强、规模扩大,也将使城郊乡村地域用地功能向城市功能转变,而农业人口在土地被征用下相应地转变为城市人口,由此导致乡村向城市的转型。

城市大工业在郊区布点及与郊区乡镇工业联营,带动了乡镇工业的发展,使其成为郊区乡村—城市转型的主导动力。80年代初期以来,上海市开始出现了人口郊区化。在人口郊区化的同时,还出现了工业郊区化和第三产业郊区化。1982年城区工业职工占上海职工总数的近60%,到90年代初,这一比例下降到30%。与人口郊区化相比,工业郊区化的扩散程度更为广泛,达到了远郊。随着上海城市功能的转变,中心城区将有2/3的逐步迁移,郊区将是最佳吸纳地。到1993年上海城市大工业布局在郊区的企业有664家,从业人数为43.14万;郊区乡镇工业中有70%是与城市工业、外贸、商业等部门协作、配套、加工的。所有这些都大大促进了郊区非农化、城镇化的发展进程。浙北许多小城镇乡镇企业的起步与上海老师傅星期日、节假日到乡镇企业帮助办厂是分不开的。

(二)城市(城镇)的拉动力

1. 规模经济的影响

任何区域,无论小至一个县市,大至一个综合经济区,它的全部产业在宏观上都要求组成一个规模适当、结构合理、联系密切的聚集体,才能最大限度地获取聚集经济效益。在微观上,区域内的主要产业特别是二、三产业,又总是成团地聚集在区内一些生产发展条件较为优越的点上,而不会普遍地分散到全区各地。这是因为把那些在生产上或分配上有着密切联系的、或者是布局上有着相同指向的产业,按一定比例、成团地布局在某个拥有特定优势的区域,就有利于形成一个地域生产系统。在系统中,每个企业都因与其它企业就近而改善了自身发展的外部环境,并从中收益。这种效益是无论按何种方式将上述工厂分散布局都不可能获得的,即"整体大于部分和"。这样,超出部分来源于因聚集而造成的有利环境,被称作为集聚经济效应。规模和聚集效应,是企业实现成本—收益最大化的唯一途径。对于非农产业而言,规模越大,可获得越多的共享资源,减少单位消耗的固定资产额;而多种关联产业的集聚,则有利于减少外部不经济,降低交易成本,建立共同市场。企业通过扩大生产规模和采取联合化与专业化分工协作,形成区域上相互联系的生产聚集。由于规模经济的影响,一方面导致生产因素由农村向城市的流动,另一方面使生产要素聚集于农村条件较好的城镇,促使城镇逐渐发展,使劳动力由农业向非农业产业转移,使乡村向城市转型。

2. 城镇的空间依托

长江三角洲地区乡镇企业的发展为小城镇建设提供了物质基础,使城镇人口结构、规模、功能发生了深刻的变化。城镇的建设规模、发展速度取决于城乡经济发展水平。相应地,具有一定规模的小城镇又为乡镇企业提供了更好的集聚条件,为中心城市经济扩散提供吸纳的空间,也为乡村经济提供良好的综合服务。从另一个角度看,乡镇企业分散布局造成的规模不经济、对农村生态环境破坏等负面效应,也迫使乡镇企业从自身发展上要求向小城镇集中,从而获得远比分散条件下更好的集聚与规模效益。而小城镇建设,则为乡村劳动力空间转移创造了条件,反过来又推动乡镇企业进一步发展。可以说,乡镇企业和小城镇在一定程度上是荣辱与共的关系,城镇发展为企业聚集、吸引经济扩散提供了场所,而经济发展又反过来进一步驱动城镇发展,使城市经济对流更趋频繁和广泛,促使乡村—城市转型。

3. 企业扩大再生产直接创造了就业岗位,引起劳动力向非农产业集聚

劳动力、资本、技术是生产函数的三个基本要素。在工业化初期,长江三角洲地区的乡镇工业是以粗放型劳动密集工业为主,企业扩大再生产以劳动力投入作为主要增量。改革开放多年来,在缺乏技术更新和资本补充的条件下,乡镇企业发展基本上是沿着外延扩大,完全依靠农村自身积累资金和大量廉价充裕的劳动力资源实现总量扩张,从而引起劳动力向非农产业集聚。

(三)自下而上的集聚力机制

自下而上的集聚力机制主要决定于市场机制的调节作用,下文以上海郊区的乡村—城市转型为例进行分析(刘君德、彭再德、徐前

勇,1997)。①随着城市郊区乡镇工业的发展和城镇基本建设,农村耕地迅速减少,农业剩余劳动力大大增加,而改革开放以来市场机制的作用,有力地推动了剩余劳动力向非农产业转化。据统计,1979~1995年上海郊区从事大农业的劳动力比重由72%减少到17.1%,与此同时,从事工业、建筑业、运输业、商业饮食业的劳动力明显增加,极大地推动了乡村—城市转型。②上海郊区农村在实施"农民向集镇集中、农田向农场集中、工业向园区集中"的建设现代化大都市郊区发展战略中,对县域城镇体系和村镇建设进行了详细规划,引导乡村—城市转型的发展。如原南汇县①"九五"计划和2010年远景目标规划纲要提出南汇县城镇体系建设的总目标是"一个中心城(惠南镇),四个辅中心城(周浦、新场—大团、祝桥、芦潮港)和18个建制镇及若干个集镇"。③上海郊区农民集资建设的农民城正在蓬勃兴起,成为带动乡村—城市转型的有生力量。最为典型的是奉贤区洪庙镇,靠农民自筹资金,建起了一幢幢规划有致的别墅小楼,进行了各类基础设施的配套建设,使这个农民小集镇迅速发展成为富有现代气息的农民新城。

(四)城市的吸引力

乡村—城市转型还来自城市的拉力(吸引力)。按照中国现行的户籍管理制度,中国公民划分为两个阶层:城镇居民阶层和农村居民阶层。对两个阶层进行比较,可以发现如下差别。①国家对城镇居民进行各种补贴。90年代中期之前,我国城镇居民可以享受国家保障的粮油低价定量供给,而农村居民不仅没有这种享受,反而通过"剪刀差"的形式向国家低价交售农副产品,价格补贴受益的是城镇

---

① 现南汇区。

居民,负担的是国家财政,而真正做出贡献的是农民。②城乡居民收入的差异。一般来讲,城镇居民的经济收入要高于农村居民,我国城镇居民人均年收入约为农民的2倍。城乡收入差别及追求更高劳动报酬是贯穿于乡村—城市转型过程中最根本的内在动力。③城乡居民生活方式的差别。城乡居民收入差别的表现形式是城乡居民生活方式的差别(表4—7),城镇居民相对于农民在就业、收入、文化、社会地位等物质和精神方面具有不可抗拒的拉力。

表4—7 2004年城乡差别对比

地区	人均年收入(元)	人均消费水平					每百户拥有家用电脑(台)	每百户拥有移动电话(部)	每百户拥有空调器(台)
		总计[2](元)	食品(%)	衣着(%)	教育文化娱乐服务(%)	其他(%)			
城 市	9421.6[1]	7182.10	37.73	9.56	14.38	38.33	33.11	111.35	69.81
农 村	2936.4	2184.65	35.90	6.81	14.11	43.18	—	54.54[3]	4.70
比 值	3.21	3.29	1.05	1.40	1.02	0.89	—	2.04	14.85

注:[1]指城市居民家庭人均可支配收入;[2]指居民平均每人每年消费性支出;[3]为电话机数。

资料来源:根据国家统计局《中国统计年鉴》(2005)有关资料整理。

三、环境因素

(一)政府的政策与行政管理

政府决策与行政管理对乡村—城市转型的促进作用,主要表现在以下三个方面。①撤乡建镇与撤区扩镇并乡行为。②明确提出对小城镇建设的基本要求。③放宽对农民进入城镇的限制,这是影响乡村—城市转型的又一动力因素。50年代我国城镇人口未加控制,城乡之间人口自由流动,大量农村人口进入城镇,对乡村—城市转型影响很大。60年代以后分割的城乡户籍制度逐渐成形,导致城镇人口增长十分缓慢。此后,严格的户籍管理制度一直是制约农村人口进入城镇的主要因素,随着经济体制改革的不断深化,传统的户籍管理制度已经不能适应形势发展的需要。为改变这一状况,中共中央在"关于一九八四年农村工作的通知"中提出[①],1984年各省市自治区可选若干集镇进行试点,允许务工、经商、办服务业的农民自理口粮到集镇落户,这一政策鼓励农村剩余劳动力流入小城镇,使城镇人口猛增。随着经济体制改革的不断深化,中共十四届三中全会做出的《关于建立社会主义市场经济体制若干问题的决定》明确指出:"逐步改革小城镇的户籍管理制度,允许农民进入小城镇务工经商,发展农村第三产业,促进农村剩余劳动力的转移。"之后国务院于1997年6月批转了公安部"小城镇户籍管理制度改革试点方案",进一步放宽了农民进入小城镇的限制。

(二)体制和建制的调整

体制和建制的调整对乡村—城市转型的影响也很明显。如为了扩大城市用地规模,满足苏州成为"较大的市"和强化城市中心功能的要求,1982年以来苏州多次调整行政区划(胡序威、周一星、顾朝林等,2000)。1982年苏州市区只有城区的3个辖区和郊区的4个公社(乡),总土地面积约119.12平方公里;1988年从吴县划入一镇二村归郊区,面积增至178.12平方公里;1992年又从吴县划入一镇四村归苏州高新技术开发区管辖,土地面积约250平方公里;1994年再一次把吴县的四个镇划归工业园区管辖,苏州市区面积扩大到

---

① 即1984年中央1号文件。

392.3平方公里,是1982年的3.3倍。此外,为了扩大城区,1992年浒墅关镇的长亭、星丰、红星三村分别划给平江、沧浪和金阊三个区,1995年又把娄葑的关溇村、横塘的盘南村、虎丘的新庄村划入上述三区,建成区面积也上升至1995年的70.2平方公里。

再如,1983年苏南实行市管县新体制,为农村城镇化和乡村—城市转型提供了体制保证。1983年苏南只有一个县级市(常熟市)和34个建制镇,分别占县(市)、乡(镇)总数的8.3%和7.4%。1986年后苏南地区陆续撤县建市,现已全部发展成为市。乡镇合并、撤乡建镇的步伐也不断加快,到1998年底,除宜兴、武进、金坛、溧阳外,有八个县级市成了无乡市。为了实现城镇的规模经济效益,目前许多县市正在进行撤镇并镇工作,设立中心镇。体制和建制的调整,为城镇体系的统一规划,农村城镇化合理、快速发展,乡村—城市转型创造了条件。

(三)城市规划

地方政府的各类规划或计划通常是落实到具体空间的。通过地方政府有意地规划引导,对企业和人口的空间集中发展是有利的,如杭州市城市规划对该地区的乡村—城市转型的影响就非常明显。1953年杭州市编制了第一个城市总体规划,1983年编制的第二轮总体规划及以后的调整规划都在不同程度上对杭州市各项建设起了指导作用。为使居住区的分布有利生产、方便生活,在布局上组织了五个生产、生活基本平衡、相对独立、比较分散的生活居住区。在实际的旧城改造中,中河路和庆春路的拓宽改造,沿线居民按照规划相应地迁入近郊新建的住宅小区。又如规划在萧山、余杭、富阳选择了七个小城镇作为杭州市的卫星城镇,对各个卫星城镇的性质和规模作了统一规划。因此,杭州市中心向远郊各城镇扩散的功能也各不相同。萧山城厢镇曾被确定为以纺织、机械工业为主的近期重点建设城镇,在近十年的发展中以该镇发展最快。富阳城关镇被确定为杭州市的文教科研中心,并适当开辟了一些疗养区和旅游区。

(四)对专业市场的扶持

专业市场在最初的发展阶段,很大程度上是依靠乡镇企业和个体企业的创造精神和自助努力,但是在后来的发展阶段中,政府部门的支持起了相当大的作用。其中既有中央政府的政策取向,也有地方政府的积极扶持。

中央政府政策取向的变化大大降低了农民和企业进入专业市场的体制性壁垒。1983年中央政府宣布允许农民贩运三类工业品,企业可以在完成国家计划收购任务后把二类工业品拿到专业市场上交易。这就打破了只有国有商业企业才能经营工业品的垄断格局。1984年中央1号文件对农民之间的耕地有偿转包作出了有限度的规定,并允许部分从事非农产业的农民自理口粮到集镇落户。这一系列的制度变革使农民从事非农产业的政治风险值趋向于零,为农民进入非农产业提供了更多的经济自由,从而为专业市场的生成和发展创造了极为宽松的制度环境。

专业市场的形成与发展,对增加地方政府财政收入,启动和加快区域工业化和经济发展的作用是非常显著的。专业市场对促进区域经济发展所起的巨大作用,激发了地方政府发展专业市场的热情。有的研究指出,地方政府的参与程度与当地专业市场的规模和发展速度高度相关,地方政府在专业市场成长过程中起到了关键作用(郑勇军、袁亚春、林承亮等,2002)。因此地方政府有积极性对专业市场进行扶持。在计划经济仍占主导地位的体制转轨初期,地方政府的这种政策取向变化无疑对专业市场的兴起产生了关键性的作用。浙江较有影响的大规模的专业市场,几乎都是类似义乌这样,是在当地地方政府的支持下迅速发展壮大的。

第四节　长江三角洲地区乡村—城市转型的阶段与模式

一、乡村—城市转型的阶段

(一)政府主导下的缓慢转型阶段(1949~1978年)

我国是在特殊的背景下进行城市化的(蔡孝箴,1998),中国的城市化道路在很大程度上就是在"一五"时期形成的"三位一体"的传统经济体制①框架的延伸。这一时期采取的政策中对乡村—城市转型影响最重要的有两个:①户籍制度的建立;②"不建城"思想的形成和"反城市化"政策。

这一阶段国家实行的是计划经济体制和城乡分割的二元政策,乡村—城市转型机制主要是大城市的扩散力。这一时期为了加强城市的工业职能,解决城市工业职能扩大和地域限制之间的矛盾,并配合新的工业项目的建设,大城市开始进行工业区和卫星城的建设。如上海市从50年代中期开始,先后开辟了十多个近郊工业区和远郊卫星城。这期间,尽管有工业区向郊区乡村延伸和卫星城镇的飞地型布局,却没有资本、技术向乡村的扩散而带动农村非农产业的发

---

① 即从选择重工业优先发展战略,到形成扭曲产品和要素价格的宏观经济环境,以至建立高度集中的资源计划配置制度和毫无自主权的微观经营机制。参见林毅夫、蔡昉、李周:《中国的奇迹:发展战略与经济改革(增订版)》,上海三联书店,上海人民出版社,1999年,第28~54页。

展,致使核心城市对乡村—城市转型的影响局限在工业区和卫星城镇内部,广大农村地区乡村—城市转型非常缓慢。甚至农村的建制镇数量还有所减少,如 1955~1964 年浙江省建制镇数量由 305 个减少到 164 个(李王鸣、谢良葵,1997),这是由于 1963 年国务院提高了建制镇设置标准所致。

1970 年以后,发展农村"五小"工业被肯定[①]。在国家的扶持下,"五小"企业得到很快发展。只是当时由于所有制的限制,农村工业以社队企业为主。如到 1978 年上海市郊区社队工业产值达 28.99 亿元,占社队工农业总产值的 52.2%,这表明 70 年代上海郊区的产业转移已经开始。

(二)自下而上的、城乡体制改革推动的快速转型阶段(1978~1990 年)

1978 年前后发生于中国农村的种种事件,揭开了中国经济体制改革的序幕(董辅礽,1999)。首先中央实施了一系列的富民政策,如提高农副产品收购价格,缩小农产品的统购派购范围和降低征购指标,开放城乡农产品集贸市场,调整农村经济结构,鼓励多种经营,减轻税负。接着推行各种形式的责任制,到 1983 年我国农村双包到户的生产队已占到总数的 97% 以上。同时,双包到户走出农田耕地,走进小城镇,从种植业扩展到养殖业、牧业、渔业、工副业、商业和服务业等领域,为整个农村的社会主义再造打下了坚实基础。这一变革对激发农民向非农产业转移所起的作用不可低估。

1979~1984 年的农村改革时期,也是乡镇企业为腾飞积蓄力量

---

① "五小"工业是指小钢铁、小机械、小化肥、小煤窑、小水泥工业,实际上不只"五小",而是泛指与农业机械化和农田基本建设、农业生产投入联系紧密的主要行业。

的时期。随着国家经济政策的转变,乡镇企业生存与发展的"夹缝"不断有所拓宽。首先,国家在坚持既定的工业化发展战略和城乡隔离政策的前提下,放宽了对农村发展非农产业的限制;其次,国家在信贷和税收方面对新开办的社队企业给予一定的优惠;同时,富民政策的实施提高了农民收入,扩大了农民的消费需求,为农村非农产业的发展扩展了市场。上述各种因素的综合作用,使全国社队企业从业人员由1978年的2 800万人增加到了1983年的3 235万人,总产值也相应地由492.9亿元增加到1 016.7亿元。1984～1988年则是乡镇企业发展的黄金时期。这一阶段,江浙地区的农村抓住有利时机,大力发展乡镇企业和私人企业,乡镇企业在一系列优惠政策下获得很大发展。但是由于计划经济时代长期实行的城乡二元化发展政策和工农业产品"剪刀差"政策,导致城镇(包括小城镇)无论在生活质量水准、工作岗位还是在"城市人"身份上,都对转移出来的农村劳动力具有巨大的吸引力。在进入城市仍然存在种种壁垒的情况下,农民进入小城镇也未尝不是一种可以接受的选择,从此苏南走上了一条"离土不离乡、进厂不进城"的"苏南城镇化模式"。到1989年苏州市乡镇工业已占全市工业总值60%以上,并吸纳了农村剩余劳动力的41%,乡镇企业成为农村经济和社会发展的支柱。1989年苏锡常三市农户的经济总收入为135.25亿元,集体企业的总收入则达到530.52亿元,是前者的3.92倍,这是其他地区很难见到的现象。苏南的村办企业,一般每村有5个以上(董辅礽,1999)。

  1984年我国经济体制改革的重点由农村转入城市,建立了适合我国经济发展和国情的劳动密集型工业。同时,经过几年的发展,苏南的小城镇具有了接受工业扩散的要求。到1980年代末,苏州市所属六县的乡镇企业中与城市协作的联合企业就有约1 000个(周艺怡、张京祥、曹荣林,2002)。而乡镇企业的发展又通过"以工补农,以工建农"的形式,加快了农村现代化进程,为农村剩余劳动力的转移进一步提供了条件。与此同时,得到乡镇企业资金和就业支持的小城镇在规模和基础设施上都有了很大发展。

该阶段,国家允许农民自带口粮进城办第三产业,实现初步异地城镇化;以后又出台政策降低设立建制镇和市的标准。于是,苏州开始了撤县设市、撤乡设镇之举,使部分农村人口由于建制镇的设置就地转为城镇人口,城镇化水平大幅度提高。

在浙江则出现了"乡镇企业+专业市场"的"浙江模式"。专业市场打破了传统农业与工业的界限,模糊了产业边界,提高了农村地区的第二、三产业比重,促进了农业劳动力向工业的转移,缩小了农村与城市的收入差别,促进了农村工业化进程的不断加快。

(三)开发区带动的乡村—城市转型阶段(1990年至今)

90年代中期以后,随着国际经济全球化的影响及国内市场经济体制的逐步建立,城市经济体制改革的深化及国有经济的优化重组,竞争的进一步激烈化和市场的逐步规范,乡镇企业的原先各种比较优势逐渐失去,再加上乡镇企业已经基本完成了私有化的过程,对农村剩余劳动力的吸纳能力逐步减小。同时,小城镇就业岗位减少,在生活质量上与农村地域差别不大,导致农民进镇的愿望已经不是十分的迫切。因而乡镇企业已经不再是推动长江三角洲地区城镇化的主要经济力量,小城镇作为城镇化人口主要聚集空间的角色也在弱化。由此,长江三角洲地区的乡村—城市转型进入开发区带动阶段。

开放和开发上海浦东新区,是进入90年代后我国对外开放的第一项重大措施,也是对外开放进程中的一个重要里程碑。1990年5月上海市公布了浦东开发的十大政策,同年6月2日中共中央和国务院正式批准了上海市开发和开放浦东新区,随后又确定浦东开发由国务院特区办公室负责管理。也就是说浦东虽然不叫经济特区，实际上是比特区还"特"的特区，中央政府许诺浦东新区将采取比经济特区更为优惠的政策措施来发展经济(董辅礽,1999)。在实施的政策措施中，最引人注目的是允许外商兴办第三产业及金融和商品零售业，允许外商从事转口贸易和开设外资银行等，这些都是具有突破意义的。尽管浦东在上海的位置并不重要，但其开放之时已有130万人口、120亿元年产值，具有相当的经济实力。因此，浦东一开放，很快便成为国际上一个富有吸引力的投资热点。第一年就吸引了近百家外资企业，使"三资"企业从原来的37家激增至135家，引进外资1.7亿美元。一些国际知名企业，如美国杜邦公司、法国巴斯夫公司等先后落户浦东。随后浦东又向外资银行率先开放了人民币业务，吸引了数十家国外银行于浦东和浦西设立分支机构。浦东的外高桥保税区也是政府正式批准的国内第一个保税区[①]。浦东的开发开放形成了一种特殊的地域发展模式——"浦东开发开放模式"。

上海浦东开发开放为长江三角洲地区经济发展注入了强大的活力。上海作为中国最大的工商业城市，随着浦东开发，成为国际性大都市将不再是遥远的事，其地位决定了它必然成为长江沿岸经济带的"龙头"，在商品流通、进出口贸易、高新技术开发、人才、信息等方面将对长江三角洲地区及整个长江流域产生巨大的辐射作用，从而带动长江三角洲地区和整个长江流域的迅猛发展。浦东的开放开发加之上海的振兴无疑将成为一个发展极，将首先带动长江三角洲的经济发展和乡村—城市转型。"谁能更好地接轨上海，谁就能率先迅速发展"已成为上海周边城市的共识。

---

① 全国第一个保税区是1987年筹建、1988年投入运营的深圳特区沙头角保税区，福田保税区的兴办也早于外高桥，但它们获得批准均在外高桥之后。

除浦东开发开放之外,苏州则是长江三角洲地区对外开放最成功的地区了。1992年以来,苏州市及时把开发区作为区域经济新的增长点和扩大对外开放、发展外向型经济的重要载体,新区及开发区建设使城市地域经济得到了快速发展,外向型经济成为乡村—城市转型的新动力。新区、开发区、县城以上的城市地域成为乡村—城市快速转型的新地域。

二、乡村—城市转型的模式

从长江三角洲地区的实际情况看,乡村—城市转型的模式可以大致分为地方驱动型、外资促进型、城市带动型、"城式化"型和一般城镇发展型,下文分别进行分析。

(一)地方驱动型

地方驱动型是以乡镇工业发展为动力、农工相辅的乡村—城市转型模式。地方驱动型是以集体经济为主,以横向联系、城乡协作为依托,因此集体积累较多,有利于乡村地区城市化资金的投入。这种模式是长江三角洲地区典型的乡村—城市转型模式,80年代流行于苏南浙北地区,而以苏(州)(无)锡常(州)地区最为典型,因此又称之为"苏南模式"。这种模式的特征有六个。①农民依靠自己力量发展乡镇企业,乡镇企业的所有制结构以集体经济为主。②社区政府(乡镇政府)主导乡镇企业的发展。③乡镇企业吸收农村剩余劳动力,扩大城镇人口规模。④以乡镇工业促进小城镇的发展。⑤以工支农,推进农村剩余劳动力向城镇的持续转移。苏南地区乡镇企业通过向农业提供建农资金,促进了农业劳动生产率的提高,进一步解放了农业生产力,使他们步入二、三产业,进而落户于小城镇。这一良性循环保证了小城镇的发展和乡村地区城市化的不断推进。⑥城乡联合。苏南农村几乎每个村都与大、中城市有着经济方面的联营、合作关系,有的村甚至同时与多个城市有着多方面的合作关系。该类型地区农村同城市之间的合作强度远远高于我国其他地区,有利于乡村地区城市化的快速推进和城乡一体化格局的形成。

80年代末期,随着外部环境和自身实力的变化,苏南地区的经济发展进入了新的发展阶段,使得以乡镇集体经济为主要内容的传统的"苏南模式",逐渐让位于"新苏南模式"。"新苏南模式"有两个明显特点。①企业规模结构的变革。80年代末至90年代初,在宏观经济紧缩的情况下,苏南地区通过调整结构、企业兼并、技术改造、横向联合等途径,扶持和发展骨干企业。到1993年底,苏锡常三市乡镇企业已组建各种企业集团240家,其总产值达660多亿元,占该地区乡镇企业总产值的40%。到1999年仅江阴市就拥有企业集团150多家,华西村、阳光集团、双良集团等名扬全国。②产权制度的变革。从90年代中期开始,苏南乡镇集体企业相继进行了产权制度改革,在短短几年中,苏南各市原集体所有制乡镇企业改制比例达到80%以上。通过与外商合资、与其他法人企业组建企业集团、建立股份制公司、上市等途径,苏南乡镇企业普遍明晰了产权,并且大大减少了与乡镇地方政府的直接联系。

(二)外资促进型

对于长江三角洲地区而言,外资促进型的乡村—城市转型是以开发区建设起步,由乡村经济与外资、外商相结合而促成的乡村—城市转型,主要发生在90年代以来。客观而言,从对外开放的进程来看,长江三角洲在80年代是滞后于珠江三角洲的。在80年代的中国,上海似乎是被改革开放"遗忘"的角落,这与其说是一种战略"失误",毋宁说是中国渐进转轨从边际入手的必然结果,并且也是保证财政稳定下进行改革的必然前提。但是从 90 年代初期开始的浦东开发开放,对于长江三角洲地区的乡村—城市转型产生了明显的影响。

浦东开发开放对于长江三角洲地区乡村—城市转型的重要影响则在于有力地推进了长江三角洲地区的经济一体化。80 年代长江三角洲"群龙无首",领先发展的江浙地区互不买账,更不把上海放在眼里。浦东开发开放结束了这一离心状态,上海已经开始有效地把苏南和浙北纳入到其体系里,从而使得长江三角洲日益变为真正的"大上海"。与此同时,"接轨上海"成为长江三角洲各个城市的共识。以上海为龙头、江浙为腹地,长江三角洲地区的经济结构、市场体系、基础设施和城市布局之间的分工合作趋势日益明显,并且其影响力日益扩大到长江流域和大半个中国。

除浦东之外,外资促进型的乡村—城市转型模式在苏州、昆山等地也很明显。

(三)城市带动型

城市带动型的乡村—城市转型主要发生在特大城市、大城市周围,又可以分为近郊扩展型和卫星城型两种。

近郊扩展型是指由于中心城区用地规模的扩大或大型企业在近郊区的布局,使原来的农村地域结构转变为城市地域结构,如上海的嘉定、闵行、宝山等地区。解放初期,上海市区面积仅有 82.40 平方公里,狭小的地域空间已经不能适应城市发展的需要,于是有计划地在原来中心城区外围相继建设了各具特色的近郊工业区,如北新泾、彭浦、周家渡、庆宁寺、五角场、桃浦、漕河泾、长桥、高桥等,并且相应建设了一批新村,如曹杨、长风、天山、凤城等,这种模式曾经有力地推动了中心城区外围农村地区乡村—城市转型的发展,但是随着上海城市地域空间扩展由"圈层式"摊大饼模式转向轴向扩展模式,其作用会逐渐减弱。

卫星城型是为了疏散中心城区的工业和人口,有计划建立的小城市。如从"二五"开始,上海市先后建立了吴泾、吴淞、闵行、松江、嘉定、安亭、金山等卫星城,这些卫星城镇作为接纳外迁工厂和人口的基地,有基本独立的物质基础和大体完善的城市生活,从而成为乡村—城市转型的一种独特的模式。

(四)"城式化"型

"城式化"型是指以缩小乡村与城市在经济和生活上差距为目标,而不追求城市"名义"的一种乡村—城市转型模式(吴祖宜、吴末,1998)。对中国绝大多数农村来说,乡村—城市转型只能是靠自己的努力去发展经济,去实现生活方式的变革,即走农业机械化、农业工业化、管理现代化、农工商一体化的道路。如浙江省东阳市的横店镇。

由于这种乡村—城市转型模式最有利于在城市化中保护和创造地方特色,突出民族文化与传统,故富有较强的灵活性,也最具有活力。

(五)一般城镇发展型

这种模式是指通过工业发展带动的乡村—城市转型,形成了一批建设水平较高的建制镇和集镇。如上海市郊区各县市在贯彻实施"农民向城镇集中、农田向农场集中、工业向园区集中"的现代城郊发展战略中,都制定了相应的城镇体系规划和城镇总体规划,确定了城镇建设发展目标和城镇发展的等级规模,有计划地引导农民向城镇集中。

第五节 长江三角洲地区乡村—城市转型和协调发展中存在的问题及成因

一、开发区体制面临的挑战

（一）开发区"超自主体制"的环境已经发生变化

开发区建立伊始，为了在与国际经济相对"脱轨"的情况下，迅速融入国际经济大循环、打开对外开放的新局面，更好地吸引与利用外资，国家对开发区实行了一批优惠性的倾斜政策。这些政策对于开发区快速实现经济聚积，突破旧体制建立新体制等方面起过一定的催化作用。由于特殊优惠政策，是一种非规范的经济政策，这就决定了其政策效应的暂时性与过渡性（许经勇，2002）。但是，随着市场经济体制改革目标模式的确立并由重点突破向整体推进，局部地区的优惠政策由于供给的有限性和需求的无限性而成为高度稀缺资源的状况显然有悖于市场经济公平原则。市场经济规范的核心，是保证每一个独立的经济活动主体，即市场主体，能够在平等的基础上展开充分的竞争。既包括竞争主体的地位平等，也包括竞争主体的机会平等。同时我国已经加入WTO，政策倾斜的影响与WTO的原则相背离，不利于与国际接轨。正因为如此，国家提出了要对各种资本实行国民待遇，其结果表现为各种优惠政策的淡化（朱仲羽、刘伯高，1998）。开发区遭遇的首当其冲的冲击就是由于优惠政策被取消，开发区之外的区域可以凭借自身的优势条件与开发区形成激烈的竞争，投资者不一定非到开发区来投资。尽管开发区入世后仍然享受到所得税等方面的一些优惠，但非开发区可以通过技术、人才、市场、信息等方面的优势与开发区形成竞争,开发区对投资者的吸引力受到挑战(高国力,2003)。也就是说,随着体制环境的优化,市场经济体制的逐步完善,要素会更自由地流动,使"超自主体制"的"保护伞"职能已经步入历史。

大范围政府职能的转变,使"超自主体制"的强职能失去意义。"超自主体制"的基础是强力的政府管制性授权。在政府调动资源的时代,开发区的强职能意味着高效率的服务。目前出现的大范围的政府职能转变,特别是政府管制的放松,使开发区管委会超强审批职能失去意义。入世则加剧了这一过程。

城市化进程的推进,大面积基础设施的提高,使开发区过去的硬件优势相对减弱。"超自主体制"的重点任务之一是在大面积基础设施短缺的情况下,快速满足现代工业的小环境。解决缺电、缺水、没有燃气、路网不足、通信很差等现实困难。目前我国基础设施大环境基本可以支持制造业的广泛分布,相对封闭的小环境在基础设施方面的意义降低。

为了弥补优惠政策淡化而导致的引力欠缺,开发区必须寻求新机制、新动力,进行"二次创业"。

(二)长江三角洲地区开发区设置过多

到目前为止,除上海浦东新区和苏州工业园区外,长江三角洲地区有国家级经济技术开发区八个,占全国总量的1/4;国家级高新技术开发区六个,占全国总量的1/9;保税区三个,占全国总量的1/4;国家级旅游度假区四个,约占全国总量的1/3(表4—8)。苏沪浙二省一市批准建立的省级开发区有88个分布在长江三角洲地区。长江三角洲开发区分布密集,除边境经济合作区之外,经济技术开发区、高新技术产业开发区、保税区、旅游度假区、外向型农业开发区等应有尽有,是我国各种开发区功能最为全面的地区。由此带来的问题是,除昆山经济开发区、苏州工业园区、浦东新区已形成规模效应之外,众多开发区呈分散分布之势,发展不尽如人意。

表4—8 长江三角洲国家级开发区名录

开发区类型	国家级开发区名称
经济技术开发区	杭州、萧山、宁波、虹桥、闵行、漕河泾、南通、昆山
高新技术开发区	杭州、上海、南京、常州、无锡、苏州
保税区	浦东外高桥、张家港、宁波
旅游度假区	上海佘山、无锡太湖、苏州太湖、杭州之江
环保科技工业园	宜兴
火炬带	苏锡常火炬带

资料来源:根据刘卫东、彭俊:"长江三角洲开发区建设与发展的比较研究",《长江流域资源与环境》,2001年第5期;吴传钧:《中国经济地理》,科学出版社,1998年,第400~401页有关资料整理。

二、小城镇化过程中的突出问题

(一)小城镇的产业与人口集聚程度不高

按小城镇模式倡导者的设想,小城镇的建立能够促进乡镇企业在小城镇的集聚,从而带动农村人口的城市化,解决我国长期以来工业化和城市化不同步的突出矛盾和乡镇企业过于分散的问题。但是对于江苏省190个小城镇的普查显示,农业劳动力转入乡镇企业后,并未如人们预期的那样申请自理口粮落户,移居小城镇。由于本区乃至全国的乡镇企业多为"村村点火、户户冒烟"式的农户家庭企业,是小农户经济的一部分,其主要功能是改善农户生计、固化小农户经济,因此乡镇企业在其不断发展壮大的过程中,并未向小城镇逐步聚集。2001年苏南乡镇企业的集中度是66.7%,一方面部分农村非农劳动力在村就业,另一方面又形成了大量居住在村工作在镇的昼夜摆动人口。也就是说,"离土不离乡、进厂不进城"的农业劳动力转移格局并未得到根本改观,大批农民在职业转换后仍长期滞留在村庄内,影响了农业规模经营的顺利发展和农业劳动生产率的提高,也阻碍了农业现代化水平的提高。从镇区聚居的人口分析,苏南建制镇人口聚集度是32.5%[①]。理论和实践都证明小城镇产业集中度不够,人口规模小,难以发挥小城镇的经济效益和社会效益。

城镇的基本特征是集聚性,任何一个城镇都是以集聚获得规模效益的。据资料统计,人口规模只有达到15万人以上,聚集效益才会出现;而人口在5万人左右的城镇效益最差,随着人口规模的增长,经济效益呈上升趋势;当人口达到25万人时,经济效益才会明显提高(蔡秀玲,2002)。因而小城镇聚集效益的产生,要求达到一定的规模。而总的来看,长江三角洲地区小城镇人口规模较小。如2001年浙江省798个小城镇中,有3/4的镇镇区人口在1万人以下,全省小城镇镇区平均人口为8 441人;镇区人口在2万人以上的镇有72个,占小城镇总数的9%。从镇区面积看,2001年全省平均每个镇区面积为3.2平方公里,其中镇区占地面积在5平方公里以下的镇有648个,占总数的81.2%;在5~10平方公里的有116个,占14.5%;在10平方公里以上的镇有34个,占总数的4.3%(娄跃,2002)。镇区人口规模和占地面积较大的镇,其经济发展状况普遍好于镇区规模相对较小的镇。

---

① 江苏全省为25.2%,全省镇区人口平均为11 855人,少于万人的有887个,占74.5%,其中42个镇的人口在5 000人以下。参见国家统计局农村社会经济调查总队:《中国建制镇研究》,中国统计出版社,2002年,第46页。

小城镇的人口要达到一定的规模,意味着农村人口必须向小城镇转移,而农村人口是否愿意向小城镇转移,关键取决于小城镇能否为他们提供就业岗位和更好的生活条件。这就要求乡镇企业向小城镇集中,乡镇企业是否愿意向小城镇集中,关键是小城镇要具有吸引乡镇企业的交通便利、信息畅通的优势。而目前的制度环境、城乡要素在城镇体系中的非层次化配置以及小城镇的基础设施状况均影响到农村工业向小城镇的聚集(蔡秀玲,2002)。

(二)严重的环境污染和资源浪费

"乡镇企业+小城镇"模式产生的另一个问题是严重的环境污染。80年代中期以后,国家对城市环境质量的管理和监督越来越严格,许多高污染产业为逃避监督到了小城镇,而致富心切的农民也往往敢上一些城市企业不敢上的污染严重项目,致使农村环境质量每况愈下,从而导致农村生态环境的污染和破坏。据统计,上海市郊区有近20%的乡镇企业排放各种"三废",其中有近10%属于对环境有严重污染的企业。由于这些影响和破坏,使上海市郊区2/3的河道受到不同程度的污染,不符合灌溉标准,有13%的内陆水面水质不符合渔业水质标准(刘君德、彭再德、徐前勇,1997)。

同时小城镇建设虽然"不要国家一分钱",但小城镇化道路的成本效益比极差。全国城市平均每平方公里的地区生产总值为75万元,而小城镇仅为26.26万元,是前者的35.5%,只相当于大城市的2.6%(徐璋勇、袁建歧,1994)。1998年末苏州小城镇镇区平均每镇常住人口5 400人,人均建设用地高达330平方米(周艺怡、张京祥、曹荣林,2002)。由于小城镇人口少,各种公共设施的利用率很低,规模效益极差。

(三)小城镇质量较低,吸纳资本、人才的能力弱

在小城镇,镇区比照城市社会公共需求和多方面生活需求配套建设多半不能达标。基础设施方面建设数量不足、层次标准较低,很难创造良好的投资环境,不利于吸引外资投入。小城镇不但物质性基础设施建设较为薄弱,社会性基础设施同样落后(表 4—9)。

表 4—9　2001 年长江三角洲地区建制镇发展水平比较　计算单位:平均每个镇

项　目	全国平均	上海	江苏	浙江
村民委员会个数(个)	21.2	17.7	14.9	32.3
总人口(人)	32 187.9	33 406.0	41 549.9	33 455.7
乡村经济总收入(万元)	43 875.6	271 711.9	91 886.1	133 099.3
乡镇企业个数(个)	455.1	205.4	429.5	816.3
乡镇企业从业人员(人)	3 863.1	9 660.0	5 952.0	7 764.8
财政收入(万元)	1 011.7	9 007.6	2 344.0	3 373.0
通电话村数(个)	19.2	17.7	14.9	30.3
通公路村数(个)	19.6	16.1	14.6	28.8
通自来水村数(个)	9.7	17.7	11.3	23.8
汽车站(个)	1.0	4.0	1.3	1.0
供水站(个)	1.6	1.8	3.1	1.6
垃圾处理站(个)	0.4	0.9	0.7	0.6
集贸市场数(个)	2.5	3.6	3.4	3.5
学校数(个)	16.7	5.1	14.3	9.8
图书馆、文化站(个)	1.4	1.6	1.5	1.5
医疗卫生单位(个)	5.3	1.3	13.9	16.1
敬老院、福利院(个)	1.1	1.4	1.6	1.3

资料来源:根据国家统计局农村社会经济调查总队:《中国建制镇研究》,中国统计出版社,2002 年,第 149~155 页有关资料整理。

2001年江苏省许多小城镇在电力、通讯、运输、环保、给排水等基础设施欠缺现象较为普遍,普遍存在重建设轻管理的偏向,不少小城镇占用交通道路设置马路市场,集镇秩序较为混乱,过境交通受到严重阻碍。2001年全省建制镇人均园林绿化面积只有3.37平方米,与中等城市人均绿化面积10.2平方米相差太远。垃圾处理、污水处理工作缺乏应有的重视,60%的镇没有垃圾处理站,65%的镇没有公园(刘光平、蒋书明,2002)。因此在整个长江三角洲地区是"走过一村又一村,村村像城镇;走过一镇又一镇,镇镇像农村"(赵晓谛,2003)。

与小城镇质量较低相对应的另一个问题是小城镇密度过大。如苏州市建制镇密度为江苏省平均水平的2倍,是全国平均水平的100倍(周艺怡、张京祥、曹荣林,2002),造成近域恶性竞争。

(四)小城镇建设投入不足

首先,镇级可用财力有限。多数镇为"吃饭"财政,只能满足于有关工作人员的工资,有的连这一问题都难以及时兑现。2001年江苏省有36.4%的建制镇"入不敷出",要靠预算外资金来弥补;34.2%的镇人均财政收入不足200元,这些镇根本不可能对小城镇建设进行投资。全省真正能够拿出一部分资金投入小城镇建设的镇不足1/3。其次,来自企业的小城镇建设费用减少。一方面随着产业结构调整力度的不断加大和市场竞争的日趋激烈,相当一部分乡镇企业的生产经营面临较大困难,支撑小城镇建设的能力减弱;另一方面,随着乡镇企业改制步伐加快,乡镇政府不再直接管理企业,只能收取定额规费和税收,从而使政府投入小城镇建设的资金逐年减少。如果小城镇建设完全按市场化机制运作,谁投资、谁所有、谁收益,则势必加重企业和农民进镇的成本,影响其积极性。进镇成本高,企业和农民进镇少,投资人收益就少,其积极性就下降,小城镇建设基础设施就难以改善。基础设施差,对企业和农民进镇就缺乏足够的吸引力。很多小城镇基础设施建设没有稳定的资金来源,难以形成良性循环。

三、发展卫星城的制约因素

(一)卫星城建设的资金障碍

有关测算表明,一个20万人口的新城的基础设施建设应投入30亿元左右。如此巨额投资,对各卫星城的建设是很大的压力。根据上海市计委关于试点城镇建设投融资与开发运作机制的实施办法,融资渠道主要有政府投资、吸纳社会法人自然人投资、市场融资等。但现有情况表明,各种渠道都存在不同程度的不确定性。基础设施是社会公共品,世界各国的经验表明,政府是基础设施建设的投资主体。但是,各级政府在上海市卫星城建设中的直接投入非常有限。一是上海政府承诺对试点城镇每年下拨1亿元难以兑现,二是上海区县级政府财政状况更为拮据。

(二)人口进入卫星城的障碍

根据上海市的设计,卫星城的人口规模为25万~65万人,从现有人口发展到规划人口,卫星城需要进入的人口平均在15万人以上,因此有足量的人口流入并达到相应规模,是建成卫星城的关键。进入卫星城的人口主要有三种渠道:市区人口的疏散;农民进城;外地人口流入。目前这三条渠道都有一定的不确定性。

上海市区环境的日趋优化①,以及乡土观念的存在,是市区人口进入卫星城的主要障碍。农民进城的主要障碍是收入较低,有限的收入难以用于养老医疗等未来保障,就业也比较困难。外地人口流入的主要限制性因素是户籍制度。在各种制度管理中,上海对户籍管理相对严格,对外地人员长期实行蓝印户口政策,而且审批时间长达数月。户口的放开刚刚处于试点阶段,这对于卫星城吸引外地人口无疑是一种限制性因素。

(三)基础设施的制约

主要表现为卫星城的交通不够便利,教育卫生设施落后,公共图书馆等文化设施不足。卫星城所必备的人文环境条件是,在文化教育医疗卫生方面,要求建立寄宿制高级中学、三级医院各一所。但是目前上海市试点城镇在教育卫生方面的现状是,有一定数量的普通中学,寄宿制高级中学还没有;由于长期教育经费紧缺,房屋设备陈旧落后,师资力量不足;现有的试点城镇医院,最高级别为县城中心医院,相当于市区二级医院规模水平;其他大部分是乡镇卫生院,有的等级评定连一级医院都达不到,且设备简陋,医务人员缺乏。

四、"都市里的乡村"现象

在长江三角洲地区的一些城市,存在着"都市里的乡村",即在繁华的闹市里,一边是巍然耸立的现代化高层建筑,而另一边却是杂乱无章、拥挤不堪、高低参差的农舍,整座村庄坐落于现代化城市的包围之中,形成了"都市里的乡村"(田莉,1998)。"都市里的乡村"无论

---

① 2000~2002年,上海市主要污染物浓度大幅度下降,空气质量指数二级和优于二级天数比例比三年前提高近10个百分点;人均公共绿地面积从3.5平方米增加到7.2平方米,绿化覆盖率从19.8%提高到30%。

在空间形态、功能结构等方面均与所处的城市化形成强烈的对比。由于地处城市化的前沿,"都市里的乡村"的产业结构明显转换,出现了农工商等多种形式,同时也带来了居住形态的明显转变。但由于缺乏规划管理,以至于工业用地、居住用地、商业用地犬牙交错、杂乱无章,道路狭窄,配套公共设施不完备,基础设施建设严重滞后于经济建设。

"都市里的乡村"不仅导致了城市土地资源的严重浪费,而且影响了城市规划的实施。在某种程度上讲,"都市里的乡村"使整个城市呈现出一种病态,它占据了城市中优越的地理位置,给城市发展带来了诸多不便。它加重了旧城改造的负担,带来了动迁难、改造难等一系列矛盾。同时造成了土地利用的混乱和低效率,成为城市规划实施的"绊脚石"。

五、区域经济行政分割现象明显

长江三角洲地区分属苏沪浙两省一市的16个城市,行政隶属关系复杂,地区之间的协调难度很大。在行政区交界地带,由于不同的开发主体利益不同,或者项目雷同,或者过度开发;更重要的是各自为政,甚至"以邻为壑",从而严重影响了资源的优化组合和区域整体效益的发挥。长江三角洲地区虽然同属于我国经济较发达地区,但其内部的差异仍较大。上海市和苏(州)(无)锡常(州)地区经济实力较强,杭(州)嘉(兴)湖(州)、宁(南京)镇(江)扬(州)、宁(波)绍(兴)地区次之,(南)通泰(州)和舟山地区较差,三类地区形成明显的经济梯度。这种经济梯度在一定程度上为中心城市的产业集聚和扩散提供了动力条件,有利于区域内资源的合理配置。然而受行政区划体制的约束,苏沪浙三省市之间以及各省市内部之间的产业传递十分困难。尽管口头上都认识到要拆围墙、求联合,但实际上并没有实质性进展,严重影响长江三角洲地区生产要素的优化组合,使三省市之间在资金、技术、人才等要素的流动上进展缓慢(刘君德,2000)。在经济发展战略上,上海是从城市本身功能转换的角度来设定其发展战略,而江浙两省也是从自身的利益来考虑其发展战略。这种行政分割现象有时直接表现为冲突,如淀山湖畔大量兴建旅游度假设施和上海水源、水质的矛盾,苏南工业污水排放和浙江湖州市鱼塘养殖的纠纷等。

不仅两省一市之间行政分割现象明显,而且省市内部的市县之间由于经济实力的加强,行政上存在明显的分离趋势。市与所辖县之间日益趋于竞争关系,如杭州市与其所属的萧山市之间的矛盾,导致杭州市原有的跨钱塘江发展计划受阻,不得不改为向北发展。又如,由于历史原因,区域内一些城市的市区被没有县城的郊县所包围,如绍兴、宁波分别被绍兴县和鄞县包围,市县之间相互争夺发展空间。长江三角洲大都市区在空间上是一个连续分布的整体,要求基础设施具有连续性和完整性,产业具有互补性,资源利用和环境保护具有协调性。但是行政体制的地域分割和缺乏有效的区域协调机制与手段,使各个城市分发展各自为政,造成基础设施重复建设和投资浪费。

第六节 长江三角洲地区乡村—城市转型的前景

一、长江三角洲地区已经开始进入大都市区形成和发展阶段

近年来长江三角洲地区经济发展呈现蓬勃发展的态势,城市用地大规模扩展,工业区域成片分布;产业结构向高层次转换,呈现大都市连绵带的产业特征;城市等级体系完整,已形成上海、南京、苏

州、杭州四个都市区和五个等级层次;城乡一体化趋势明显。到2000年底,长江三角洲地区共有大中小城市55座,拥有建制镇1390个,其中非农业人口200万以上的超大城市有上海和南京,100万~200万的特大城市有苏州、杭州和无锡;平均1800平方公里就有一座城市,是全国平均水平的8倍;区域的城市化水平达40.94%,超过全国平均水平近5个百分点,其中上海的城市化水平高达74.62%,南京也达到了56.80%(钱江晚报新民生,2003)。可以说,长江三角洲大都市带已基本形成,一个真正的大都市区呼之欲出。

"长江三角洲地区已经开始进入大都市区形成和发展阶段"这一命题的提出基于如下事实(黄勇、朱磊,2003)。①长江三角洲经济发展已经达到或接近大都市区形成和发展的时点水平。对经济发展和大都市区现象之间关系的研究表明,当人均地区生产总值达到2500美元时,大都市区开始形成;当人均地区生产总值达到4000美元时,大都市区进入快速发展阶段。2004年长江三角洲地区的人均地区生产总值,上海55106元,南京32705元,杭州38574元,宁波39024元,已经达到发达国家大都市区形成和发展的时点水平。更为重要的是,从经济总量看,长江三角洲16个主要城市中,除上海外地区生产总值超过1000亿元的城市还有南京、无锡、常州、苏州、南通、杭州、宁波、嘉兴、绍兴、台州,这里目前已经成为中国对外开放、招商引资成效最好的地区。世界500强企业中已经有400多家在这里落户,合同利用外资总额已超过1500亿美元;有专家预计,未来十年内将会有10万个外商投资项目在这里开花结果。这一切表明,长江三角洲地区已经基本具备了大都市区形成和发展的经济基础。②中心城市进入离心扩散阶段。表现之一首先是人口郊区化。1982年以来长江三角洲大城市中心区人口都已出现负增长,大城市近郊区、远郊区人口都处于增长状态,而且近郊区的增幅大大高于远郊区

(表4—10)。为了证明这一过程并非偶然现象,有学者对相关城市90年代以后的人口迁移进行了实证调查,结果表明中心区人口的外迁趋势仍在继续加强,外迁的范围在扩大;近郊区人口仍在增加,迁入人口的主要来源地之一是城市中心区。人口向外迁移的主要原因有:人口政策、城市富裕阶层的出现、家庭轿车的增长、城市土地使用制度的改革和城市住房制度的改革等(顾朝林等,1999)。随着人口郊区化的进行,从80年代起,长江三角洲还出现了工业郊区化和第三产业的郊区化。③中心城市外围区已经具备相当的城市功能。以上海为例,郊区的地区生产总值已占全市的1/3,工业产值则占到全市的1/2左右,张江高科技园、安亭汽车城、宝钢、上海化学工业区四大工业基地也布局在郊区。苏州、无锡、常州、绍兴、宁波等地,周边县(市)的经济总量更是全面超越中心城市。这一趋势表明,长江三角洲地区正从原来以中心城市为主的增长进入以中心城市和外围地区的全面增长。

表4—10　长江三角洲地区大城市的人口增长　　　单位:%

地区	上海 (1982~ 1993年)	杭州 (1982~ 1990年)	苏州 (1982~ 1990年)	无锡 (1982~ 1990年)	常州 (1982~ 1990年)
中心区	−2.26	−11.80	−8.92	−24.28	−24.77
近郊区	55.52	38.55	75.13	117.60	72.53
远郊区	−1.28	6.84	13.27	74.80	38.47
全市	6.28	10.08	17.48	24.37	26.01

资料来源:黄勇、朱磊:"大都市区:长江三角洲区域都市化发展的必然选择",《浙江社会科学》,2003年第2期。

随着以宁杭高速公路、宁沪高速铁路、钱塘江跨海大桥等跨区域交通基础设施的建设,以上海为中心的四小时交通圈的建立,长江三角洲地区将形成"双 A 型"的城市空间格局。

二、长江三角洲地区将出现集聚城市化和分散城市化并存的格局

长江三角洲地区将出现集聚城市化和分散城市化并存的城市化格局:中心城市、县城及一部分小城镇(如中心镇)将继续吸引相当一部分人口(集聚城市化),但由于在长江三角洲地区城乡生活(尤其是物质生活水平)差距的缩小,信息技术、交通条件的改善,相当一部分乡村人口将有可能直接进入分散的小城镇(分散城市化)(周艺怡、张京祥、曹荣林,2002)。如果说 80 年代长江三角洲地区的郊区化是出于旧城改造或其他政策、经济原因而导致的"强迫性被动郊区化"的话,那么如今则出现了"主动郊区化"。现在居住郊区化和就业郊区化的进一步整合,将进一步推动中心城市郊区化的发展。当然由于各种条件的限制,长江三角洲地区的郊区化在地域上仍然表现为与中心城区的紧密临接,即分散化的空间半径是有限的,因而从另一个角度看,这也是中心城区的扩大、延伸,集聚城市化的空间外延。

三、小城市化可能成为苏南乡村—城市转型的新形式

(一)苏南乡村—城市转型的约束条件已发生改变

与 80 年代相比,90 年代后期苏南乡村—城市转型的约束条件已经发生了明显的变化。①人地冲突下的农民转移压力对乡村—城市转型选择的约束有所松动,经过 20 多年的自主创业、自我转移,苏南农村富余劳动力已基本解决了非农就业问题,而且开始吸纳其他地区的劳动力就业。②经济的增长,农民收入来源的多渠道,使农村居民的收入有了显著提高,农村居民向城镇迁居的需求增加。③城乡二元分割体制有所突破,城乡之间资源流动阻碍正在减少。④苏

南小城市发展迅速,扩大了农村居民迁居的选择范围,如 2000 年江苏省地区生产总值达到 200 亿元的七个县级市[①]都在苏南,小城市有可能成为苏南城市化的主流(赵晓谛,2003)。⑤"苏南模式"逐渐被"新苏南模式"所取代。

(二)小城市化可能成为苏南乡村—城市转型的新形式

小城市化是以小城市为主流形式的城市化,意味着在大中城市、小城市和中心城镇协调并进中,小城市在城市化中的地位特别重要(赵晓谛,2003)。现阶段,苏南的社会群体把转移农村人口作为优先选择,是因为农村人口滞留于乡间已成为阻碍社会发展和经济增长的关键因素,而且转移农村人口的社会收益已大于社会成本、各社会群体的收益也已大于为此付出的成本。①当前苏南的社会经济发展已经要求城乡资源的优化配置、充分利用,但工业化的进步与农村居民向城镇转移和集中的不协调却成为城乡资源合理配置的主要制约因素。长期以来,苏南地区的就地转移延缓了农村居民的转移,从而带来了资料浪费、环境污染、城镇质量不高等一系列问题。②苏南工业化的进步也产生了转移农村人口的要求。一方面,苏南日趋集中的工业和相应发展的第三产业产生了不断上升的劳动力需求,诱使农村劳动力向工业区集中;另一方面,工业发展导致土地稀缺度上升,因非农用地地价增值而形成的农用地增值预期,使乡村组织具有推动农村人口迁移、以提高集体所有土地利用率的积极性。③苏南农村居民迫切希望进城定居,而且也具有经济上的可行性。今天二元分割的城乡体制已经有所突破,乡村居民收入有了较大增长,在承包地收益作为迁居的机会成本相对下降之后,只要城镇存在着创业

---

① 江阴、锡山、张家港、常熟、武进、昆山、吴县。

和就业机会且有着比乡村更好的生活条件,苏南农村人口向城镇集中就将付诸于行动。因此,现阶段的苏南,转移农村人口具有帕累托改进的可能,是各社会群体多赢的选择。

近年来,苏南小城市的迅速发展,也为小城市成为苏南乡村—城市转型的新的形式创造了条件。①小城市以制造加工业为主的经济发展,对农村劳动力有较旺盛的需求。而且,依附于加工业的服务业也有广阔的发展前景,从而可以吸收大量的农业劳动力。②与大城市相比,小城市的社会保障体系正在创立之中,受传统制度约束较小,农村人口迁入的制度障碍较少,制度创新成本较低。③苏南小城市一般具有较完备的基础设施,生活质量高于小城镇和农村,生活费用又低于大城市,在生活上对农村人口的转移具有吸引力。总之,由于苏南小城市在转移农村人口上较小城镇绩效高,较大城市成本低,因此,小城市有可能成为苏南地区乡村—城市转型的新的形式。

第七节 长江三角洲地区乡村—城市转型和协调发展的对策

一、搞好开发区的"二次创业"

长江三角洲地区开发区的"二次创业",必须转变发展机制,实现新的战略转变,即从过去主要依靠特殊优惠政策,转变为主要依靠优越的投资环境、高效灵活的管理体制和健全的法制法规。

(一)处理好开发区系统与周围环境的关系

如前所述,国家对开发区的支持方式由原来的区域性政策倾斜改为推行"国民待遇"。"外商投资企业国民待遇"则要求一个国家对外商投资给予本国投资者同等待遇。调查表明,跨国公司真正关心的并不是税收减免等小恩小惠,而是法制化的公平竞争环境以及优质服务(朱仲羽、刘伯高,1998)。因此,给外商以国民待遇,应该把它作为开发区"二次创业"的机遇来认识。实际上,国家给开发区的政策本来就包括两部分:一类是扶持性政策;另一类是用以同国际惯例接轨的政策。后一类严格讲并不是什么优惠,而是超前于全国向国际惯例靠拢的先行试验。在这一方面,开发区应当大胆尝试与实践。与周围环境关系的另一层意思是发挥开发区的外向带动作用。因为兴办开发区的最终目标绝不仅仅局限于一个区域的发展,而是要在带动整个地区经济社会发展中发挥积极作用。开发区"一次创业"主要是集聚能量,形成发展极;"二次创业"就要发挥其"扩散效应",带动区域经济的全面发展。

(二)营造良好投资环境,搞好开发区区域环境建设

在发展动力上,由过去主要依靠国家优惠政策驱动,转向善练内功、加强管理、营造良好的投资环境上。以高技术产业为主导、以现代工业为主体、以第三产业为支撑,充分利用国内外两种资源、两个市场,促进产业结构升级,提高开发区的整体竞争力。在加强对外招商引资的同时,也应加强对内招商引资的力度。而近年来一批民族资本大型企业集团和民营科技企业的兴起也为开发区对内引资创造了条件(熊军、胡涛,2001)。

要搞好开发区的区域环境建设。最近天津经济技术开发区在区域环境建设方面,率先提出并开始推行"新九通一平"概念[①],这说明

---

① "九通"指区域的信息通、注册通、配套通、物流通、融资通、人才通、市场通、人脉通、服务通;"一平"指建立综合社区平台。参见鲍克:《中国开发区研究——入世后开发区微观体制设计》,人民出版社,2002年,第155~156页。

传统的"七通一平"、"九通一平"的硬环境建设已经不足以构成开发区的新竞争优势,这对长江三角洲地区开发区的"二次创业"具有重要的启示。就是要以 IT 技术提升投资环境,达到提高劳动生产率、降低政府和企业成本,提高企业效益、提高政府服务水平、提升居民生活环境的要求。

(三)外延扩张与内涵提高并重

在发展模式上,转向外延扩张与内涵提高并重。既要加大招商引资的力度,又要加强对区内企业的服务与管理,提高其集约效益和技术水平,还要转向支柱产业的集聚。要依托区域内的人流、物流和信息流,形成集交通、商贸、旅游、购物和服务为一体的二、三产业协调发展的格局。

(四)尽快制定开发区"二次创业"的总体及专项规划

长江三角洲地区开发区经过近 20 年的发展,在产业结构调整、技术升级、功能完善、对外开放等方面暴露出不少问题,迫切需要进行调整。开发区应当认真总结经验教训,在新形势下及时制定加入 WTO 后一段时期的总体发展规划及专项规划,促进开发区"二次创业"的实现。

(五)推进机构改革,强化管理

一是积极有序地推进开发区政府机构改革;二是实行"小政府、大社会"改革模式,建立逐步适应社会主义市场经济体制的开发区管理模式;三是改革办事程序与环节,提高为内、外商投资服务的水平和技巧。

二、加快城镇城市化步伐

(一)继续加快农村小城镇建设

加快小城镇建设规划布局。小城镇发展必须科学规划,合理布局。从长江三角洲地区实际情况看,要实施适度集中的农村城镇化战略。优先发展县城关镇,加快发展区块中心镇,积极发展中心村,形成合理的城镇体系。要按照以城带镇、以镇带村、城乡一体发展的要求,集中力量,优先建设城关镇,使其逐步发展成为小城市,少数有条件的应争取发展成为中等城市;加快建设县域区块中心城镇,将其建设成为连接城关镇、辐射广大农村的骨干城镇;积极建设中心村,使其成为现代农业发展的载体,通过生产要素向城关镇和中心城镇的集聚、农村居民点向城镇和中心村聚集、农村工业向工业区集聚、耕地向现代农场集聚,逐步形成以科教、现代信息、金融等产业为主的第三产业繁荣的县城关镇为龙头,若干工贸结合的区块中心镇为骨干,特色工业小城镇、现代化农业中心村有机组合的城乡一体化格局。

根据长江三角洲地区的实际情况,小城镇的发展重点应更多地放在提高档次和品位上。①要从区域经济整体发展的要求来思考小城镇的发展方向,使全局和局部有机结合,形成以强镇为节点的城乡一体化新格局。②要坚持分类指导,针对不同类型小城镇提出不同要求,充分发挥各自优势,形成各具特色的小城镇。③继续搞好小城镇综合改革试点和小城镇建设试点,积累经验,加快发展。

(二)积极推进城镇城市化

小城镇伴随着乡镇企业的发展,曾经解决了农业劳动力就地转移的问题。但是,在改造传统农业推进农村现代化建设方面城市的发展及所起的作用,是小城镇无力替代的。现有的小城镇与城市发展的差距也决定了小城镇无力担当区域发展的重任,因此必须推进城镇城市化。由城镇化转向城市化,意味着突出人口流动转向功能提升(洪银兴、刘志彪、范从来,2002)。①城镇城市化首先需要城镇的集中。作为城市的城镇和小城镇有规模的区别。达不到必须的规模,聚集不起服务业,聚集不起市场,聚集不起人气也就不成其为城市。城镇集中要更多地依靠经济手段的调控,更注意自然形成的中心,依靠行政手段是建不起城市的。②城镇城市化要求突出城市功能,即市场、信息、金融、保险、通信等方面的服务功能。城镇城市化就是要农村居民在城镇能够享受到城市人的物质和文化生活方式,引导农村地区的群众从旧的生活方式中摆脱出来,让更多的农村居民享受城市文明。因此,城镇城市化就是要根据现代城市功能和城市观念来建设城镇,使之发展成为新型的小城市。具体而言,就是要提高小城镇规划和设施建设标准,特别要加快小城镇信息传播通道的建设,为城镇营造高质量、高标准的生产生活环境。一些近郊城镇可以结合城市郊区化进程,吸收大城市转移的人口和产业,成为大城市的卫星城,直接接受城市文化和城市观念的辐射。

三、建设与大都市区相适应的卫星城

长江三角洲地区已经开始进入大都市区形成和发展阶段,为此应加快与大都市区相适应的卫星城建设。如 2001 年上海规划了松江新城等"一城九镇"的试点城镇建设方案,并力求让每一个城镇建成具有欧美发达市场经济国家的某种风格(黄文忠,2003)。

(一)发展轨道交通,缩短卫星城与中心城市的时间距离

轨道交通是有效缩短卫星城与中心城市时间距离最经济的途径。国际经验表明,与其他通勤工具相比,轨道交通具有速度快、运能大、运输成本低、利于缓解地面拥挤状况、安全舒适可靠、污染少、节省土地资源等优点。轨道交通的各项收益中,最大的一项是节省乘客时间,占全部效益的70%。上海要加快卫星城建设,必须发展轨道交通。目前上海的地铁只通到莘庄,轻轨通到江湾镇,在规划上可考虑以中心区人民广场为中心枢纽点,向郊外东南西北四个方向建成辐射状地铁网。而南京市决定向国际招标快速轨道交通网的投资商,意味着南京市的卫星城构架正浮出水面(侯景新,2002)。

(二)加速卫星城人气的培育

卫星城必须达到一定的人口规模,才能有效地发挥作用。所以对于规模相对较小的卫星城,必须加速人气的培育。这就要求如何吸引中心城居民迁住卫星城,为此必须达到以下四个方面的条件。①继续推进住房制度从福利化向商品化、货币化转变,让人们用同等数额的资金去卫星城购买比中心城区更大居住面积的和更舒适的住房。②为保证卫星城宜人、理想的居住环境,不宜将中心城市淘汰的产业"郊迁";也不宜以粗放型乡镇企业为主,否则必然造成环境污染。③建设足以培养优秀人才的中小学和拥有优秀医务工作者的综合性医院,通过吸引老年人和适龄入学儿童入住,进而带进年轻人。④应建设相应的文化娱乐设施、民政设施,周密地安排好"从摇篮到坟墓"的各项服务。

(三)打破行政分割,建设卫星城

某一城镇能否作为特大城市的卫星城,主要取决于与中心城市之间联系的紧密程度。目前江浙两省邻近上海的文化古镇与上海的关系很密切,旅游者从上海出入者居多。上海远郊的六个区县是1958年划归上海的,而未曾划入的昆山、太仓两市(当时为县),无论地理位置还是经济联系都与上海紧密,甚至超过崇明县。如果将昆山市的周庄、角直、同里,浙江嘉兴的西塘、乌镇等古镇组成一个组合式旅游卫星城,串起相邻的每个文化古镇,对上海和苏浙两省的经济发展都会带来相应的利益。

打破地方行政分割,还必须逐步取消"买路钱"。卫星城的建设是以轿车进入家庭作为一个重要条件的,若征收过路费用,则等于降低居民的实际收入水平,显然不利于卫星城建设。目前全世界建有收费公路的国家和地区共有20多个,建有收费公路14万公里,其中有10万公里在我国。我们应该借鉴其他国家通行做法,逐渐取消过路费。

四、推进长江三角洲地区区域经济合作

(一)转变政府职能,使政府逐渐从"权力政府"转变到"责任政府"

长江三角洲地区市场体系发育程度较高,上海已经形成了以地方性市场为基础、区域性市场为骨干、国家级市场为龙头的多功能、多层次的市场体系,苏南、浙北也形成了由全国性专业批发市场、区域性专业批发市场及遍布城乡的集贸市场所组成的多层次、多元化的商品交易网络;区内乡镇企业发达,乡镇工业园众多;经济技术开发区、高新技术产业开发区、保税区、旅游度假区、环保科技工业园

区、港口开发区、台商投资区、民营科技密集区、外向型农业综合开发区等各类开发区各显风采。有的研究指出,长江三角洲地区的经济发展模式最终将是都市经济圈联动发展(上海财经大学区域经济研究中心,2003),为此,要积极发挥各级政府的组织、协调职能。政府在推进都市圈域经济一体化进程中的职能应转到规范市场,消除区域内各要素流动的障碍,改善区域的投资环境,保护地区平等竞争和公平合作;进行基础设施等公共物品的建设和环境保护的区域协调;制定产业政策,确立地区分工、定位,引导产业有序发展和布局;协调公平和效率的矛盾,推动区域经济共同发展。

对于政府而言,要积极推进"权力政府"向"责任政府"的转变。对微观经济主体及其活动,采取"引导配合而不直接干预"的做法,将主要精力用于改善投资环境和经营环境,搞好建设规划,制定游戏规则,加强法律监督,兴办公益事业,提供公共服务,完善社会保障体制等方面。

(二)增强中心城市集聚、扩散功能,提高城市化水平

长江三角洲各类城市目前还处在集聚为主的阶段,各级中心城市都在通过多种途径吸引资金,加强其集聚过程。产业结构调整、城市功能由生产型转向经营服务型,产业的现代化和高度化,开发区建设和投资环境改善,以及包括扩大空间地域范围等,都使中心城、镇人口增加的引力增强。但是长江三角洲的这种集聚多与本区内的人口、土地、资源和区外各生产要素相结合,可以说是一种分散式的集中,而不是集聚后的扩散,各级中心城镇之间的集聚与扩散关系微弱。在市区、县城和镇的集聚中主要接受大城市(如上海)的扩散,与所辖的中心城市的关系甚少。为此,迫切需要加快中心城市的发展,加强中心城市的集聚、扩散功能,在强化支柱产业的基础上,发展新

型主导产业,带动所辖市县配套产业。通过集聚,在强化中心城市经济实力的基础上,发挥扩散功能,带动整个区域经济的发展,这将是长江三角洲发挥龙头作用的重要基础(安树伟,2003)。

(三)建立长江三角洲都市圈经济技术协作联合会

目前,沪宁杭三大中心城市的经济辐射和吸引范围已经超越其行政区域范围,为长江三角洲地区乡村—城市转型与城乡协调发展提供了前提条件。为了尽快把长江三角洲地区都市圈建设成为国际一流的大都市圈,减少行政壁垒对乡村—城市转型的影响,迫切需要创建区域经济一体化协调组织——"长江三角洲都市圈经济技术协作联合会"。这种区域经济组织模式以长江三角洲都市经济圈为依托,以圈域资源的空间合理配置和产业间的合理配置为基本内容,以圈域各种资源要素间和产业间的、地域间的经济技术联系、市场供求联系为纽带,推进圈域乡村—城市转型和城乡协调发展。

(四)加强城乡联合,以都市圈规划替代传统的城市规划和乡村发展规划相互分离的规划模式

城市和乡村无论在产业发展还是在空间发展上都是连续的、不可分割的整体。但传统的城市规划或乡村发展规划大多将二者分离开来,进行封闭式的规划,这些均不利于乡村—城市转型和城乡协调发展。因此,应从空间资源的整体性和网络经济的关联性出发,开展长江三角洲地区都市圈域规划。从圈域整体联动发展出发,拟定圈域经济发展战略和生产布局规划、基础设施联合建设规划及环境与生态规划等内容。对圈域内重大基础设施建设、产业结构调整和重点产业发展、各地区的合理分工、对外开发政策等重大问题加强规划衔接,并制定相应的政策、法规,引导社会投资,规范各类经济主体的

行为(上海财经大学区域经济研究中心,2003)。

参 考 文 献

1. 安树伟:《行政区边缘经济论》,中国经济出版社,2004年。
2. 白晨曦、傅崇兰:"京津冀北地区小城镇发展研究",《北京规划建设》,2002年第1期。
3. 鲍克:《中国开发区研究——入世后开发区微观体制设计》,人民出版社,2002年。
4. 蔡孝箴:《城市经济学》(修订本),南开大学出版社,1998年。
5. 蔡秀玲:《论小城镇建设——要素聚集与制度创新》,人民出版社,2002年。
6. 陈建军:《中国高速增长地域的经济发展——关于江浙模式的研究》,上海人民出版社,上海三联书店,2000年。
7. 董辅礽:《中华人民共和国经济史》(上卷),经济科学出版社,1999年。
8. 董辅礽:《中华人民共和国经济史》(下卷),经济科学出版社,1999年。
9. 高国力:"入世后我国开发区发展展望",《宏观经济研究》,2003年第4期。
10. 国家统计局:《中国统计年鉴》(2006),中国统计出版社,2006年。
11. 国家统计局农村社会经济调查总队:"我国建制镇发展水平研究",载国家统计局农村社会经济调查总队:《中国建制镇研究》,中国统计出版社,2002年。
12. 何保山等:《江苏农村非农化发展研究》,上海人民出版社,1991年。
13. 何兴刚:《城市开发区的理论与实践》,陕西人民出版社,1995年。
14. 洪银兴、刘志彪等:《长江三角洲地区经济发展的模式和机制》,清华大学出版社,2003年。
15. 洪银兴、刘志彪、范从来:《转轨时期中国经济运行与发展》,经济科学出版社,2002年。
16. 侯景新:"论区域规划中的中心城市与卫星城协调布局",《中国软科学》,2002年第10期。
17. 胡俊:《中国城市:模式与演进》,中国建筑工业出版社,1995年。
18. 胡序威、周一星、顾朝林等:《中国沿海城镇密集地区空间集聚与扩散研究》,科学出版社,2000年。
19. 黄文忠:《上海卫星城与中国城市化道路》,上海人民出版社,2003年。
20. 黄勇、朱磊:"大都市区:长江三角洲区域都市化发展的必然选择",《浙江社会科学》,2003 年第 2 期。
21. [美]黄宗智:《长江三角洲小农家庭与乡村发展》,中华书局,1990 年。
22. 江耀翔、何致权:"农村城镇化的必由之路——苏南小城镇建设的启示",《城市开发》,1997 年第 8 期。
23. 李王鸣、谢良葵:"乡村城市化机制研究——以浙北为例",《经济地理》,1997 年第 1 期。
24. 梁湖清、刘荣增、朱传耿:"面向 21 世纪经济发达地区农村城镇化持续发展的思考——以苏南地区为例",《西安建筑科技大学学报》(社会科学版),2002 年第 2 期。
25. 林毅夫、蔡昉、李周:《中国的奇迹:发展战略与经济改革》(增订版),上海三联书店,上海人民出版社,1999 年。
26. 刘光平、蒋书明:"江苏省小城镇发展研究",载国家统计局农村社会经济调查总队:《中国建制镇研究》,中国统计出版社,2002 年。
27. 刘君德:"长江三角洲地区空间经济的制度性矛盾与整合研究——中国'行政区经济'的案例分析",《杭州师范学院学报》,2000 年第 1 期。
28. 刘君德、彭再德、徐前勇:"上海郊区乡村—城市转型与协调发展",《城市规划》,1997 年第 5 期。
29. 刘荣增:"苏南地区农村城镇化持续发展的若干思考",《江南论坛》,2000 年第 5 期。
30. 刘卫东、彭俊:"长江三角洲开发区建设与发展的比较研究",《长江流域资源与环境》,2001 年第 5 期。
31. 刘忠孝、徐文容:"横店镇的工业化和城市化",《中国乡镇企业》,2000 年第 2 期。
32. 娄跃:"浙江小城镇的发展与思考",载国家统计局农村社会经济调查总队:《中国建制镇研究》,中国统计出版社,2002 年。
33. 宁越敏、张务栋、钱今昔:《中国城市发展史》,安徽科学技术出版社,1994 年。
34. 钱江晚报新民生:《长三角:下一个淘金地》,浙江人民出版社,2003 年。
35. 上海财经大学区域经济研究中心:《2003 中国区域经济发展报告——国内及国际区域合作》,上海财经大学出版社,2003 年。
36. 孙是炎:"横店模式——中国农民实现小康之路",《科学社会主义》,1995 年第 4 期。
37. 田莉:"'都市里的乡村'现象评析——兼论乡村—城市转型期的矛盾与协

调发展",《城市问题》,1998年第6期。
38. 王立军:"浙江农村城镇化的现状与对策研究",《中共浙江省委党校学报》,2000年第4期。
39. 王贻志、王振、顾丽英:"长江三角洲地区产业整合研究",《上海社会科学院学术季刊》,2000年第3期。
40. 魏后凯等:"长江三角洲、珠江三角洲、环渤海地区发展国内区域合作问题",中国社会科学院工业经济研究所研究报告,2002年。
41. 吴传钧:《中国经济地理》,科学出版社,1998年。
42. 吴殿廷:《区域经济学》,科学出版社,2003年。
43. 吴祖宜、吴末:"中国乡村—城市转型基本模式的探讨",《西北建筑工程学院学报》,1998年第2期。
44. 熊军、胡涛:"区域创新:长江三角洲开发区'二次创业'的实践",《开放导报》,2001年第4期。
45. 许经勇:"经济特区体制变迁的回顾与展望",《财经论坛》,2002年第2期。
46. 许学强:"导言:中国乡村—城市转型的动力和类型",载许学强、薛凤旋、阎小培:《中国乡村—城市转型与协调发展》,科学出版社,1998年。
47. 徐璋勇、袁建歧:《农民与城市化》,贵州人民出版社,1994年。
48. 严东生、任美锷:《论长江三角洲可持续发展战略》,安徽教育出版社,1999年。
49. 张颢瀚、张鸿雁:"长江三角洲地区经济协作联动发展总体战略",载张颢瀚、朱敏彦、曾骅主编:《21世纪初长江三角洲区域发展战略研究》,南京大学出版社,2000年。
50. 张弘:"开发区带动区域整体发展的城市化模式——以长江三角洲地区为例",《城市规划汇刊》,2001年第6期。
51. 张小林:"苏南乡村城市化发展研究",《经济地理》,1996年第3期。
52. 张新民:《中国农业、农村、农民问题研究(农村篇)》,中国统计出版社,1997年。
53. 赵长宝:"改革开放以来中国小城镇建设的政策演变",载国家统计局农村社会经济调查总队:《中国建制镇研究》,中国统计出版社,2002年。
54. 赵晓谛:"约束下的选择:从小城镇化到小城市化——对苏南城市化演进的经济学分析",《现代经济探讨》,2003年第3期。
55. 郑勇军、袁亚春、林承亮等:《解读"市场大省"——浙江专业市场现象研究》,浙江大学出版社,2002年。

56. 中国社会科学院农村发展研究所组织与制度研究室:《中国村庄的工业化模式》,社会科学文献出版社,2002年。
57. 周一星、曹广忠:"改革开发20年来的中国城市化进程",《城市规划》,1999年第12期。
58. 周艺怡、张京祥、曹荣林:"苏南城镇化模式的回顾与前瞻——以苏州为例",《城市问题》,2002年第6期。
59. 朱国宏、桂勇:"长江三角洲农村地区的人口压力、工业化与经济发展——以江阴峭岐为个案",《福建论坛·人文社会科学版》,2001年第2期。
60. 朱金海:"共同建设长江三角洲城市群",载朱敏彦、张颢瀚、曾骅等:《21世纪初长江三角洲区域发展战略研究》,上海人民出版社,2001年。
61. 朱文忠、杨章明:"小城镇的发展与农村城市化、现代化——对上海市洪庙镇和浙江省龙港镇调查的启示",《社会主义研究》,1998年第1期。
62. 朱仲羽、刘伯高:"开发区'二次创业'探讨",《铁道师院学报》,1998年第3期。

第五章 珠江三角洲地区的乡村—城市转型与协调发展

第一节 珠江三角洲地区乡村—城市转型的区域背景分析

广义的珠江三角洲地区包括广东省大部分以及香港与澳门,如果不计港澳,整个区域由肇庆、佛山、广州、东莞、惠州、江门、中山、珠海、深圳组成,总面积5.43万平方公里,2004年总人口为3 193.53万,地区生产总值13 572.24亿元。这一区域毗邻港澳,是我国改革开放以来外向型经济发展最快、最具活力的地区(图5—1)。

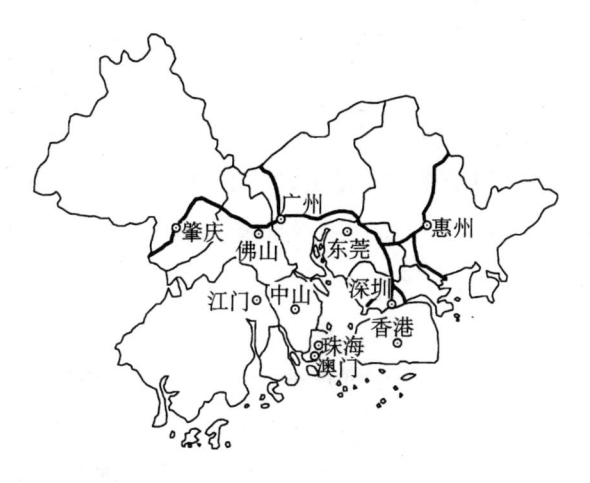

图5—1 珠江三角洲经济区

一、独特的区位优势

从地理区位来看,珠江三角洲毗邻港澳,香港与深圳仅以深圳河(河宽约30米)相隔,澳门与珠海市以关闸分开,建成区已连成一片。在历史上,香港和深圳均属新安县(宝安县前身),澳门和珠海是香山县(即中山县)的一部分。在人文上,港澳人口大部分从珠江三角洲迁来,粤语是其通用语言。因此,在某种程度上,有人将香港和澳门划为珠江三角洲的一部分,称"大珠江三角洲"。

港澳以其特殊的经济辐射和带动能力影响着珠江三角洲地区经济的快速发展。轻型产品加工制造业是香港的主导产业,进入80年代,面对来自周边新工业区的竞争,香港制造业的低成本有时开始减弱,由此,香港制造业面临转型要求。与此同时,内地沿海经济特区政策的贯彻和对外开放引进外资工作的展开,引发了香港轻型产品加工制造业的大规模内移。通过将资金直接投资于珠江三角洲地区,并建立数以万计的"三资"企业和"三来一补"企业,香港与珠江三角洲地区迅速在产业结构上完成"前店后厂"式垂直分工格局。其发展结果,一方面促使香港产业结构从80年代中期之后开始由制造业为主向服务业为主转变;另一方面加速了珠江三角洲地区以劳动密集型的轻纺和电子电气部门为主的工业结构的形成(宋栋,2000)。从人文影响来看,珠江三角洲作为全国重点的侨乡之一,华裔资本(包括港澳资本和侨资)丰厚。至今,珠江三角洲侨居海外的华侨、外籍华人已达500多万,港澳同胞400多万。可以说,正是华侨投资促成了20世纪30年代珠江三角洲经济的繁荣。改革开放以来,沿海特区特殊的吸引外资政策再次掀起华侨投资珠江三角洲的高潮,其中九成是境外华裔(包括港澳资本和侨资),成为珠江三角洲建设资金的重要来源(胡序威、周一星、顾朝林等,2000)。

从区域交通运输影响来看,香港作为世界三大天然良港之一,为珠江三角洲地区经济转口贸易的快速发展提供了坚实的基础。在内陆运输网络中,近十几年珠江三角洲地区一改原来相对落后的交通运输状况,整个区域交通网络建设的重点是解决出入广东省及与港澳运输通道的问题,以提高经济活动的空间接触性,进一步节约"出口导向型"工业化运输成本。

从自然条件方面看,珠江三角洲是珠江流向南海的平原地区,平原面积达1.5万平方公里,整个水系由西江、北江、东江及流溪河四个水系组成,属南亚热带海洋气候,全年温暖多雨,土壤肥沃,灌溉方便,从而形成珠江流域重要的农业开发区域。珠江三角洲曾经是国内著名的商品粮基地,最大的蔗糖基地、淡水养鱼基地、亚热带水果基地及全国三大蚕桑产区之一。近年来,随着工业化和科技化的到来,珠江三角洲城郊型"三高"农业迅猛发展,不仅保证了城市人口的蔬菜及副食品需求,同时直接销向港澳市场。

二、领先的制度优势

自改革开放以来,珠江三角洲地区三步走的经济体制改革[①]对促进内陆与港澳实现经济体制对接起到重要作用。正是由于市场经济的基础性作用,港澳与珠江三角洲地区的生产要素实现了跨区域流动和优化配置,并由此带来了轻型产品加工制造业从港澳向珠江三角洲地区的成功转移,实现了各地产业结构高度化的内在要求,促进了珠江三角洲经济的腾飞。截至目前,珠江三角洲地区的深圳、广

---

① 即1978~1988年的局部改革、1988~1992年的全面改革及1992年以来的深化改革。

州、珠海等市作为我国对外开放较早、开放度较大的地区,已形成相对完善的市场经济发展制度,培育出良好的经济运行环境,成为其经济发展的重要优势。另外,与其他两大经济圈相比较,珠江三角洲地区是唯一在同一(省)行政区划内的都市圈,各城市间发展协调相对容易,有利于区域利益共享机制的形成。

领先的市场经济体制必然为其带来大量的资金和劳动力资源。改革开放以来,珠江三角洲地区一直是外商投资(包括港澳资本和侨资)的热点地区。自1979~2000年,外商在珠江三角洲的实际投资额基本上呈直线上升趋势。珠江三角洲在引进外资的同时,也引进来自世界各地的先进生产设备、经营管理方法及最新技术信息,通过加强与国际市场的联系进而提高区域产业化水平,并进一步促进了珠江三角洲城市化水平的提高。

随着珠江三角洲经济的迅速发展,就业机会增加,劳动报酬相应提高。由此,80年代中期以来,大批区域外来劳动力涌入珠江三角洲,成为其巨大的劳动力资源。据1990年第四次人口普查资料,珠江三角洲外来人口279万人,占户籍人口15%,1995年底登记暂住外来人口897万人(未登记的可能在700万人以上),相当于户籍人口的42%(胡序威、周一星、顾朝林等,2000)。

三、较完善的城市基础设施建设

珠江三角洲城市基础设施建设超前,现已初步形成一个以广州为枢纽的现代化交通运输网,区域通信及社会信息化水平较高,水电供应满足经济发展的要求。从交通方面来看,珠江三角洲地区是我国机场密度最高、国际机场最多的区域,5万平方公里内建有7个机场。公路、铁路、水运、海运四通八达,17个主要水道能通航300~1000吨船只;公路已形成以广州为核心,广深、广汕、广珠、广湛、广韶等主干高等级公路发达的公路系统,密度达 1.5～2.0 公里/平方公里,居全国之最。从反映信息化发展水平的"三电"普及率及互联网发展现状来看,珠江三角洲在全国处于较高水平。2000 年区域内本地电话用户 945.54 万户,城镇地区彩电和电话普及率分别为每千人 495 台和每十万人 23 345 部,已进入世界先进国家之列,个人电脑普及率每千人 126.7 台,接近韩国水平。中国互联网信息中心发表的最新资料显示,全国互联网网民、WWW 站点以及 CN 下注册域名的地区分布中,以珠江三角洲为主体的广东省仅次于北京,居全国第二位。

四、稳定的经济增长势头及高度化的产业结构

改革开放十多年的发展,珠江三角洲已成为全国市场经济最活跃、经济发展最快的区域之一,其经济增长速度不仅高于亚洲其他任何区域,而且属世界经济增长速度最快的区域之一。据统计,1980～2000 年 20 年间,珠江三角洲经济以年平均 16.9％的速度增长,2004 年全区实现国内生产总值 13 572.24 亿元,人均地区生产总值达 42 499 元。

较稳定的经济增长来自于其经济国际化水平的不断提高及区域产业结构的不断优化。珠江三角洲凭借其优越的区位和制度优势,积极发展对外贸易和经济技术交流,从"借船出海"到"造船出海",区域经济实力不断增强,现已发展为我国外向型经济最发达的地区。2004 年全区实现净出口总额 1 824.29 亿美元,实际利用外资达 121.92 亿美元。

珠江三角洲地区经济增长由粗放型向集约型转变的同时,产业结构得到相应调整,高新技术产业发展迅猛,金融、贸易、咨询、旅游等第三产业比重迅速提高。"九五"期间,区域内高新技术制造业产值在"八五"时期快速发展的基础上,以年均29.9%的增幅高速增长,2000年产值达到2 466.87亿元。尤其是在深圳、东莞等市,高新技术产业已经成为第一支柱产业和第一经济增长极(上海财经大学区域经济研究中心,2003)。

五、较高的城市化水平

改革开放以来,珠江三角洲成功的农村改革和工业化道路,为城市化发展提供了良好的基础条件,城市化也进入新时期,城镇人口和城镇数量不断增加,城镇规模迅速扩大,城市化水平迅速提高。

非农人口与城镇人口迅速增长,市镇数目大幅度增加。从非农人口增长来看,1997年底,全区非农业人口达1 033.8万人,与1985年的585.5万人相比,增加了443.8万,增长了76.6%,占总人口的比例由1985年的32.33%增加到46.8%;城镇人口从1978年的256万人,增加到1997年的1 011.2万人,年均递增7.4%。从市镇数量增加来看,至1997年底,珠江三角洲共设市25座,比1978年增加21座,建制镇452个,比1978年增加420个。目前,珠江三角洲城市体系中,特大城市1个,大城市1个,中等城市7个,6个县级市及10个小城镇。

中小城镇和小城市的发展引人注目。目前珠江三角洲的25座城市中,人口50万人以下的中小城市23座,人口20万人以下的小城市10座。1979~1997年间,珠江三角洲地区非农业人口年均递增率比较中,中等城市非农人口年递增率为15.6%,而特大城市仅为2.2%。从建制镇数目上看,1980年,珠江三角洲地区建制镇32个,到1997年发展为452个,增加14倍,其中80%以上为常住人口在1万人以下的小城镇,城镇密度达108个/万平方公里,城镇间平均距离不到 10 公里,是全国城镇密度最高的地区。①

城乡交融、城乡一体化的发展态势明显。改革开放以来,珠江三角洲地区城乡间三大产业交融发展,工农交错,产业结构日益接近,再加上便捷的交通、通信、科技、物资、人才网络,使得城乡生活方式日益接近,城乡一体化态势逐步形成,乡村—城市转型趋势明显。就珠江三角洲地区的农村而言,目前在收入、住宅、医疗、劳保、社会保险及商业网点等各方面的生活水平,都接近甚至超过城市,乡村居民素质不断提高。以广东雁田村的发展为例,雁田村经过 20 多年的发展,已经由传统村庄转变为现代化的小城镇,据统计,1980~2000 年间,雁田村人均年收入从 425 元增长到 8 217 元,增长了 18.33 倍,人均年收入增长速度高于同期全国农村居民人均年增长速度的 2.9%。表 5—1 列出的是 1995 年雁田村居民住房和家庭财产拥有状况及与全国其他居民的对比情况。从中可以看出,雁田村已经从某种程度上达到了城镇居民的生活水平,已顺利完成了由农村向城市的转变。

表 5—1 1995 年雁田村居民与全国其他居民相关经济指标比较

类别	雁田村居民	全国农村居民	全国城镇居民	全国50个大城市居民
人均收入(元)	26 443	1 577.74	4 283	16 671.8
人均消费(元)	8 516	1 434	4 874	5 171
人均居住面积(平方米)	83	21.01	8.10	
自来水普及率(%)	100		93	
用气普及率(%)	100		70	

① 肖志平:"珠江三角洲城市化问题研究"(硕士论文),第 7~10 页。

续表

类　别	雁田村居民	全国农村居民	全国城镇居民	全国50个大城市居民
学龄儿童入学率(%)	100		98.5	
每千人拥有病床(张)	14		2.34	
每千人拥有医生(人)	8		1.58	4.5
每百户拥有电话(部)	210			25
每百户拥有电视机(台)	230	80.75	89.97	
每百户拥有电冰箱(台)	138	5.15	66.22	
每百户拥有汽车(辆)	42			

资料来源：张晓山等：《小城镇与区域一体化》，山西人民出版社，2002年，第101页。

第二节　珠江三角洲地区乡村—城市转型的模式及特征

一、珠江三角洲乡村—城市转型的基本模式

(一)农村兴办乡镇企业模式

农村兴办乡镇企业模式是珠江三角洲地区实现乡村—城市转型的一种最普遍现象，其建立乡镇企业的最初的、原始的动力是来自外部的推动，特别是大量香港资金在珠江三角洲地区投资办厂的结果，故又可称为"三来一补"的外资推动型。珠江三角洲乡镇企业的兴起，为农村劳动力转向非农产业提供了就业机会和就业门路，使其逐步摆脱原有农村传统生活方式而融入到城镇生活体系之中。更为重

要的是,在制度优势和比较优势的基础上,通过产业的积聚和扩散,它创造了一种自我反馈推进的城市化模式(图5—2)。

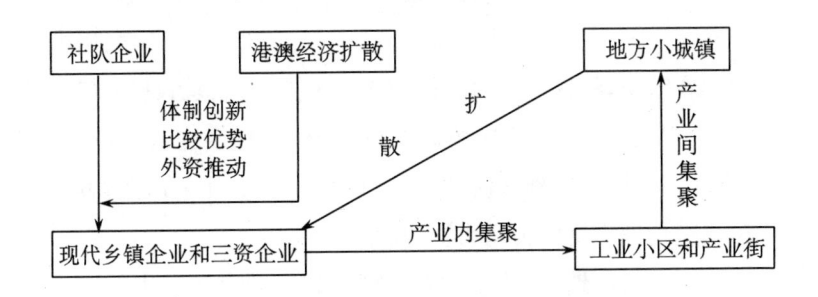

图5—2 珠江三角洲乡村—城市转型过程及模式

该模式是对珠江三角洲乡村—城市转型道路的一种概括,社队企业是乡镇企业的前身,随着改革开放政策的实施,广东抓住优先获得中央对地方分权和优惠政策契机,在大力引进港澳及外来资金基础上,改革和调整原有社队企业,以实现制度创新为基础,以市场为导向,使其快速成长为现代乡镇企业。港澳等外来资本主要通过"前店后厂"(珠江三角洲为"店",香港为"厂")的方式与珠江三角洲地区开展制造业分工合作,多为"三资企业"。根据规模效益规律,乡镇企业和三资企业的迅速发展必然带来产业内的集聚(即同类、相似或关联的企业在一定空间上集聚),进而形成工业小区、产业街等。以制造业为主的工业小区及产业街等产业聚落的发展,必然带来消费需求和基础设施建设需求的扩大,从而带动城建、运输、服务等其他产业的发展,进一步吸引周边地区劳动要素向该地区的聚集,进而出现专门为其服务的郊区农业,当人们的生活条件和生活质量达到一定标准时,小城镇就出现了。小城镇的兴起和发展必然带来更大的集聚,它又直接促进了区域内乡镇企业和三资企业的发展。

(二)城市吸纳农村劳动力转移模式

城市吸纳农村劳动力转移模式是一种"离土也离乡"的城市化模式。实现这一模式的途径主要有两种:一是通过当兵、考学、招干等形式实现农转非,将这些人口直接归入城镇人口;二是农村人口以外来流动人口与自理口粮落户城镇人口的形式,直接进入城镇谋生。目前,珠江三角洲拥有外来流动人口约 880 万人以上,在某种程度上形成珠江三角洲丰富的劳动力资源。

在珠江三角洲地区,该模式在实现乡村—城市转型中的作用主要表现为以下三种方式。一是直接使农民从乡村环境融入到城市环境,一方面改变了农民的劳动、工作及衣食住行等物质生产和消费方式,另一方面通过城市生活观念和生活方式的熏陶,使得进城农民逐渐成为现代城市的建设者、传播者和享受者。二是进城农民文化素质普遍较低,他们在城市里主要从事工业、建筑业、商业、饮食服务业等劳动密集、体能消耗较大的行业。三是经过一段时间的锻炼后,进城农民的素质明显高于同期农村劳动力的整体素质,这一方面实现了"个人"的乡村城市转变,另一方面以示范作用带动了更多的农村人口向城市方向转型发展。

珠江三角洲地区乡村—城市转型发展的实践证明,在其转型过程中,上述两种模式一直是交互作用、共同推进乡村与城市协调发展的。改革开放初期,依托乡镇企业推动乡村—城市转型是珠江三角洲地区城市化的主流,随着买方市场的形成及城市规模的不断扩大,城市吸纳农村劳动力模式开始融入其乡村—城市转型发展过程中,并发挥着越来越大的作用。这两种模式的交融主要体现在:一方面,建立在乡镇企业和三资企业充分发展基础上的小城镇,由于"集聚效应"进一步发展为中小城市,增加城市数量,从而吸引更多的农村人口转为城市人口；另一方面，原有大中城市规模的扩大，城市小区卫星城镇的兴起，吸纳了更多的进城农民，从而实现小城镇的市区化。

二、珠江三角洲乡村—城市转型模式的总体特征

（一）乡村劳动力非农化特征

在珠江三角洲地区乡村—城市转型过程中，其乡村劳动力非农化特征明显。第一，转化速度快。衡量非农化的一个重要指标是乡村非农业劳动力在劳动力总数中所占比重。由于我国乡村地区普遍存在着亦工亦农劳动力，而这部分劳动力在统计上属于农业劳动力，其数量难以统计，因此，实际非农业劳动力要比我们统计出的非农业劳动力多，在珠江三角洲地区，亦工亦农劳动力现象更为突出，纯农业劳动力已经寥寥无几。第二，空间分散性显著。在珠江三角洲地区，乡村劳动力在乡村产业结构调整过程中以结构性转移而非地域性转移为主。在外资推动及外向型经济指引下，以农业为主导的乡村产业结构迅速向以工业为主导转化，乡村劳动力也就在本地直接转为从事非农产业，从而呈现出明显的结构性转移特点。另外，海外投资者在亲缘关系、投资环境、投资效益等因素作用下，投资地点的选择具有很大的分散性，这决定了珠江三角洲地区乡村工业化的分散性，进而导致乡村劳动力非农化的分散性。然而，从小范围来看，乡村劳动力非农化在分散的同时又表现为向小城镇、集镇等某些特定地点集中(阎小培等，1997)。

（二）制度模式特征

从政府角度分析，"地方政府主导、政经合一"是珠江三角洲地区实现乡村向城市转型的重要制度模式。这种政经合一的经济发展路子,在珠江三角洲的发展起步阶段却完全符合当地的实际要求。因为在改革开放以前的农村,民间发展经济的能量较低,地方政府的经济管理权限也很小,几乎就没有资源配置的控制权。而改革开放以后,广东在全国率先获得了中央对地方的分权和优惠政策,从而为珠江三角洲地区地方政府充分利用这些特殊政策发展本地经济,提供了一个很大的政府功能作用空间。经济起飞初期,地方政府主要支持发展生产性投资、规划和兴建各种开发区等,进入80年代中后期则集中精力用于发展交通、能源、通讯、教育等基础产业。地方政府的主导为推动珠江三角洲地区快速工业化起了重要作用。

从企业组织制度角度分析,乡镇企业和三资企业是珠江三角洲地区经济发展的微观主体。乡镇企业的崛起是珠江三角洲地区实现农村工业化的特殊道路,而三资企业的兴建和发展是外部引入经济组织的重要形式。因此,借助三资企业的引入促进自身组织的转型成为珠江三角洲地区实现经济组织创新的重要内容。珠江三角洲乡镇企业的前身是社队企业,与全国其他地区的乡镇企业一样,经历了漫长而艰苦的缓慢发展阶段,改革开放后进入蓬勃发展时期。珠江三角洲乡镇企业的成长充分体现了其自身发展与外部资源引进相结合的创新制度体系,即一方面通过原有的社队企业内部组织的转型促进企业创新,另一方面通过对外部组织制度的引进、学习和移植,按市场导向原则对原有的经济组织进行改造,逐渐走向以自主性为主的制度创新。

(三)外向型经济模式特征

珠江三角洲地区外向型经济模式特征主要指珠江三角洲地区的经济发展外向型及其强大的内外市场联动性。改革开放以来,珠江三角洲独特的区位条件,再加上广东先行一步的特殊优惠政策环境,使港澳资本连同劳动密集型产业、技术、管理等大规模向珠江三角洲地区转移，同时吸引了数以百万计的内地农村剩余劳动力。港澳以及随后而来的外国资本在珠江三角洲这块土地上，和当地以及外来劳动力相结合，以"三来一补"企业（后来发展为"三资企业"）为载体，促进珠江三角洲地区由农业区向工业区的转变，加快了珠江三角洲地区乡村—城市转型的步伐。资金、技术、劳力以及市场等在内的外来资源决定了珠江三角洲地区的工业化从一开始就面对国际市场，是以国际市场为导向，带动国内市场发展的外向型经济格局。以2004年为例，珠江三角洲地区出口总额已达到1 824.29亿美元，占广东全省出口总额的95.2%，占全国出口总额的30.7%。

强大的内外市场联动性主要体现在珠江三角洲地区市场体系的发育程度不仅是最高的，而且是内外联动、多层结合、以外为主、双向接轨的市场化发展过程。改革开放以来，珠江三角洲地区从开放价格为突破口的市场体系入手，推动企业转制和政府职能的转换。到1988年计划定价部分已降至15%以下。90年代后，除了极为少数涉及国家经济安全必需的产品价格仍受调控外，其余的要素价格和绝大部分生活资料价格的计划定价已经与市场价格基本实现"并轨"。随着珠江三角洲地区市场体系的基本发育完成，在市场机制的作用下，珠江三角洲地区迅速成为我国国内市场与国外市场的结合部，一方面大量国内的出口商品由其直接或经港澳等地转口到国际市场，而海外进口商品又经珠江三角洲地区大量地输送到全国各地；另一方面加工贸易制成品除了大量出口外，带动了这一地区的进口替代产业，生产出了大批当时国内极为短缺的新兴消费产品并迅速向国内市场扩散（左正，2001）。

第三节　珠江三角洲地区
乡村—城市转型的动力机制

一般而言,政策制度是中国乡村—城市转型的关键,农村工业化是其主要动力,而人的思想观念、基础设施建设及区位环境改善是实现乡村—城市转型的重要条件(许学强、薛凤旋、阎小培,1998)。实践证明,珠江三角洲地区实现乡村—城市转型是各种动力因素相互作用的结果,主要包括创新的管理制度、乡村工业化的迅速发展、经济和市场的外向型及农业发展和农村剩余劳动力的转化等四个方面。

一、创新的管理制度

(一)政策层次创新

珠江三角洲地区政策层次的创新是指中央政府对珠江三角洲地区的政策转换。邓小平同志提出四个核心论断[①],为中国经济体制改革指明了方向,即从高度集中的计划经济逐步向社会主义市场经济转变。在该战略思想的指导下,中央政府选择了"效率优先,兼顾公平"的原则,选择了以沿海地区发展外向型经济为突破口尝试走向市场经济的战略。并认为,"如果我国沿海这一片地区,包括珠江三角洲、长江三角洲、闽南三角地区,还有山东半岛和辽东半岛,能够真

---

① 四个核心论断为:①过去搞平均主义,吃"大锅饭",实际上是共同落后,共同贫穷,我们就是吃了这个亏;②贫穷不是社会主义;③改革就是要允许一部分地区先发展起来、先富起来;④市场经济是手段,资本主义可以搞,社会主义也可以搞。

正达到去国际市场显身手、找出路,真正转移到外向型经济的轨道上来,那么,不仅沿海地区的经济能够加快发展,能够提高水平,而且势必有力地带动中、西部发展。这不仅在经济上而且在政治上,都具有战略意义",是"关系到我国四化建设全局的重大战略部署"(国家科委,1989)。在中央的沿海对外开放战略决策中,珠江三角洲占据了一系列政策优势:1979年深圳率先开辟为经济特区;1980年珠海成为经济特区;1984年广州成为对外开放城市;1985年珠江三角洲地区开辟为沿海经济开放区。

(二)组织层次创新

组织层次创新是指广东省及珠江三角洲地区各级地方政府在体制改革中的积极探索。珠江三角洲各级地方政府在组织层次上的制度创新主要集中在三个方面。①突破了市场经济等同于资本主义制度的传统观点,确立市场经济是社会化大生产的资源配置方式。②突破了市场经济必然产生生产无政府状态的传统观点,确立在市场机制基础上国家对经济的宏观调控手段。③突破了市场经济姓"资"、姓"社"的争论,确立深化改革是以建立社会主义市场经济体制为目标的(杨永华,1996年)。在这一系列突破的基础上,制度创新的主要内容包括四个方面。①所有制结构多元化,在坚持公有制为主的前提下,允许多种非公有制形式同时存在,长期共同发展。②国有产权明晰化、社会化,实现产权制度明晰化、社会化的最佳选择是走股份制道路,建立现代企业制度。③资源配置市场化,让价值规律在资源配置中发挥基础性作用,改革过去的刚性的价值体制,建立浮动的、适应供求关系的、反映价值的价格新机制。④分配结构多元化,坚持按劳分配为主、其他分配方式为辅的多元分配方式(宋栋,1999)。

(三) 操作层次创新

操作层次创新是指非国有经济快速发展所产生的冲击力以及企业组织管理制度的创新。在珠江三角洲地区乡村—城市转型发展过程中,基层组织的制度创新主要是以非国有经济发展为特征,其对传统体制的冲击主要集中在市场主体的形成以及市场因素的孕育与发展两个方面,即以市场因素替代计划因素,以市场规则来替代行政规则。初次制度创新带来的潜在收益机会较大,并主要集中在国有经济与非国有经济的体制落差上。因此,客观上又带来了进一步制度创新的内在冲动,从而使得基层组织的制度创新沿着特有的轨道运行下去。

二、乡村工业化的迅速发展

乡村工业化是实现乡村—城市转型的最主要动力,而乡镇工业是珠江三角洲地区乡村工业化的重要生力军。珠江三角洲地区借改革开放东风,抓住政策优势及各种有利条件,通过不断改善投资环境,兴办"三来一补"企业和"三资"企业等形式,大力发展乡镇工业,走出了一条工业带动经济发展的道路,并率先实现乡村工业化。据统计,1994年,珠江三角洲28个市县乡镇企业总数已达46.67万个,总产值达2 019.13亿元人民币,占工业总产值的44.9%,其中乡村地区乡镇企业总产值达1 636.6亿元,占工业总产值的比重达72.7%。珠江三角洲地区的乡村工业的高速增长,不仅提供了大量的就业岗位,吸引了大批农村剩余劳动力,而且由于外来投资及经济的迅猛增长,直接增加了小城镇建设的资金来源,带动了人口的集聚和小城镇面貌的改观。因此,乡村工业化的过程也可以说是进一步缩小城乡发展差距,改善农村居民的衣食住行条件,使其逐渐达到城市生活水准,逐步实现乡村—城市转型的过程。突出表现在以下三个方面(庞世德,1994)。

(一)乡镇工业的发展改善了农民生活并淡化了城乡户籍差别

1. 农民收入大幅度增加

乡镇工业的发展为农村居民提供了众多增加劳动收入的机会。首先,农民可以根据自身特长,进行各种劳动和经营,以增加劳动收入,如承包鱼塘、果园、土地等进行种植养殖,或经营第三产业等。其次,农民还可以从当地的集体经济中获得部分收益,如村委会、管理区办的股份制企业或集体企业中,村民是天然的股东或集体所有制的成员。另外,在不同的镇、管理区及村委会,根据经济实力的强弱,农民还会得到不同数额的社会福利补贴。

2. 农村基础设施及农民居住条件得到改善

随着珠江三角洲地区乡村工业化进程的加快,各级政府在改善投资环境及基础设施建设方面做出了很大努力,水网、桥梁、公路网、电信网等交通、通讯等基础设施建设已走在我国小城镇基础设施建设的前列。另外,在珠江三角洲地区,大部分镇人均居住面积在20平方米以上,有些镇人均居住面积达到30平方米,接近发达国家水平。

3. 乡镇社会文化建设速度较快

珠江三角洲地区乡镇工业的迅速发展,使得各镇、管理区及村委会均有能力投资改善区域内社会文化设施,如现在许多镇都有设备齐全的医院、中小学、豪华的娱乐中心等,管理区还有条件很好的幼儿园、敬老院等,也有繁华的商场、超市等。总之,珠江三角洲地区乡镇文化生活的先进程度几乎赶上我国大中型城市。

(二) 乡镇工业的发展减轻了农村人口向大中型城市转移的压力

一般而言,随着科技进步及农业劳动生产率的提高,农村剩余劳动力向城市转移是全世界发达国家和发展中国家城市化发展的基本趋势。然而,在珠江三角洲地区,却出现了与其完全不同的农村城市化道路。改革开放带来的经济繁荣不但缓解了珠江三角洲地区农村人口向城市集中的趋势,而且随着乡镇工业的鼎盛发展,该地区还成为外地劳动力及各级人才的集聚地。以雁田村为例,在 1980～2000 年的 20 年间,有 10 万外来劳动力涌入这个只有 2 600 人的村庄。

(三) 乡镇工业的发展使农民的城市意识大大增强

随着乡镇工业的蓬勃发展,珠江三角洲地区居民的城市意识得到加强,现分别从交通观念、信息观念、卫生观念三方面加以说明。交通观念方面,随着珠江三角洲地区乡村与城市生活差距的不断缩小,农民已经明显意识到道路畅通给商品生产和居民生活带来的方便,再加上各级政府对交通的重视,今天的珠江三角洲地区铁路、公路、水路、机场等建设已成网络,交通相当发达。其交通观念增强还表现在该地区的公路宽直,通行无阻,沿途极少有占道经营和违章建筑,本地居民主动遵守交通规则,交通事故发生率极低。信息观念方面,乡镇工业及现代化农业都需要畅通的市场信息,因此,珠江三角洲电话普及率及网络资源利用率在全国居于前列。通过信息渠道,珠江三角洲乡镇工业可以及时得知新产品的投放市场,对符合本企业生产的,他们会尽快组织力量借鉴、学习、消化、仿制,从而使其产品在国内外市场上立于不败之地。卫生观念方面,珠江三角洲地区的农民,与城市一样,设法改善生活环境,按月缴纳卫生费,生活垃圾集中由专人专车处理。另外,乡村开展"精神文明户"活动,其中一个重要内容就是讲卫生。因此,可以说,讲卫生已经成为珠江三角洲地区的一种风尚。

三、经济和市场的外向型发展

改革开放后,珠江三角洲地区凭借其地理位置、拥有众多侨胞以及一系列优惠政策和投资安全回报等优势,再加上香港正处于经济结构调整的关键时期,使得大量的港澳资金入住珠江三角洲地区。港澳资金的大规模进入,为珠江三角洲地区经济发展注入了活力,同时,也使得珠江三角洲地区从一开始就形成外资推动的外向型经济和市场发展格局。

(一)优化了乡村地区的产业结构,促进了城乡景观的变化

随着港澳等外来资金的大规模入住,珠江三角洲地区各乡镇充分利用自身优势,强抓机遇,大力发展来料加工、来件装配、来样生产以及中小型企业补偿贸易的"三来一补"产业,在推动农村工业化进程的同时,积极开展多种经营,大力调整农业结构,不断完善商品市场,进而推动运输业、商品服务业、通讯业、金融业及旅游业等第三产业的发展。第三产业的发展又进一步促进了乡村工业的调整和配套设施的完善,从而使乡村产业结构得到不断优化调整。

城乡景观的变化主要指珠江三角洲地区在土地利用和景观上发生的巨大转变,主要体现在两个方面:一是农业用地尤其是耕地锐减;二是城镇建设用地特别是建成区面积迅速扩大,使农村景观转化为城市景观。导致珠江三角洲地区耕地减少、城镇建设用地迅速扩张的重要原因是外资的大量涌入引起的经济和就业转型。

(二) 加速了乡村人口城市化进程

珠江三角洲地区乡村人口的城市化过程主要包括两个方面。第一，直接转化过程。即在外资推动下的珠江三角洲地区，工业、商业、房地产业及旅游业等产业的迅速发展，吸引了大批的乡村劳动力，并通过"自理口粮入户"等政策，直接加快了乡村人口的城市化进程。第二，间接转化过程。主要指珠江三角洲地区各乡镇工业的发展，使离土不离乡的人口迅速增加，从而使大量的农业人口转为实际意义上的非农人口。

总之，珠江三角洲地区外资的涌入，创造了大量的就业机会，它不仅解决了当地农村剩余劳动力的转化问题，而且吸引了大量的区外迁移劳动力，使这部分人离开了农村，成为实际意义上的非农人口，直接或间接加速了乡村人口的城市化进程，促进了珠江三角洲地区的乡村—城市转型。

(三) 带动了珠江三角洲地区的小城镇发展

外资的大量进入，使得珠江三角洲城镇中涌现出一大批"三来一补"企业和"三资"企业，这些外向型企业的发展和在空间上的相对集聚，先是形成一些小工业区、产业街或者是在地方小城镇集聚，其集聚的结果必然产生相应的"扩散效应"，即附近乡村的村民居住区域开始按现代城镇的要求进行重新规划、配套和管理，"非工业小城镇"雏形出现（陈甬军等，2002）。"非工业小城镇"具有邻近"制造业中心"，具备向"工业小城镇"提供服务的比较优势，它必然会在区域内实行科学规划、统一安排及配套管理等集约化发展措施。其发展的结果使自身逐渐从给"工业小城镇"提供服务的"依附性"角色，转变为拥有大量非农业人口，能够自我支持、自我发展的"非工业小城镇"。"非工业小城镇"的形成与发展,反过来又进一步促进了"工业小城镇"的发展。首先,它直接为工业发展提供了丰富的劳动力资源和日趋扩大的消费市场;其次,加速了生产要素在产业之间、城镇之间的流动;第三,形成了"工业小城镇"和"非工业小城镇"共享的"分工效益"格局。总而言之,外向型企业的集聚发展,不仅使更多的乡村分享到城市化成果,更为重要的是,它直接促进了小城镇在珠江三角洲地区的发展。

四、农业发展和农村剩余劳动力的转化

1978年以来,随着一系列改革开放措施如农业生产责任制,农业经济多元化、专业化和商品化等的实施,传统的农业生产结构得到调整和优化,农业劳动生产率得到迅速提高,从而产生巨大的推动力,致使农业劳动力大量剩余。例如,到1994年,珠江三角洲地区每个劳动力负担的耕地只有1亩,而按照珠江三角洲地区当时的农业技术水平,每个劳动力至少可以负担6~8亩以上的耕地。这种由于农业劳动生产率提高而产生的农村劳动力数量与耕地面积之间的矛盾必然迫使大量农业劳动力脱离农业部门,转移到第二、第三产业,只有把剩余劳动力转移到非农部门,农业劳动生产率才会进一步提高。同时,由于外资企业在珠江三角洲地区的投资建厂和乡镇企业的迅猛发展,创造了大量的就业机会,再加上珠江三角洲地区城镇户口政策的放松,使得乡村劳动力非农化速度增加很快。非农人口的大量增加,直接加速了珠江三角洲地区乡村—城市转型的步伐。

第四节 珠江三角洲地区
乡村—城市转型中存在的问题

一、人口城市化与土地非农化矛盾突出

乡村—城市转型既是指农业人口转变为非农业人口、农业土地转变为非农业用地的过程,又是指包括生产方式、生活方式以及文化观念形态在内的农村社会类型转变为城市社会类型的过程。一般而言,在同一地区的乡村—城市转型进程中这几个方面应该是协调一致的,然而珠江三角洲地区的人口城市化与土地非农化之间却存在着尖锐的矛盾冲突。[①]

一方面,由于集体经济分配制度上的封闭性,使得富裕农村的村民宁可保留农村户籍而不愿将户口转为城镇户籍。珠江三角洲乡镇各企业和各单位的分配制度是与农村社区紧密结合在一起的、一种排他性的封闭制度。尤其是第一次以后的分配更具有内部的封闭性,这种分配制度的核心,就是不依据劳动者的能力和成果来分配,而是依据地域也就是你是否属于该集体的一员,只要你是社区的成员,哪怕你对集体经济没有贡献,也能分享到集体这块"大蛋糕"。在广州一些村镇,由于出让集体土地和兴办乡镇工业使得村镇收入相当可观,这些村镇在建立合作经济股份制时采取"人头股"之类的分红方式,因此,只要具有该集体的户籍,每年就可以获得一至八九万元的分红,若将户籍关系转走,则不再享受分红股金。

另一方面,在珠江三角洲地区,随着乡村工业化的发展,失去土

[①] 肖志平:"珠江三角洲城市化问题研究"(硕士论文),第32~35页。

地的农民,其唯一的出路就是转向二、三产业,实现非农化和城市化。然而由于被征地农民所得的补偿费过低,难以进行第二、三产业就业的生产性投资,其转向城市化的出路问题就成为一大忧虑。

二、农业基础地位大大削弱

(一) 耕地流失问题突出

珠江三角洲地区乡村工业化进程中,因城镇建设、交通建设、工业发展、房地产开发、农村建房、农业内部生产结构调整等方面的需求,再加上工业化之初土地利用规划不合理、管理和监督机制跟不上等原因,致使珠江三角洲地区相继出现盲目圈地、超前征地、征而不用、用而不当以及非法转让土地等问题,从而导致耕地大量流失。1980年珠江三角洲地区拥有耕地面积1 486.82万亩,到1990年减少为1 273.64万亩,年均减少耕地20多万亩;1992~1993年期间耕地减少更为严重,每年减少近百万亩,到1998年,珠江三角洲地区耕地面积减少到996.28万亩,人均耕地面积也从1980年的0.89亩减至1998年的0.46亩,年均递减2.4%。减少的耕地中,六成用于非农建设,其中大部分用于城乡居民点及独立工矿区的建设。

(二) 农业发展条件受到制约

在珠江三角洲地区,农民离土不离乡,进厂不进城,亦工亦商亦农的生活方式,在一定程度上制约了农业的发展。首先,分散的土地经营使得土地无法有效集中,从而制约了规模经营和先进农业生产技术的推广。其次,与第二、第三产业相比较,农业属于弱质产业,因此,许多农民把主要精力放在发展工商业方面,造成耕地的丢荒现象或粗耕滥种现象,大大制约了农业现代化的发展进程。第三,分散布局的工业以及"先污染后治理"的工业发展道路使得一些地方的土壤和环境受到不同程度的污染,造成部分耕地因土壤质量下降而失去农用价值。第四,转向第二、第三产业的农村劳动力往往是农村里文化层次较高,综合素质相对较强的那部分人口,因此,农业剩余劳动力向第二、第三产业的转变,导致农村从事农业劳动的劳动力文化素质降低,直接阻碍了农业现代化的发展进程。

农业基础地位的削弱,使得本来就人多地少的珠江三角洲地区土地承载量日趋增大,粮食生产开始滞后于城市发展,人口需求与粮食增长之间的矛盾日益突出,前景不容乐观。

三、工业分散化问题严重

珠江三角洲地区经济的高速发展带来了超高速的乡村工业化进程,然而,由于多数地区的乡镇工业是在"离土不离乡"的原则上扩展的,因此,这种以区域为基础的工业化具有明显的空间分散性特征。1997年底,珠江三角洲地区乡镇工业总数为32.16万个,其中乡办2.59万个,村办9.49万个,每个镇平均722.7个,每个村平均213.3个。以广东雁田村(有居民682户人家)为例,截至2000年年底,雁田共有"三来一补"企业、三资企业和独资企业346家。

分散化的工业布局给珠江三角洲的经济发展带来了一系列的问题。第一,它直接制约了作为乡村经济增长极的小城镇的发展,阻碍了人口的地域转移和城市化,加剧了珠江三角洲地区乡村工业化水平超前,而城市化水平滞后的矛盾。第二,高度分散的工业布局,使得产业组织规模较小,企业个体素质差,技术力量薄弱,经营管理粗放,创新能力有限等,严重阻碍了社会经济总效率的提高。第三,分散化的工业布局影响了珠江三角洲地区区域形象力的发挥。形象力是一个区域开放度、繁荣程度及其在中国乃至世界的地位与发展前景的综合反映,一般以区域跨国公司地区总部数或投资公司数量来表示(上海财经大学区域经济研究中心,2003)。2000年,珠江三角洲地区外资银行被其总行确定为中国境内业务的主报告行的仅5家,外国跨国公司把其亚洲地区总部设在珠江三角洲地区的仅3家,而在上海分别有21家和23家。第四,分散化的乡镇工业从经营方式上讲大多属于粗放式经营,经营过程中产生的工业"三废"多采用直接排放,从而导致污染源点多面广,并且不便于集中治理。最后,分散化的工业布局还带来了交通、通讯、供电、供水等基础设施的大量重复投资建设,造成了巨大的浪费。

四、产业结构雷同明显

众所周知,珠江三角洲地区的农村工业化过程主要是"外资推动"型的,各地都是以大量接收来自香港转移的劳动密集型轻型产品加工工业为本地工业发展的支柱,以外向型经济为特征。这必然导致珠江三角洲地区在乡村工业化进程中出现产业结构趋同现象。第一,投资的行业过于集中,重复建设严重。中小企业尤其是乡镇企业主要投资于建材、电子、轻纺、化工等行业,造成这些行业供大于求,产品大量过剩。例如,在番禺市的21个镇中,从各镇行业产值排序前6名看,服装制衣业有16个镇,制造机械设施行业有13个镇,塑料制品业有11个镇,建筑与装饰材料制造业有10个镇,电子电器行业有10个镇,皮具手袋制造业有8个镇。第二,劳动密集型企业多,资本密集型、技术密集性企业少,缺乏竞争力。第三,乡镇企业中农产品加工企业少,从事农、林、渔、牧业的更少,在近百万家中小企业中仅有2万家左右,只占2%(尹承国,2002)。第四,私营企业从事商贸餐饮业多。据统计,江门市私企属商贸餐饮业者高达82.73%。

产业结构的趋同发展,必然带来各乡镇之间的在原材料到产品市场的广泛竞争,这种低水平、低层次的竞争,不仅造成资源的浪费,而且阻碍了各乡镇之间的交流和分工合作,最终影响到专业化和区域化优势的发挥。因此可见,产业结构趋同发展是有悖于乡村—城市转型、不利于实现城乡经济协调发展的。

五、产业升级和劳动力素质有待提高

乡镇工业投资主体的投资多元化及分散化,导致珠江三角洲地区各乡镇资金分散且相对不足,技术设备水平较低。另外,大批廉价劳动力的涌入,使地方政府过于追求近期地方税收、管理费和工缴费等的增长,企业过于追求近期利润的增长,而对产业升级、产品更新换代重视不够。由此,珠江三角洲乡村地区产业结构出现低层次性,其乡镇工业多以劳动密集型和手工劳动型为主,传统工业较多,高新技术产业较少。

随着经济全球化和珠江三角洲地区参与国际劳动分工的纵深化,珠江三角洲乡村地区已经认识到问题的严重性,并开始着手进行"第二次工业革命",在注重发展大型骨干企业和大型工业区的同时,加快产业升级换代的速度。加工业逐渐从单工序、初加工向多工序、深加工转化;原材料从主要使用进口原材料向提高使用国产原材料转化;产品的技术密集度和自主知识产权度在不断提高。然而,就目前发展水平而言,仍有待进一步提高,尤其是高新技术产业的发展水平还较低(表5—2)。

劳动力素质的提高是产业结构升级的必要条件之一。珠江三角洲地区在实现乡村工业化和经济腾飞的同时,其劳动力素质有所提高。然而,与沿海其他地区相比,整体素质仍然偏低。例如,1996年珠江三角洲地区419.2万个乡镇企业职工中,有大专学历的仅占2.1%,高中学历占31%以上,初中学历占48%以上,小学、半文盲占

9.6%。[①] 近几年,尽管各级政府普遍加大对教育、科技的投入,但本地高级科技人才仍显缺乏。另外,劳动密集型产业所需要的大批廉价劳动力的文化素质往往较低,这些低素质的劳动力资源直接阻碍了产业的技术更新和升级换代。

表5—2 2000年珠江三角洲地区高新技术产业产值简况

地 区	产值(亿元)	比重(%)	地 区	产值(亿元)	比重(%)
珠江三角洲	2 467	23.1	佛山	310	15.0
江门[1]	144	13.1	中山[1]	79	13.6
深圳	1 065	42.3	东莞	274	25.1
珠海[1]	131	24.7	肇庆[1]	44	12.0
广州	487	15.8	顺德	210	28.3
惠州[1]	108	13.4			

资料来源:李玲:"人口迁移对90年代珠江三角洲地区人口发展的影响",《经济地理》,2002年第5期。

注:[1]为1999年数字。

乡村—城市转型的内容之一是农村居民的价值观念和生活方式的转变。改革开放以来,随着乡镇工业的发展和农业劳动生产率的提高,珠江三角洲乡村地区人们的价值观念发生了根本性变化,其核心是市场经济观念的增强,即市场、竞争、信息、时效、人才观念的增强,而在文化和生活方式方面还存在一定差距。从语言方面来看,珠江三角洲地区的大部分居民,尤其是农村居民仍以广州话为主,普通话普及困难,直接影响了珠江三角洲地区与全国的交流。从城市意识方面来看,乡村地区尽管工业化步伐较快,但是脏、乱、差的现象还

---

① 肖志平:"珠江三角洲城市化问题研究"(硕士论文),第34页。

相当普遍,往往是"门内现代化,门外脏乱差"。从生活方式方面来看,尽管改革开放使人们的物质生活发生了质的飞跃,然而很多根深蒂固的陋习仍然存在。

六、环境问题日益突出

伴随珠江三角洲地区乡村—城市转型的发展,污染和环境问题日益加剧。首先,乡镇工业在带动农村经济发展的同时,由于布局的分散化、产业结构的低层次化以及经营方式上的粗放式等原因,对环境产生直接污染,且污染源点多面广,较难治理。其次,经济发展所带来的人口集聚,在为珠江三角洲地区提供丰富劳动力资源的同时,也产生了生活污水的增加和集中排放等问题,导致水资源十分丰富的珠江流域"水质性缺水"问题出现。再次,随着城镇燃气事业的发展,城镇大气中 SO_2 含量及降尘量的增长速度有所增加,再加上日益增加的机动车尾气排放,珠江三角洲地区大气污染日益严重(宋栋,2000)。

七、城镇管理有待加强

随着城市化步伐的加快,珠江三角洲地区通过撤县改市、撤乡改镇等形式,出现了一批小城市和小城镇。尽管这些县城或乡改为市或者镇,城镇建设日新月异,但是由于"自下而上"农村城镇化发展方式,大多城镇的发展缺乏长远的、总体的市镇基础设施建设构架以及人口迁移规划、土地使用规划和房地产开发计划等,许多城镇存在基础设施建设不配套、人口迁移和土地使用处于分散的自发半自发状态等。

另外,县级市的出现虽然加快了乡村—城市转型的步伐,但是它们与地级市之间却各自为政、自成体系,矛盾重重。由于缺乏统一的规划管理及协调机制,各小城镇间的发展不思一体,"黄牛过河各顾各",进行重复建设,造成严重浪费,使区域经济一体化发展成本增大。

第五节 珠江三角洲地区乡村—城市转型的方向

珠江三角洲地区经过20多年的改革和发展,形成了外资驱动下的外向型经济发展模式,曾一度成为中国历史上经济增长的奇迹。然而,由于国内外环境的变换以及其自身经济发展的尝试性和探索性,在其经济实现高速增长的同时,不可避免地出现一些问题,如工业布局分散、产业结构雷同且层次低、环境污染严重等,已严重阻碍了珠江三角洲地区经济增长优势的发挥。新时期珠江三角洲地区已意识到问题的严重性并做出了相应的改革措施,极大地促进了珠江三角洲地区乡村—城市转型的发展。现仅从珠江三角洲地区乡村—城市转型的制度特征转型、社会经济特征转型及生态环境特征转型三方面就其乡村—城市转型的发展方向加以阐述。

一、制度特征转型

改革开放以来,珠江三角洲地区在制度创新(主要体现为组织层次创新和操作层次创新)方面曾作出大胆的尝试,取得了辉煌的成就。然而,随着港澳经济由"互补"向"融合"的转变,大规模的制造业转移已经完成,影响经济进一步发展的问题也已经出现,要解决这些过去发展积累下来的问题,必须进行制度创新的路径转换,主要包括如下几个方面(宋栋,2000)。

第一,创新路径要有利于粗放型生产方式向集约型生产方式的转变,使经济增长逐步走上集约式增长道路。在过去的发展路径中,由于地方政府过分追求经济增长速度,忽视了劳动密集型产业的技术创新,直接阻碍了生产方式由粗放型经营向集约型经营的转换,致使长期以来珠江三角洲经济增长方式一直沿着粗放型增长的轨道前进。

第二,创新路径要有利于产业结构的优化和产业组织的进化。就珠江三角洲乡村地区产业结构发展状况来讲,产业布局分散、产业层次较低,产业结构雷同等已成为影响其未来经济发展的重要因素。因此,应通过制度刺激使得产业结构向高级化方向发展,同时,积极推进现代企业制度,促进组织结构现代化的产业群和技术先进的产品群的发育和成长。

第三,创新路径要有利于推进珠江三角洲与港澳经济一体化发展。目前,港澳地区已基本完成劳动密集型制造业的大规模转移,工业亟需通过升级换代来提高竞争力和经济发展后劲,服务业亦面临第二次转型。而珠江三角洲地区正在向工业化发展的中期阶段迈进,面临着日益严峻的生产成本上升和市场竞争压力,亦亟需通过产业升级或技术改造来提高劳动生产率和发展潜力。由于珠江三角洲地区与港澳地区均不以技术型产业见长,再加上其经济运行机制不衔接,区域间缺乏协调一致的政策、法规等,直接影响了以港澳为核心的"大珠江三角洲"综合优势的发挥,也在一定程度上阻碍了珠江三角洲地区乡村—城市转型的进程。由此可见,必须加强建立珠江三角洲地区与港澳的"导向型优势互补"战略合作新格局,为实现"经济一体化"创造条件。

第四,创新路径要有利于建立合理的分工体系。从港澳资本入住珠江三角洲地区的伊始,就开始形成港澳与珠江三角洲地区以垂直分工为特征的"前店后厂"工业发展模式。这种模式往往以民间合作为主,带有较大的自发性质,产业分工和协作层次低,范围窄,技术档次低,企业"小、同、散"现象严重。这种分工格局如果长期发展下去,珠江三角洲地区在合作中必将处于被动地位,经济发展潜力受到遏制。因此,要使珠江三角洲地区由目前的低成本转型产品加工基地向高附加值产品加工基地过渡,必须打破这种三地间垂直分工模式,逐步形成垂直分工与水平分工相结合的工业发展模式。

二、社会经济特征转型

(一)保持经济持续、健康、快速增长势头

珠江三角洲地区实现社会经济转型首先要保持综合经济实力的平稳上升,2004年珠江三角洲地区的国内生产总值为13 572.24亿元,占广东省的84.6%,占全国的9.9%;1991～1999年年均增长19.0%,超过全省同期15.1%的增长速度。2004年人均国内生产总值为42 499元,按现行汇率计算约为5 145美元,超过世界银行报告(1999～2000)公布的上中等收入国家的平均水平4 860美元。据有关专家预测,到2010年,上中等收入国家人均地区生产总值平均水平将达到7 000美元。而今后几年,珠江三角洲地区随着经济结构的优化调整,国民经济将保持持续、快速、健康的发展,年均增长速度保持在9%左右。截止到2010年,国内生产总值将达到20 500亿元(当年价),人均国内生产总值约62 000元,按照现行汇率折算,为7 470美元左右,将超过上中等收入国家的平均水平(叶彤,2001)。

(二)工业化发展进一步趋于成熟,高新技术产业将成为主要经济增长点

2004年珠江三角洲地区国内生产总值中三次产业比重为4.4:

52.3∶43.3,工业化进程迅速提高,并且成为推动经济高速增长的主要动力。在今后的发展过程中,随着产业结构和经济结构的进一步优化调整,珠江三角洲地区第一产业在国民经济中的比重将进一步降低,农业机械化、产业化和现代化的水平大大提高;第二产业将由以总量扩张为主转向以结构调整、技术升级为主,由目前以轻小型产业为主导转型为以石化、汽车、钢铁等重型工业和以电子、微电子、通讯、生物工程等高新技术产业为主导,大量劳动密集型产业将从区内向外转移;第三产业由于发展的相对滞后,无论在总量上还是结构上,都将会有一个较快的发展和调整过程,尤其是与知识经济关系密切的科技、教育、金融、信息咨询等部门将迅速成长为带动全区国民经济增长的新支柱部门。

随着珠江三角洲地区由工业化中期阶段向后工业化社会的发展,产业结构和经济结构不断优化升级,高新技术产业正在逐渐成为主要的经济增长点。尤其是珠江三角洲地区高新技术产业带的崛起,将极大地加快该地区产业结构优化升级的步伐,实现由资源型、劳动密集型产业为主,逐步向以资金、技术密型产业为主方向转变。

(三)城乡一体化发展趋势更为明显

目前,珠江三角洲地区农村经济已经达到较高水平,且发展潜力较大。随着改革开放的深入及市场经济体制的形成,劳动密集型企业将逐渐减少,代之以资金和技术密集型企业的不断增长,社会经济效益大大提高,进而带动更多的资金投资于城镇基础设施和公用事业建设,一方面促进了城镇向更高层次发展,另一方面加速了乡村—城市转型的发展历程。

由于珠江三角洲地区的乡村—城市转型是在乡镇企业的发展下进行的,其乡镇企业发展过程中存在的工业分布"遍地开花"的分散局面以及小型劳动密集型产业为主的工业发展状况,都直接影响到其乡村—城市转型的发展过程。由此可见,珠江三角洲地区未来发展中,应进一步调整和优化产业结构、不断扩大经营规模、提高产品质量,创造条件直接参与国际分工和国际市场竞争,同时加速乡镇工业的现代化进程,从而推进城乡一体化发展。

珠江三角洲地区城乡一体化发展进程中,其乡村—城市转型要与本区城市群带的建设相协调,一方面通过城市群带的建设推进乡村—城市转型,另一方面通过加快发展条件较好的城镇使其达到中等城市规模,促进珠江三角洲地区城市群带的成熟和发展,最终形成城乡一体化发展格局。

(四)逐步形成现代化国际性大都市群

珠江三角洲地区经过20多年的发展,已基本形成了城乡一体化和城镇高度密集的城市群,区域内九个地级市全部实现了市带市、市带区的城乡一体化格局,地级市、县级市紧密相连,小城镇星罗棋布。然而,根据现代化国际大都市群发展对区域经济转型发展方向的要求,珠江三角洲地区城市化发展方向表现为以下几个方面。

第一,进一步加速城市化发展进程。1999年该地区以非农人口计算的城市化水平为49.5%,比全省的平均水平高18.3个百分点,形成了国内密度最高、经济最繁荣的城市群带,并初步具备空间经济一体化雏形。随着市场经济体制的建立、户籍对人口迁移限制作用力的减弱和大量农村剩余劳动力向城市的涌入,珠江三角洲地区将出现快速城市化发展过程,使珠江三角洲城市体系步入一个新的发展阶段,城市功能更加多样化,城市网络更加复杂化,城市经济联系更加密切化。第二,大力发展智能型城市。第三,加快网络化形成步伐。随着信息化和经济全球化步伐的加快,珠江三角洲地区在加快建成高速公路网、高速铁路网、空中走廊、巨大港口和以信息高速公路为骨干的快速通道网络的同时,进一步加大电话网、数据通信网、移动通信网、智能网、支撑网的建设力度,使区内所有城镇都纳入到现代化的通信网络,加强各城市间通信能力,为城镇体系内各城市之间以及其与国外各城市间进行信息交换提供保证。第四,朝着国际化方向发展。珠江三角洲地区经济起飞伊始,外向型经济发展很快,主要是接受来自港澳等地区的产业转移和扩散。目前,受珠江三角洲地区经济发展水平以及经济发展阶段的制约,开始由劳动力密集型产业向资金、技术密集型产业转化。预计未来十年,虽然珠江三角洲地区面临劳动力、土地等生产要素成本不断上升,国内外竞争压力加大等不利因素,但是由于具备良好的经济基础和投资环境,仍有利于吸引国外财团和国外跨国公司投资。另外,高新技术产业的迅猛发展使出口产品的市场竞争力得到加强,再加上传统的机电、轻纺等劳动密集型产品在国际市场上仍有一定竞争力,因此,城市国际化趋势将更为明显。

三、生态环境特征转型

(一)推行可持续发展的战略,树立全新的发展观

珠江三角洲地区生态环境转型发展亟待解决的问题,就是如何处理好社会经济发展和自然环境的关系问题。根据可持续发展理论,珠江三角洲地区必须从当前的人口、资源和发展的形势出发,制定切实可行的区域可持续发展战略,充分体现经济、社会和生态效益的"三统一"。充分体现出发展的目的,不仅是为了提高经济水平,而且包括人类的生存质量和进步,其中最主要的是人类环境质量的提高。

为此,广东省曾明确提出,要搞好环保工作,必须正确处理四大关系:发展与环境的关系;经济效益与环境效益、社会效益的关系;眼前利益与长远利益的关系;局部利益与全局利益的关系。要做到"三个绝不允许":绝不允许以牺牲环境效益、社会效益为代价,换取一时发展;绝不允许以牺牲子孙后代生存利益为代价来换取当代人的利益;绝不允许以牺牲全局和长远利益为代价来换取局部的和眼前的利益。这是我们正确处理经济建设和环境建设关系时必须遵循的原则(杨国秀等,1998)。

(二)提高公民环境保护意识

要提高公民的环境保护意识,主要是做好环境保护宣传工作,首先环境宣传要生动形象,通俗易懂,贴近生活,贴近群众,使群众切实感到保护环境是人人可参与的,而不仅仅是领导和工厂的事情。可通过广播、电视、宣传画、报刊杂志等多种宣传媒体,加大宣传力度。其次,环境保护的宣传要坚持持久性。环境宣传教育应该是环保部门抓、多部门联手抓、新闻单位抓相结合,使环境宣传形成合力,深入人心。

(三)可持续发展的工业生产模式

首先,调整和优化产业结构,重视产业转轨。根据国家环保局等单位联合制定并颁布的《关于加强乡镇企业环保工作的规定》,珠江三角洲地区对严重污染环境的小型企业坚决取缔和关停。其次,在当今科学技术日新月异的条件下,珠江三角洲地区应确立以高新技术为先导、先进工业为基础、第三产业为支柱的经济发展战略,大力发展质量效益型、科技先导型、资源节约型的生态型工业和高科技工业,努力发展高科技、污染少、高附加值产品,注重清洁工艺和清洁生产,对生产实施全过程控制,注重技术进步和现代化管理,改变落后的生产经营方式,实现由粗放型为主转向集约型为主,实现可持续发展战略。

(四)可持续发展的农业生产模式

珠江三角洲地区可持续发展农业生产模式为生态农业、高科技农业及都市农业。生态农业是指利用现代自然科学、社会科学和经济学原理,旨在改善环境、保护资源,持续稳定和有效提高农业生产率。珠江三角洲地区农业发展过程中,要注意把"三高"农业和生态农业相结合,搞好各区域农业基础设施建设。在生态农业模式的选择上,应由单一模式向多种模式转化,根据区域的不同生态环境特征,进行合适的选择。一般而言,高科技农业将逐步成为现代农业发展的新的增长点。就珠江三角洲地区高科技农业的发展而言,要形成自身特色,在发展时,主要应根据区域农业经济布局,有选择、有重点地进行。高科技农业的运作模式一般分以下几种:①农业高科技园模式;②产、学、研三结合运行模式;③以大型工商企业为依托的集研究、创新、开发、生产、加工销售为一体的公司模式。都市农业是指大都市城市化地区周边与间隙地带的农业,主要功能是为都市提供无污染、无公害的新鲜瓜果、蔬菜、花卉和特种菜等农产品,为农产品精深加工、提高科技含量的附加值提供场地,为城市居民提供憩息地,以及改善都市生态条件,美化都市环境,发展园艺型农业、示范性农业、观光休闲型农业等(赵敏,2002)。

(五)加强环境法制建设,以法律武器保护环境和资源

首先,继续加快环境和资源保护的立法步伐。在环境保护工作中,科学化和法制化是有效环境管理的标志,特别是加强环境立法和

严格执法。在珠江三角洲地区,一些地方政府行为,特别是一些领导干部,仍不同程度存在着"人治大于法制"的观念,个别地方政府明显偏重于眼前的经济效益,而不惜牺牲环境为代价(杨国秀等,1998)。因此,必须建立一批与市场经济发展新形势相适应,具有地方特色的规章,使环保工作有法可依。其次,严格执法,强化管理。各级政府和环保部门要加大执法力度,真正做到有法可依、有法必依、执法必严、违法必究,把城镇生活污染、大气污染、水污染及乡镇企业污染的整治作为执法重点,抓好建设项目"环境影响评价"和环境保护设施与主体工作同时设计、同时施工、同时投产使用的"三同时"制度的落实检查,坚决控制新污染源。对执法检查中发现的问题,要及时进行严肃处理,跟踪检查,督促整改。进一步加强建立环保执法责任制,各级环保部门要敢于执法、严格执法。对污染严重而治理无望的企业,坚决关停;对违反环保法律法规而造成严重后果的单位和个人,坚决查处;构成犯罪的要依法追究刑事责任。

第六节 珠江三角洲地区乡村—城市转型和协调发展的对策

一、加强城镇规划,实现小城镇可持续协调发展

(一)因地制宜发展特色小城镇

珠江三角洲地区地域广阔,各地区资源条件差异很大。从发展的角度来看,目前相对落后的地区,随着区域性大型基础设施(如港口、机场、铁路、高速公路等)的建设,将发展成为新兴的工业化地带;而有些地区则由于自然资源、位置条件或因生态环境保护等需要而直接限制了工业发展。因此,区域内小城镇的建设应当根据其自身的功能、区位及经济基础等条件,在坚持可持续发展原则下,选择适合本区域的、具有区域特色的发展模式(陈烈等,1998)。如农业发展方向为"三高四化"农业,即根据实际情况选择外向农业、城郊农业、旅游农业及生态农业等;乡镇工业的发展方向是不断升级转型,尽快实现由劳动密集型向资金、技术密集型转变;同时大力发展第三产业,加速城镇化发展进程。

(二)合理保护环境,重视自然资源的开发和利用

保护环境、合理开发和利用资源是实现小城镇人口、资源、经济协调发展的基础,因此,在小城镇的建设和发展过程中,各部门都应该在做好自身环保工作的基础上相互配合、通力合作,共同致力于本区域环境保护及资源的开发利用。就环境保护而言,应主要从以下几个方面入手:第一,在全民中开展环境知识教育讲座,树立环保意识;第二,加强环保队伍建设,建立主要领导负责、各有关部门分工协作、全社会参与环境保护的竞争机制;第三,制定小城镇环境保护计划,突出防止污染的重点。

为了保证资源的合理开发和利用,提高资源综合利用率,珠江三角洲地区在资源的开发和管理方面,重点考虑三个方面。第一,土地资源的保护和管理。土地是人类社会进行物质生产和生活所必需的基本要素,珠江三角洲地区人口密度大,增长快,人地矛盾已相当突出,因此,必须加强土地资源的保护和管理。第二,通过开源与节流并重,缓解水资源紧缺问题。合理开发利用水资源是一项系统工程,它要求从开源、节流、保护和管理上统一运筹。即首先要严格保护现有清洁水源;其次要严格控制小城镇工业废水和生活污水的排放;再次要提高工业用水的重复利用率和居民节约用水的自觉性。第三,

保护自然生态和旅游景观。在珠江三角洲地区开发初期,受近期经济利益的驱动,一些地区通过开山、挖石、掏沙等行为,造成自然生态和旅游景观的破坏。因此,对于这些已遭破坏的自然景观要尽可能加以修复和完善,保护小城镇的自然景观特色和旅游资源。

(三)加大科教投入力度,提高人口素质

珠江三角洲地区的小城镇发展过程中,大多小城镇是在原有村镇的基础上发展起来的,因此,就生产技术和劳动者素质而言,这些小城镇远不如大、中城市,而是凭经营机制的差异成为经济增长的制高点,吸引了大量生产要素的流入。随着信息技术时代和知识经济时代的到来,这些低水平的生产技术和低素质的劳动力必然成为珠江三角洲地区小城镇经济进一步发展的制约。由此,珠江三角洲地区各小城镇要进一步增强科技意识和提升人口素质意识,通过大力发展高新技术产业、传统产业的技术嫁接和改造、高度重视培养和引进人才等措施,使科学技术更好地为小城镇发展服务。

(四)加强小城镇的规划和管理

做好小城镇规划和管理是小城镇实现可持续发展的保障。小城镇的远景规划主要分五个方面(陈烈等,1998)。第一,优先规划,加强小城镇基础设施建设。基础设施的建设要坚持人口、资源与生态环境相协调的原则,绝不可以破坏生态环境为代价。第二,注重小城镇规划的科学性、超前性和长期性。小城镇的工业区、商业区、生活服务区、基础设施等布局,要科学合理、有序发展。第三,强调城镇规划的层次性、配套性及布局的合理性。即小规划要服务于大规划,下级规划要服从于上级规划,小城镇发展布局要尽可能与大中城市的发展相结合,做到重点突出、规模适当,防止出现村村有镇、遍地开花的现象。第四,突出重点,发展特色小城镇。即小城镇规划要突出本区域优势,别具一格,形成自身的规划特色。第五,加强城镇规划的严肃性、权威性和可实施性。小城镇管理是小城镇规划得以顺利实施的保障,一般而言包括三方面内容。第一,进一步完善管理机制,实行政企分开。第二,提高小城镇居民素质,强化居民的城镇意识和规划意识,使其自觉参与小城镇的管理。第三,建立一支高水平的城市管理队伍,使各项规划制度得到具体落实。

二、加快产业结构调整和升级,促进乡镇企业的可持续协调发展

(一)进一步促进乡镇企业的可持续发展

针对珠江三角洲地区乡镇企业的发展现状及发展中存在的问题,实现乡镇企业的可持续发展,主要包括三方面内容。第一,调整、优化乡镇企业结构,加快升级转型步伐。对于能耗高、浪费大、长期亏损,以及生产过程污染严重又一时无法治理的企业,要严格执行"关、停、并、转";对于已形成的传统支柱产业,要继续通过吸收外资,引进先进技术设备等途径,提高现有产品的技术含量,促进产品升级,并积极开发高、精、尖新产品,增强产品市场竞争能力;对于已形成的高新技术企业,要给予充分的支持,同时加大力度发展高新技术产业,使其逐渐发展为乡镇企业中的支柱产业,进而实现乡镇企业由劳动密集型向资金、技术密集型的转变。第二,深化企业改革,再创乡镇企业机制新优势。针对珠江三角洲地区乡镇企业分散布局的状况,只有改革现行乡镇企业产权制度,才能保证乡镇企业尽快步入现代企业的经营管理道路上来。首先,通过推行股份合作制和股份制,明晰产权关系,实行现代企业制度。其次,合理规划,通过发展工业小区的形式,鼓励乡镇企业集中、连片发展,使农村工业化与城镇工业化相结合。再次,通过培植骨干企业,强化产权、技术纽带等措施,积极推动乡镇企业的集团化、规模化经营。第三,改革创新,完善自由、公正的市场竞争环境。乡镇企业的发展需要自由竞争的市场环境,因此,乡镇企业改革的重点要以建立现代企业制度为目标,通过明晰产权关系,建立利益共享、风险共担的资产价值化管理和经营管理体制,充分调动企业家的积极性、创造性。各级镇村政府应为自主经营者的企业和个人创造公平竞争的市场环境,通过法制手段、经济手段、服务手段等,实施宏观调控,进而建立起全新的乡镇企业积累、需求、质量和技术革新模式。

(二)乡镇企业发展要与农业发展相协调

乡镇企业是农村经济发展的重要组成部分,因此,乡镇企业的发展必须与农业相协调,以保证农村生态环境的良性循环。主要内容包括两个方面。第一,切实保护好耕地,保持农业土地的相对稳定。土地是人类生产和生活的场所,保持农业土地资源的相对稳定,是百姓安居乐业、社会安定和可持续发展的基本保障。因此,在乡镇企业发展中要尽量保护好农业用地,切实保护好耕地,尤其是高产优质农田、名优特产品基地以及"菜篮子"工程用地。要切实改变农村工业盲目占用耕地的状况,优化土地利用结构,提高土地生产力。第二,引导乡镇企业参与农业产业化经营,通过兴办集约化农业企业,实行种养、产供销一条龙、农工商、贸工农一体化,带动农业的企业化、集约化和产业化。第三,通过组建工业园区等方式,推行规模经营,使工业和农业相对分离,协调乡镇企业用地扩大与农业用地锐减的矛盾。

(三)乡镇企业发展要与资源环境相协调

珠江三角洲地区经济发展过程中,受近期利益的驱动,乡镇企业的迅速崛起在促进经济发展的同时,却带来了沉重的资源环境问题,并进而成为经济发展的桎梏。因此,从可持续发展的角度来看,实现乡镇企业与资源环境的协调发展非常重要。第一,加强环境保护宣传和教育,使乡镇企业干部、职工了解和关心当前环境状况和问题,增强环境保护意识,使人们自觉担负起保护环境、改造环境的义务。第二,制定乡镇企业环境保护计划。各类污染性工业都应该尽快制定出相应的环境保护计划,其中最重要的是工业污染的排放控制、工业污染治理项目、环保资金来源和环保组织机构等。第三,加强法制管理。随着各项环境保护法及地方性法规和行政规章制度的出台,环境保护基本有法可依。在此基础上,必须建立健全各级环保管理机构,充分利用上述法律和各项管理条例,加强环境管理、监督、依法治理。

三、加大力度,实现农业的可持续协调发展

(一)保护和合理利用农业资源

农业资源的承载力基本上决定了农业发展所能达到的程度,因此,在珠江三角洲地区由传统农业发展模式向现代农业方向转变之际,保护和合理利用农业资源是实现农业可持续发展的基本要求。保护和合理利用农业资源要求制定出合理的农业资源价格体系,实施资源有偿使用制度,明确资源产权,强化资源资产化管理。在各类农业资源中,尤其重要的是土地资源的合理开发和利用,特别是耕地的监管机制和用地审批机制。另外,在重点加强基本农田保护的同

时，要进一步搞好国土开发与整治，制定科学的土地利用规划。

(二)推行绿色生产，发展"三高"农业，实行产业化经营

传统农业向现代农业发展的一个重要标志就是农业实行多种经营，产业实现多样化。珠江三角洲地区根据各区域自身发展优势，在稳定和提高粮食生产的同时，大力推进旅游农业、生态农业、城郊农业等绿色农业生产方式，一方面提高农民收益，另一方面使农业生态环境得到改善，拓宽了农业发展空间。

在知识经济高速发展的今天，发展"三高"农业，实行产业化经营是提高农业比较利益、增加农民收入的重要途径。因此，珠江三角洲地区应以现代科技和工业为支柱，建立起现代化的农业生产技术体系，在实现农业生产的高质高效高产的同时，保护农业生态环境和农业资源。农业产业化经营是发展"三高"农业的重要途径，珠江三角洲地区可考虑改革现有土地产权制度，通过提升农业经营规模和组织化程度，建立起有效的农业社会化服务体制，将农业生产、经营、销售等各环节统一起来，使农业真正成为一个独立而完整的产业体系出现在现代市场经济中。

(三)加强对农业的保护和支持

农业属于风险产业，在将农业推向市场，实行农业产业化经营的同时，必须加强对农业的保护和支持。第一，建立起多渠道、多形式的农业投入体系，增加农业投入；第二，通过适当减免农业赋税等方式，增加农业补贴；第三，建立起有效的农产品、生产资料价格支持体系，提高农民所得；第四，加强水利等农田基础设施建设；第五，在政府指导下，成立各种经营合作组织，反映农民意愿，保护农民利益，统一组织运销和生产。

(四)加强对农村工业的规划和管理,协调好农业与乡镇企业发展的关系

珠江三角洲地区乡镇企业的超常规发展,直接带来了农业资源的流失和农业生态环境的破坏,因此,要实现农业的可持续发展,必须加强对农村工业的规划和管理。建立工业小区是协调该矛盾的一种重要途径,在此基础上,珠江三角洲广大农村地区必须要加强对引进项目的审查和监督工作,严格防止恶性竞争行为的发生和污染型工业的入住,推动乡镇企业向集约化、规模化和清洁化方向发展。同时,应加强对农村环境的管理、规划和建设,强化环境污染的治理和监测,进一步加大环境保护的执法力度。

四、进一步加强区域联合与协作

(一)进一步加强与港澳地区的联合与协作

珠江三角洲地区与港澳地区的"前店后厂"式的区域合作模式突出反映了粤港澳地区利用各自资源优势进行专业化分工合作的客观要求,是按各自经济发展要求形成的一种优势互补的合作,该模式既大大增强了港澳地区国际竞争力,也促进了珠江三角洲地区的迅猛发展,是一种成功的区域联合与协作模式。随着经济全球化浪潮的推动及珠江三角洲地区自身经济发展的需要,新时期珠江三角洲地区与港澳地区的合作有待进一步加强,主要体现在如下几个方面。第一,工业领域的联合与协作。出口加工业是珠江三角洲地区与港澳地区的支柱产业,珠江三角洲地区自然资源丰富,劳动力价格低,而港澳地区拥有国际营销方面的丰富经验、良好信誉及大量的信息和畅通的网络,两者相互结合,可以增强产品在国际市场的竞争力。

第二,金融贸易领域的联合与协作。港澳地区金融比较发达,珠江三角洲地区可以充分利用毗邻港澳的优势,开辟融资、筹资新渠道,发行以珠江三角洲为投资地区的各种投资基金,还可以通过引进港澳地区金融机构,扩大外资银行的业务范围与合作范围,联合开发一些高风险、高效益的贷款项目,为珠江三角洲地区开发大型项目提供融资。第三,人才科技领域的联合与协作。港澳地区人力资源短缺,但资讯系统发达,容易获得国际经济技术信息,具有较强的中介作用。珠江三角洲地区由于拥有内地科技力量作为后盾,其科技优势较为明显,两地可以通过共享人才资源来发展高新技术产业,提升整个区域的国际竞争力。

(二)强化多边合作,共建华南经济协作区

珠江三角洲地区处于中国大陆与东南亚的地理中心,是中国重要的经济增长点,又是一个理想的物流中心。因此,从长远来看,应把珠江三角洲地区的区域合作范围由双边合作向多边合作发展,即除进一步加强与港澳地区的合作外,将其合作范围扩展到同广东省周边的闽、赣、湘、桂、琼等省区的多边合作,强化多边的经济互补关系,共建华南经济协作区。

(三)实施创新珠江三角洲发展战略

创新珠江三角洲发展战略主要包括"数字珠三角"战略、"发展大三角"战略及"整合珠三角"战略。"数字珠三角"战略是指珠江三角洲地区在未来发展中抢占制高点和主动实现生产力跨越式发展,在信息高科技产业发展方面力争先发优势。"发展大三角"战略指的是珠江三角洲地区的发展与港澳地区的发展相协同,组成"增长大三角",在实现区域间优势互补的基础上,共同增强国际竞争力,实现

"三赢"。深圳社科院教授杨立勋提出,"大珠三角经济一体化具有深远的国家战略意义。建设好以香港为龙头的大珠江三角洲,就是培育中国经济的新龙头,它对于消除珠三角群龙无首的局面,促进珠三角的产业结构升级,对于带动华南、中南、西南的经济发展,促进内地与香港更紧密经贸关系的顺利实施,都具有巨大的国家战略意义。"[1]"整合珠三角"战略的重点在于扩大珠江三角洲地区发展的市场空间,同时要求企业集中整合珠江三角洲地区的资源,培育核心竞争力,走集约化道路。在最近召开的"大珠三角经济整合与前瞻"讨论会中,有关人士认为,大珠三角要形成三个城市群的经济圈:第一是整合广州、佛山地区,形成"大广州(广州、佛山)经济圈";第二是整合深圳、东莞、惠州地区,形成"大深圳经济圈";第三是整合中山、珠海、江门地区,形成"大中山经济圈"。另外,大珠三角的经济整合要向国际惯例靠拢。香港是一个比较成熟、比较典型的市场,珠江三角洲地区充分利用"发展大三角"战略优势,形成以香港为龙头,深圳为战略伙伴的一种全方位的、国际化的发展体系。

五、重视教育,引进人才,努力提高人口素质

(一)进一步加大教育培训力度

第一,培育和造就一大批 21 世纪具有科技开发能力、市场管理和经营才能的复合型人才。企业可以建立博士后流动站和工作站、建立产学研合作关系、支持科技人员创办科技企业或以技术入股形式联合开发新技术、建立职业教育网络等形式培养复合型人才。第二,人力资源开发不仅仅培育少数精英人才,而且要提高大众素质,

---

[1] http://news.163.com/editor/030914/030914_796309.html.

主要包括普及义务教育、基础教育的重心向农村转移等。第三,要大力提高现有劳动力的素质,这包括在职技能培训、岗位操作训练、知识更新的学习等,引导人们树立正确的学习观念,拓宽各种职业教育范围。

(二)加强和完善人才引进机制

与内地各省份相比,现阶段珠江三角洲地区人均收入水平较高,市场发育相对完善,具有较强的吸引力,因此,必须建立一种有利于市场经济的人才引进机制,并把它作为珠江三角洲地区向市场经济转型的整个系统工程的一部分加以重视。在内容上不但要按照市场经济的原则做到人才的培育流动、来去自由等,而且对引进的人才在经济和行政管理等方面给予相应的优惠政策。

(三)提高珠江三角洲地区人民的生活质量,扩大社会保障的范围

社会保障制度的"安全网"已成为市场经济制度下人力资源开发体系和整个国民素质提高的一个重要组成部分(王珺,2001)。尤其在珠江三角洲地区人口老龄化日益明显、下岗人员有所增加的条件下,建立一种以养老保险、失业保险和医疗保险为主要内容的社会保障制度显得更加迫切。通过生活质量的提高,可以自觉地提高人口素质,以适合新时期的发展要求,形成整个社会的良性循环。

参 考 文 献

1. 陈烈等:"珠江三角洲小城镇可持续发展研究",《经济地理》,1998年第12期。
2. 陈甬军等:《中国城市化:实证分析与对策研究》,厦门大学出版社,2002年。
3. 胡序威、周一星、顾朝林等:《中国沿海城镇密集地区空间集聚与扩散研究》,科学出版社,2000年。

4. 李玲:"人口迁移对90年代珠江三角洲地区人口发展的影响",《经济地理》,2002年第5期。
5. 庞世德:"珠江三角洲乡镇企业发展与城乡一体化",《岭南学刊》,1994年第1期。
6. 上海财经大学区域经济研究中心:《2003中国区域经济发展报告》,上海财经大学出版社,2003年。
7. 宋栋:《中国区域经济转型发展的实证研究》,经济科学出版社,2000年。
8. 王珺:"论珠江三角洲经济的持续发展",《关东社会科学》,2001年第3期。
9. 肖志平:"珠江三角洲城市化问题研究",暨南大学硕士学位论文,2000年。
10. 许学强、薛凤旋、阎小培:《中国乡村—城市转型与协调发展》,科学出版社,1998年。
11. 阎小培等:"珠江三角洲乡村城市化特征分析",《地理学与国土研究》,1997年第2期。
12. 杨国秀等:"试论珠江三角洲的持续发展道路与环境问题",《科技进步与对策》,1998年第3期。
13. 叶彤:"珠江三角洲社会经济发展趋势研究",《统计与预测》,2001年第5期。
14. 尹承国:"珠三角中小企业发展存在的问题和对策",《五邑大学学报》(社会科学版),2002年第3期。
15. 张晓山等:《小城镇与区域一体化》,山西人民出版社,2002年。
16. 赵敏:"珠江三角洲区域经济可持续发展问题探析",《广州大学学报(社科版)》,2002年第6期。
17. 左正:"'珠江三角洲模式'的总体特征与成因",《经济理论与经济管理》,2001年第10期。

第六章 中国沿海北中南三大区域城市化与协调发展比较

第一节 沿海三大区域背景比较

一、三大区域的共性

(一)区位条件优越

我国沿海北中南三大区域均位于我国东部沿海地区,处于我国经济对外开放的最前沿地带。三大区域对外交通发达,具有大型港口。同时三大区域的中心城市也分别是各大区域的交通枢纽,其中北京更是全国交通枢纽以及全球航空交通枢纽之一(李国平等,2004)。

(二)区域经济发展速度加快

长期以来,沿海三大区域就是我国经济比较发达、城市化水平较高的地区。特别是改革开放以来,经济发展迅速,三大区域的年均增长速度均超过了10%(表6—1)。如果从三大区域内部的核心城市来看,2004年各市地区生产总值(当年价格)占全国的比重均比1990年有较大提高,其中,深圳、上海、广州提高幅度很大,表明各中心城市发展速度均高于全国平均水平。

表6—1　1990～2004年沿海三大区域核心城市经济实力的增长情况

核心城市	1990年 GDP(亿元)	占全国的%	2004年 GDP(亿元)	占全国的%	比重增长(%)
北京	500.8	2.69	4 283.3	3.13	0.44
天津	311.0	1.67	2 931.9	2.14	0.47
上海	756.5	4.07	7 452.3	5.44	1.37
广州	319.6	1.72	4 115.8	3.01	1.29
深圳	171.7	0.92	3 422.8	2.50	1.58
全国	18 598.5	100.0	136 875.9	100.0	—

资料来源:1990年数据转引自李国平等:《首都圈:结构、分工与营建战略》,中国城市出版社,2004年,第109页。2004年数据来自国家统计局:《中国统计年鉴》,中国统计出版社,2005年。

(三)区域内的认同感强

一个区域的形成是历史积淀的结果,我国沿海北中南三大区域分别位于我国的华北、华东、华南三个文化大区。各个区域之间差异显著,但区域内部文化、风俗、习惯以及民众的价值取向均比较相近,因此区域内部认同感很强。区域内文化认同有利于区域内经济交流,有利于开展区域合作,因而也更容易形成联系紧密的大都市区。

(四)城镇密集,但核心城市辐射力不强,城镇体系不完善

在长期发展过程中,我国东部沿海三大区域分别以各自中心城市为核心形成了空间联系紧密的城镇体系,区域发展从重点城市一支独秀向大、中、小城镇协调发展转变。但是,目前京津冀和珠三角地区都存在城市首位度低的问题,很难形成以一个大都市为核心、若

干中小城市配合的城市群落,经济圈内的城镇体系不完善。目前,沿海北中南三大区域的核心城市普遍处于产业要素集聚阶段,核心城市扩散能力弱,对周边区域的带动作用不强,二元结构日益深刻。此外,核心城市间也缺乏合理的分工与协作,都市经济圈整体经济优势并没有得到发挥。

(五)存在市场分割现象,过度竞争明显

目前,我国沿海三大区域要素市场还未完全统一,市场分割体现在产品市场、生产要素市场、服务市场等多个层面,人才异地就业、资金异地结算、技术产品、产权市场的统一问题也十分突出。市场分割带来了三个严重后果:一是交易成本规模迅速增大;二是沿海有很多地方出现了体制回归的现象,幕后交易问题日益突出;三是交易成本的不确定性增强。

三大区域的竞争表现在两个层次:一是三大区域之间,二是区域内部。就区域之间而言,明显存在城市职能定位的重叠问题,比如,目前北京提出要建国际金融中心,明显和上海形成竞争的关系,按此发展思路,则会出现北京、上海、香港三个国际性金融中心。从国际金融中心布局的合理性而言,我国同时拥有三个金融中心是不现实的。就区域内部而言,各地恶性竞争、各自为政的问题更加突出,为获得竞争利益,很多地方存在倾销性的招商行为,通过超低地价来招商引资等现象还比较普遍。过度竞争造成了生产力的严重浪费和财政税收的极大损失。

(六)缺乏统一规划,重复建设问题突出

我国沿海三大区域空间规划存在非一体化的严重倾向,各大区域缺乏整体规划和专项规划。规划的不统一造成了区域内各城市在基础设施、产业投资、商业网点建设方面存在明显的重复现象。以重大基础设施建设为例,一方面,城际快速通道体系远不能满足城市间交流的需要;另一方面,又存在机场、港口等重复建设问题。此外,我国大都市经济圈目前普遍缺乏有效的合作机制。长三角地区初步形成了16个城市等协调机制,但该机制发挥效能的领域还十分有限。值得欣慰的是,区域一体化进程较慢的京津冀地区,2004年2月京津冀地区经济发展战略研讨会由国家发改委主持在廊坊召开,就一些原则问题达成了旨在推进"京津冀经济一体化"的"廊坊共识"[①],为京津冀地区的区域经济发展奠定了良好的基础。

(七)资源环境问题突出

在人口集聚、经济迅速发展的背后,三大区域也都付出了昂贵的代价。一是生态环境问题仍较突出;二是大城市病加剧,交通拥挤、空气污染等问题日益严重,社会经济活动的机会成本损失较大;三是社会治安问题日益显现,部分地区已造成投资外流。此外,各大都市经济圈的耕地、淡水、电力、石油、天然气等战略性资源供需矛盾日益突出,经济发展的资源约束力不断加大。

---

① "廊坊共识"的主要内容有:加强京津冀区域协调发展符合区域内各方利益,是提高区域整体竞争力的迫切需要,也是推进区域经济一体化进程的必然选择;京津冀区域经济合作取得了一定成效,但在协调发展中还存在体制、机制、观念等方面的障碍,必须予以突破;京津冀区域协调发展应坚持市场主导、政府推动的原则,在平等互利、优势互补、统筹协调、多元发展的基础上循序推进,逐步形成良性互动、竞争合作的区域发展格局;尽快建立京津冀省市长高层定期联席会议制度,议定合作重大事项,制定促进共同发展的区域政策和重大措施;联合设立专门的协调机构,落实省市长联席会议确定的任务;启动京津冀区域发展总体规划和重点专项规划的编制工作,统筹协调区域发展中的基础设施、资源环境、产业布局、城镇体系等相关问题;共同构建区域统一市场体系,消除壁垒,扩大相互开放,创造平等有序的竞争环境,推动生产要素的自由流动,促进产业合理分工;协调区域内重大生态建设和环境保护等问题,联合开展水资源的保护与合理利用。见 http://hbrb.hebeidaily.com.cn/20030518/ca337919.htm(2004-7-24)。

区域环境质量下降主要表现为空气污染和生态环境的破坏。随着经济发展和居民生活水平的提高,三大区域汽车保有量快速增加,如何控制汽车尾气污染已经成为这些区域发展所面临的主要问题之一。此外,由于开放强度的增加,尤其是城市和工业用地向中心城市外围地区迅速蔓延,挤占了大量的农地和绿地,加之工业污染、超采地下水等加速了区域生态环境的破坏。

二、三大区域的差异性

(一)三大区域的经济实力从北向南依次递升,与改革开放所释放的能量成正比

由于三大经济圈包含的省市不同,地域面积有很大差异,采用人均和地均经济水平,才有较强的可比性。我们以2004年统计数据计算两组指标(表6—2),目前三大区域的经济发展水平都远在全国平均水平之上,但各经济圈的发展呈现明显的差异。珠江三角洲人均地区生产总值最高,而长江三角洲地均生产总值最高,而京津冀均是最低的。

表6—2 2004年中国沿海三大区域经济发展水平比较

项 目	珠江三角洲	长江三角洲	京津冀	全国
人均GDP(元)	42 499	35 040	20 263	10 561
地均GDP(万元/平方公里)	2 502	2 832	774	143

资料来源:根据2005年全国及各省市统计年鉴资料整理。

如果从三大区域首位城市来比较,经济总量最大的是长三角首位城市上海,2004年地区生产总值已达到7 450亿元;居第二和第三的分别是京津冀首位城市北京和珠三角首位城市广州,两个城市的

地区生产总值都在 4 000 亿元以上。而人均水平最高的则是珠三角的广州市,人均地区生产总值已接近 7 000 美元,长三角的上海市也接近这一水平;而京津冀的北京市人均地区生产总值则接近 4 500 美元,与广州和上海相差甚大(表 6—3)。

表 6—3　2004 年三大区域首位城市经济发展水平比较

项　目	长三角:上海市	珠三角:广州市	京津冀:北京
GDP(亿元)	7 450.3	4 115.8	4 283.3
人均 GDP(元)	55 090	56 300	37 058

资料来源:国家统计局:《中国统计年鉴》(2005 年),中国统计出版社,2005 年。

可以说,我国东部沿海三大区域在我国经济社会发展中具有举足轻重的地位,但是三大经济带的经济实力从北向南依次递升,这与改革开放所释放的能量是成正比的(魏书华、邓丽姝,2004)。珠三角地处我国改革开放的前沿地带,很好地利用了国家经济特区和对外开放的优惠政策。在 20 世纪后 20 年的大改革、大发展中,由深圳、广州带动起的珠三角,已经把制度改革所释放的能量比较充分地发挥出来了。进一步的发展将不是特区和特殊的优惠政策所能支撑的。珠三角正在进行动力的凝聚和结构的重组。区域合作或包括港澳的泛珠三角大区域的合作,将为这一地区进入新一轮发展注入活力。长三角和京津冀地区在改革开放方面都还有较大的空间。在新的形势下,改革的广度和深度都将更上一层楼。目前长三角地区的区域经济合作已经从理念逐步成为地方政府的政策导向,进而得到企业界的广泛共识。在这一基础上,长三角正在成为我国最有活力的经济带。

(二)三大区域形成机制的差异性

沿海三大区域的中心城市与周边城市及区域的联系方式不同,与京津冀地区主要是政治联系,而与长江三角洲、珠江三角洲地区则主要是经济联系。上海、广州—深圳作为长江三角洲和珠江三角洲地区的中心城市,其经济职能扩散以及周边城市与区域紧密联系依托中心城市的技术及信息支持,是形成两大经济圈的重要基础,经济因素是形成都市圈的主导因素,因而大都市圈内部联系紧密。而京津冀地区的中心城市北京,其政治、科教、文化等职能大大高于一般城市的经济职能,城市职能与产业定位往往面向全国,结果削弱了作为大都市区中心城市的经济扩散职能,与周边城市及区域联系不及上海与长江三角洲、广州—深圳与珠江三角洲那样密切。

(三)经济增长的源泉不同

目前中国经济增长的主要决定因素为投资、消费和出口,依此考察沿海三大区域,可以发现它们增长的源泉各有侧重(陈耀,2004)。

长江三角洲地区属于投资拉动型。近年来,长三角地区由于其拥有的良好的基础设施、发达的科技教育和日趋完善的政策环境,成为国内外投资者关注的"热土",特别是跨国资本正大举向长三角地区转移,作为长三角经济中心的上海市日益发展成为大公司、大银行总部和研发中心的所在地,并加快朝着国际经济、金融、贸易和航运四大中心迈进。2004 年长江三角洲共完成全社会固定资产投资 13 637.93 亿元,占全国的 19.4%,是珠三角的 3.02 倍、京津冀地区的 2.14 倍。

珠江三角洲地区属于出口拉动型。改革开放以来,珠三角地区凭借其毗邻港澳、靠近东南亚的地缘优势和华侨之乡的人缘优势,以

"三来一补"、"大进大出"的加工贸易起步,并大量吸引境外投资,迅速成为中国经济国际化或外向化程度最高的地区。2004年珠江三角洲进出口额达到3 420.99亿美元,占全国的29.6%,其中出口1 824.29亿美元,占全国出口的30.7%;外贸依存度达到208.2%,远远高于国内其他地区。

京津冀地区属于内需拉动型。京津冀地区有厚实的发展基础,依托其广阔的腹地和区内市场以及便捷的交通枢纽条件,已发展成为中国规模较大、较为发达和成熟的现代物流中心和消费市场区之一。2004年京津冀地区实现社会消费品零售总额达到5 212.38亿元,占全国的9.7%。外向化程度不如珠三角和长三角,但近年来,随着外商投资逐步"北上",尤其是日韩及欧美等跨国公司纷纷在京设立研发机构,该区域对外开放呈现加快势头。

(四)经济发展的动力机制不同

长江三角洲地区属于民资主导型。这里较早诞生了以集体和私营经济为主体的"苏南模式"和"温州模式",近些年经过规范的股份制改造,在中国地区经济中继续保持旺盛的活力。2002年,在工业增加值中,非国有及国有控股工业占的比重,浙江达到87.6%,江苏为81.5%(江苏的国有独资工业仅占9.05%);2004年,在全社会固定资产投资中,非国有经济投资占的比重,浙江为73.8%,江苏为69.4%,上海为70.2%。

珠江三角洲地区属于外资推动型。"珠三角模式"区别于其他发展模式的最大特征,在于它几十年来一直保持着吸引外资的领先地位。2004年珠江三角洲地区实际利用外资121.92亿美元(同年长江三角洲地区298.25亿美元,京津冀地区为71.81亿美元)。2003年广东实际吸引外资100.9亿美元,相当于西部12省区市改革开放以来的累积数。珠三角的外资主要来自香港、东南亚以及海外的华资。

京津冀地区属于国资主导型。这一区域多数是我国较早建立的工业基地,传统计划体制的惯性影响较大,尽管近些年所有制结构调整加快,但国有经济比重仍相对较高。2002年,北京的地区生产总值中来自国有经济的份额仍然占到53.5%;2004年,在全社会固定资产投资中,国有经济投资的比重,天津高达38.9%,北京是29.0%,同期全国平均水平为35.5%。但要注意到,近年来该区域民资和外资的增势也在趋强。

(五)产业特色不同

长三角经济圈是高科技—知识密集型。长三角经济圈产业门类齐全,轻重工业发达,是中国最大的综合性工业区,其纺织、服装、机械、电子、钢铁、汽车、石化等工业在全国占有重要地位。但相对其他经济圈而言,这里以微电子、光纤通讯、生物工程、海洋工程、新材料等为代表的高新技术产业更为突出。近年来,电子信息制造业的增幅始终保持在30%以上。上海、无锡和杭州已被确定为国家级IC设计产业化基地。2002年上海高新技术产业工业总产值1 980.08亿元,比上年增长18.7%,占全市工业总产值比重达到23.4%。近期投资高科技产业的台商,也主要向长三角经济圈转移和集中。

珠三角经济圈是轻纺—劳动密集型。珠三角经济圈产业主要由加工贸易导引,多以服装、玩具、家电等劳动密集型产业为主。2002年服装产量仍高达22.53亿件,平均全国每人1.8件;微波炉(1 382万台)、空调机(1 324万台)、电视机(2 410万台)等产量很大。近些年随着产业结构不断调整和优化升级,高新技术产品增速快,如2002年大规模半导体集成电路增长27.8%,微波通信设备增长

67.5%,移动通信设备增长188.0%,微型电子计算机增长31.4%,移动电话增长67.7%,彩色显像管增长39.1%,已成为全球最大的电子和日用消费品生产和出口基地之一。此外,石油化工、电器机械也正在形成新的产业支柱。

京津冀都市圈是现代制造业型。京津冀地区将成为我国北方重要的现代制造业基地。北京有全国最大的中关村电子信息产业科研、贸易、生产基地,集中了软件开发及信息技术等优秀人才,将以高新技术产业和新兴服务业引领现代制造业。目前,天津制造业中以电子信息、生物技术与现代医药、新能源材料及环保产业等为代表的高新技术产业成长迅速,其中电子信息产业已经成为天津崛起的第一大支柱产业。天津的汽车与机械装备化工、冶金等支柱产业不断发展壮大,改造提升的支柱产业和高新技术产业的比重已经占全市工业比重的60%。河北的石家庄、唐山、保定等城市,不但具有一定的制造业基础,更拥有低成本的土地、劳动力等生产要素,使其有潜力承接北京、天津等发展水平较高地区的产业转移,成为生产加工和产业的配套基地。

第二节 沿海三大区域城市化比较

一、城市化进程

(一)开发历史均比较早,但发展特点不同

京津冀地区处于中原地区通往塞外蒙古高原和关外东北地区的交通要冲,也是黄土高原和黄河河套地区通向沿海的近便之地。这里曾是古代游牧民族和农业民族之间,汉族与北方的匈奴、契丹、女真及其后裔的蒙、满等少数民族进行物资和文化交流的中心地带,也是各族统治者为扼控长城关塞和逐鹿中原的军事战略要地。自公元10世纪以后,辽、金等先后在北京地区建陪都。1280年元朝定都北京称"大都",以后历经元、明、清三个朝代共600余年,均以北京为全国的首都。天津曾是卫护京畿的重要海防门户,与北京在历史上关系十分密切,为解决供应京都的大量粮食和物资由江南北运的问题,元代开辟了从长江口至直沽(天津)的漕运海道,明初疏通了南北大运河,使天津成为漕粮的中转咽喉。明末清初长芦盐区的兴起又使天津成为盐业产销和运转中心。漕运和盐业带动了当地商业、手工业和服务业的发展,提高了天津作为"京畿之首邑"的地位。1860年第二次鸦片战争之后,天津被强行开辟为通商口岸,随着各条铁路干线的修建,扩大了天津港的腹地范围,在进出口贸易的基础上逐步建立起纺织、食品、盐化工、机械修造等为主的近代工业。至新中国成立时天津已成为拥有185万城市人口、位居全国第二、仅次于上海的工商业大都市,北方最大的经济中心(胡序威、周一星、顾朝林等,2000)。

  长江三角洲与珠江三角洲地区均是我国南方开发历史较早的地区。早在春秋时期,长江三角洲已是吴越国的政治经济中心,直到鸦片战争之前,长江三角洲由于手工业和商业的发展、大中小城镇遍布,市场繁荣,已经成为中国经济发展水平最高的地区。不过由于明清时代的海禁,长江三角洲的手工业基本上是为国内市场服务的,这与当时的珠江三角洲的工业有明显不同。

  珠江三角洲地区开发历史虽然晚于长江三角洲,但其对外贸易早在唐宋年间已得到较快发展。广州成为当时全国最大的对外贸易港口,商业空前繁荣,到了清政府实行严厉的海禁期间,广州又成为全国唯一的对外贸易口岸,商业活动更趋活跃,度过了经济发展史上一段比较鼎盛的时期。鸦片战争之后,清政府被迫开放了五个通商口岸,广州失去了唯一对外贸易港口的地位,广州出现了衰落,也使得珠江三角洲地区在我国沿海地区经济发展中所处的地位下降。同时长江三角洲地区的上海成为远东最重要的贸易中心,上海的近现代工业开始发展。上海的迅速崛起带动了长江三角洲地区的经济发展,使之在中国经济中的地位迅速上升(王益澄,2001)。

(二)新中国成立后,计划经济体制使沿海经济发展速度不快

新中国成立后至 1978 年之前,长江三角洲和珠江三角洲地区由于沿海地区地处海防前线,国家没有安排较多的重工业项目。如整个长江三角洲未新修 1 公里铁路,未新增一个设市城市(胡序威、周一星、顾朝林等,2000)。两个三角洲经济发展缓慢,大多依靠地方政府提供的有限资金,建设了一批地方轻纺工业项目。因此到 70 年代后期,与国内其他重点建设的地区相比,这两个区域经济发展显得更加落后了。但是,长江三角洲和珠江三角洲都是矿产资源贫乏的地区,纺织具有明显的比较优势,加之轻纺工业与市场经济关系密切,这为 70 年代以后两地经济的快速起飞打下了良好基础。

与两个三角洲相比,京津冀地区得到了较快的发展。一是在北京突出了其作为首都的政治中心的地位。这种全国管理中心、联络中心和国际交往中心的首都功能,已经成为积极推动经济发展的重要因素。二是突出了北京作为全国文化、教育、科技、信息中心的功能。三是进行了大规模的经济建设。北京成为国家进行工业建设投资的重要城市之一。50 年代全国的 156 项重点建设工程有 10 项放在北京,到 1980 年北京已建立了冶金、化工、机械、电子、轻纺等以重工业为主的多门类的工业基础。天津的经济也得到了较快的发展,建设了塘沽新港,转向轻重工业并举的综合性加工工业基地发展,但

由于受投资的限制,天津的工业发展速度明显低于北京市,使京津二市的经济地位发生了重大变化。

(三)改革开放以来,三大区域的城市化进程再次发生变化

70年代末改革开放政策的实施,对中国沿海北中南三大区域的城市化进程产生了明显的影响,总的影响是南方快于北方。改革开放之前我国城市数量增长是北方略快于南方,改革开放之后是南方(年均增长14个)明显快于北方(11个)(周一星、曹广忠,1999)。改革开放以来城市化发展重点的转移,可以从各类开发区建立的时空过程看得一清二楚。1979~1980年设立了4个经济特区,1984年开放了14个沿海港口城市,1985年长江三角洲、珠江三角洲、厦漳泉三角地带划为经济开放区,1988年海南全省批准为经济特区,1990年决定开发浦东新区。

由于以外向型经济为主的改革开放,迅速推动了珠江三角洲的工业化进程,使得工业总产值增长速度高出全国平均水平并远高出区域内农业总产值增长速度,1980~1994年珠江三角洲地区生产总值以年均17.8%的速度增长,使之成为一个新型的工业化区域。区域经济的发展推进了区域内城镇的产生与发展,城市景观在大范围内替代乡村景观,城镇职能日益强化,城市化发展进入了大城市连绵区的形成与发展阶段。1982年该区域只有中小城市6座,到1990年增至8座,1993年更增加到23座,其中深圳由一个渔村发展成为户籍人口超过100万的特大城市。到1996年该区共有城市24个、建制镇392个,城镇密度100个/100平方公里,城镇间的平均距离不足10公里。与此同时,城镇经济实力显著增强,1994年整个珠江三角洲财政收入超千万元的镇136个,其中超5 000万元的有25个(阎小培、刘筱,1997),并且各镇都有较完善、档次较高的基础设施和

社会服务设施。

1990年开始的浦东开发开放,其力度在福建以北的中国沿海是独一无二的,这大大增强了外国和国内其他地区的企业在上海投资的积极性,对于整个长江三角洲地区的经济发展和城市化进程有十分显著的带动作用。改革开放以后,长江三角洲城市空间范围扩展明显,其主要形式是建设新区。到目前为止,除我国改革开放意义特别的上海浦东新区和苏州工业园区外,长江三角洲地区有国家级经济技术开发区8个,国家级高新技术开发区6个,保税区3个,国家级旅游度假区4个,省级开发区88个,是我国各种开发区功能最为全面的地区(刘卫东、彭俊,2001)。大量开发区的建设,导致城市用地迅速扩大。如上海市浦东新区的行政总面积522平方公里,超过浦西老市区(324平方公里)。上海的带动作用是长江三角洲地区城市化的重要推动力,"接轨上海"成为长江三角洲各个城市的共识,"谁能更好地接轨上海,谁就能率先迅速崛起"。地理交通优势使得苏州在接轨上海方面赢得先机,在长江三角洲的迅速崛起中,苏州甘做上海的配角,凭着一直走在长江三角洲前列的招商引资,为发展高科技外向型经济打下了扎实的基础,2001年苏州被美国《商业周刊》评为"全球九大新兴科技城"。

改革开放以来,以京津为核心的京津冀地区经济均有很大发展,但在1980~1990年中期,由于各种原因,其经济增长速度尚低于全国平均水平(胡序威、周一星、顾朝林等,2000)。进入90年代中期以后京津(尤其是天津)的经济增长速度超过了全国平均水平,这与对外开放力度的加大、外资的大量投入和产业结构的升级密切相关。京津二市经过不同的发展阶段,现已成为京津冀地区居第一、二位的哑铃式双经济中心。整体来看,京津冀地区的经济发展水平和密集程度低于长江三角洲和珠江三角洲地区。

从三大区域的城市化发展进程看,90年代中期之前,珠江三角洲快于长江三角洲和京津冀地区,之后长江三角洲城市化进程明显加快,而京津冀地区城市化进程则呈先慢后快的特点。

二、城市化类型与动力机制

从不同的视角可以将城市化划分为不同的类型(阎利民,2002;郑弘毅,1998),如集中型城市化和分散型城市化;同步城市化、过度城市化和滞后城市化;自上而下的城市化和自下而上的城市化;地方驱动型、市场推动型、外资促进型、合股推进型、多元复合型和发展极推进型。对于京津冀、长江三角洲和珠江三角洲地区的城市化类型,需要仔细进行分析。

(一)京津冀地区——行政指向和大都市扩展带动型的城市化

这是我国自上而下城市化的主要模式。中国行政中心的乘数效应使各级行政中心均成为中国城市化网络上的重要节点。因此一般情况下,在政治、经济和文化方面,首都具有全国意义,省会具有全省意义,县城具有全县意义。一旦某一区域的行政中心迁移,则迁出地的城镇会相对有所衰落,而迁入地的城镇则会飞速发展。北京是我国的首都,在重庆直辖之前,天津是我国三大直辖市之一,保定曾经是河北省的省会,因此行政指向型的城市化在京津冀地区表现得非常明显,其中最为典型的就是北京的城市发展。新中国建立以来,在"变消费城市为生产城市,北京作为新中国的首都,必须加强现代工业的基础,壮大产业工人的队伍"等思想的指导下,国家在北京重点投资发展冶金、化工和机械三大工业部门,仅仅在50年代就先后建设了石景山、西苑、清河、北苑、酒仙桥、东坝、定福庄、堡头、南苑、丰台十大工业区;改革开放之前,北京作为全国重点建设的城市,在各阶段经济发展速度都远高于全国平均水平。改革开放之后,明确北京是"全国的政治中心和文化中心",由于其作为首都的特殊的政治地位,虽然其开放程度不及上海、天津,但凭借自己的优势,对外资仍有相当的吸引力,因此改革开放以来其经济发展速度并没有放慢,1979~1994年地区生产总值增长率仍然高于上海和天津。

京津冀地区是以京津两个特大城市为核心的"哑铃型、双核心"的区域,因此随着产业结构的更新调整,大城市的若干产业项目扩散到周围地区,从而使项目接受地的工业化进程加快,城市化过程加速,也表现出大都市扩展带动型的城市化。大城市卫星城的发展就属于这种类型。对于大城市来说,卫星城起着双重作用:一是接受来自母城的功能扩散;二是截留来自周围地区的集聚并通过过滤,把更高层次的集聚力传递到母城去。天津市自1958年开始建设杨柳青、大南河、军粮城和咸水沽四个近郊卫星城;1973年五个远郊县(蓟县、宝坻、武清、宁河、静海)划归天津以来,其县城的规划也被列入到市域城镇体系规划当中,成为天津的远郊卫星城(胡序威、周一星、顾朝林等,2000)。

(二)长江三角洲地区——开发区带动和地方驱动型的城市化

改革开放以来,长江三角洲地区整体的经济与城市化水平得到了空前的发展,开发区在这一过程中发挥了关键的作用,有的研究指出,长江三角洲地区已经建立了以开发区为主导带动区域整体发展的城市化模式(张弘,2001)。前文述及,长江三角洲是我国各种开发区功能最为全面的地区,大量开发区的兴建加剧了长江三角洲本就十分密集的城市密集度,使区域内城市网络的形成由此进入加速阶段;开发区的建设创造了大量的就业机会,不但缓解了农村剩余劳动力的转化问题,还吸收了大量区外、省外的自发性迁移人口,使这部分人不但改变了职业,而且离开了农村;由此导致的城市化,一方面使农业用地特别是耕地锐减,另一方面以开发区为先导的扩展面积迅速扩大,使大量农村景观逐渐转变为富有特色的新型城市景观。

开发区带动城市化最为典型的是浦东的开放开发,有的研究称之为"浦东开放开发模式"(洪银兴、刘志彪等,2003)。"浦东开放开发模式"是指由中央政府发动,地方政府推动,开放与开发相结合,内外联合,相互促进的区域经济发展模式。该模式着重发展以金融贸易为核心的第三产业,吸引以跨国公司投资为主体的高技术产业,进而塑造以金融贸易为核心的区域化、国际化经济增长中心。这种模式具有如下特点:一是由政府推动和发动,由政府制定发展规划并制定相应的配套经济政策;二是发展以金融贸易为核心的第三产业、高技术产业;三是开发与开放相结合,内引外联,形成了生产要素与商品跨国界、跨区域流动的地域空间集聚与扩散中心;四是以建设国际化、市场化经济增长中心为目标,着眼于形成以带动长江三角洲和整个长江经济带发展为最终目的的外向型、区域带动型发展模式;五是强调区域国际市场竞争力和创新能力的培育。

地方政府驱动型的城市化是以乡镇企业发展为动力、农工相辅的农村城市化模式,这种类型的典型地域是苏南地区,因此又可以称之为"苏南模式"。"苏南模式"的形成与发展,从1978年开始,到90年代初基本结束。其发展特点有四点(郑弘毅,1998)。第一,吸收农业劳动力,扩大城镇人口规模。由于苏南地区固有的优势和历史基础,本地区乡镇企业起步早,发展快,特别是80年代以来发展更为迅速,已成为吸收农村剩余劳动力的主要方向,带动了小城镇的集聚增长。第二,以工兴镇,促进小城镇发展。本地区的乡镇工业是小城镇建设资金的主要来源,如1977~1990年锡山市(原无锡县)乡镇企业用于小城镇建设的资金就达25亿元。第三,以工支农,推进农村剩余劳动力向城镇的持续转移,苏南地区乡镇企业通过向农业提供建农资金,促进了农村劳动生产率的提高,进一步解放了农业生产力,使他们步入二、三产业,进而落户于小城镇。这一良性循环保证了小城镇的发展和农村城市化不断推进。第四,城乡联合广度和深度比较突出。总的来看,其突出特点是"离土不离乡,进厂不进城",导致了乡村城市化滞后于农村工业化,到 90 年代已经不适应我国城市化的新形势。

90 年代中期以来,传统意义的"苏南模式"已经演变为张家港的"临港经济"、昆山的"外向型经济"、常熟的"个体私营经济"、江阴的"内生型(股市)经济"四大板块(钱江晚报新民生,2003)。与此同时,苏南逐步向城市化地域演进(张小林,1996)。一部分县城镇已经升格为中等城市,如到 2001 年底吴江已经发展成为 77 万人、昆山已经发展成为 60 万人的明星城市;一部分中心镇已经扩大为小城市;还出现了一大批新型的小城镇。

(三)珠江三角洲地区——外资驱动型的城市化

珠江三角洲因具有毗邻港澳的地缘优势,改革开放以来发动了外资驱动型的工业化和城市化过程。广东是中国最早获得区域倾斜性优惠政策的地区,为珠江三角洲地方政府先发性地利用这一体制落差发展本地企业以及吸引外来企业和资源进入提供了条件(林承亮,2000)。中国最早设立的四大经济特区中,有两个(深圳和珠海)就位于珠江三角洲地区,深圳与珠海的发展直接表现为珠江三角洲地区城市化进程的加快。珠江三角洲以地方政府为主导的工业化决定了其工业发展的投资主体主要来自外资和地方,而不是来自于中央和省政府。与城市为基础的自上而下的城市化相比,珠江三角洲表现为以区域(乡村)为基础的乡镇企业促动的自下而上的乡村城市化。具体讲,珠江三角洲的乡镇企业是以工业为主导的二、三产业,这些企业开办之初,均未得到国家建设投资,其资金主要来自于外商和乡村集体积累,或靠农民个人集资或投资和依靠少量贷款。如广东东莞市的雁田村从 1978 年第一家"三资企业"的创办,到 1997 年共有"三来一补"各类外资企业 359 家,做工的外来人员达到 6 万人。1997 年雁田村集体工缴费收入 18 370 万元,雁田村工农业总产值也从 84 万元增长到 27 300 万元,年均增幅达到 34.6%;1979～1997 年雁田村人均收入从 171 元增长到 6 800 元,年均增长 22.7%(中国社会科学院农村发展研究所组织与制度研究室,2002)。珠江三角洲经济的高速发展加速了城市化步伐。早在 1989 年珠江三角洲全区就已达到村村通电、通水,95%以上村通了汽车和电话。"三资企业"和乡镇企业的崛起,使珠江三角洲地区相继兴起一批小城镇,在全区 2.23 万平方公里的土地上,分布着 273 个镇,平均 82 平方公里就有一个镇。这种城市化模式可以称之为"珠江模式"(张敏、顾朝林,2002)。

从城市化的动力机制看,与京津冀地区相比,长江三角洲和珠江三角洲地区乡村工业化是农村城市化的最主要动力。通过乡镇工业提供的大量的就业岗位,吸引了大批农村剩余劳动力,推动了农村经济大幅度发展,增加了小城镇建设的资金来源,直接带动人口的集聚和小城镇面貌的改善。但是"苏南模式"与"珠江模式"在城市化的特征与机制方面却不相同。①就乡镇工业化的主体而言,早期"苏南模式"的主体是乡镇集体企业,后来逐步被私营、民营和三资企业所取代;而"珠江模式"初期的主体是大量的"三来一补"企业,后来逐渐增加了三资企业和私营企业的成分。②在企业的外部联系上,"苏南模式"开始主要同周边大城市的国营企业建立生产协作关系,产品以面向国内消费市场为主;90 年代以后,苏南乡镇企业与港台地区和欧美国家的联系逐步加强,产品开始打入海外市场。而"珠江模式"的乡村工业化主要建立在与香港的密切联系上,企业的资金、原料、样品大多由港商提供,加工出来的产品由经香港进入国际市场;近年来伴随着广州和深圳高新技术产业的扩散,这两个中心城市的周边地区开始进驻了一些大型跨国公司的生产部门,乡村工业的外部联系格局出现了一些新的变化。

特征上的差异源于机制上的差异(张敏、顾朝林,2002)。"苏南模式"发生的基础是农村土地集体所有制、富足的乡村经济和勤劳进取的人文传统;而"珠江模式"产生的基础是毗邻港澳的地缘条件以及敢冒风险、追求变革的地方精神。"苏南模式"发展的动力是集体资金的积累和地方政府强有力的介入,而"珠江模式"形成的动力是外来资金的注入和中央政府给予的先行一步的开放政策。因此,早期的"苏南模式"乡村工业化动力机制是"自内"的,而"珠江模式"是"自外"的。但是近年来这两种模式出现了多元融合的倾向。

上述分析可见,对于京津冀、长江三角洲和珠江三角洲地区的城市化类型用自上而下和自下而上的城市化进行分析比较妥当。自上而下的城市化是指政府扮演城市化的投资者和组织实施者的角色,并使城市在遵循政府的经济计划和城市规划的前提下发展。这一种制度安排是社会主义计划经济秩序下的产物,其政府及其行为的突出地位亦由此合法地得以奠定。自下而上的城市化是指投资主体多元化,城镇发展的自发性特征十分明显。这种制度安排是社会主义市场经济秩序逐渐确立背景下的产物,最初诞生于传统计划经济体制覆盖之外或覆盖功能薄弱的农村地区和城镇非国有领域,并在相当长时间里与自上而下的城市化并存(吴翔阳,2001)。大体而言,改革开放以来两个三角洲地区属于自下而上的城市化方式,而京津冀地区则属于自上而下的城市化方式。

三、小城镇发展

小城镇是由农村中比农村社区高一层次的社会实体组成,这种社会实体是以一批并不从事农业生产劳动的人口为主体组成的社区,无论从地域、人口、经济、环境等因素看,它们都既具有与农村社区相异的特点,又都与周围的农村保持着不能缺少的联系。从统计上讲,小城镇是指县及县以下的建制镇、乡人民政府所在地及达到一定规模的集镇。小城镇一般包括城关镇、建制镇和集镇三个层次(国家统计局农村社会经济调查总队,2002),有时将大城市的卫星城也纳入小城镇的研究范围(白晨曦、傅崇兰,2002)。分析比较我国东部沿海地区北中南三大区域小城镇发展的异同,对于我国城市化进程及乡村—城市转型具有重要的意义。

(一)京津冀地区

1. 小城镇的类型

在京津冀地区,由于北京、天津、唐山、廊坊、保定等城市行政级别、规模和性质的不同,使本地区小城镇的发展情况复杂而特殊,小城镇发展以"本土化"和"市镇化"为特点,呈现出鲜明的独立城市化的特征(白晨曦、傅崇兰,2002)。

(1)北京——新型的卫星城。2002年底北京目前有卫星城14个、建制镇141个(其中中心镇29个)、乡52个。北京地区卫星城的建设已有近20年的历史,但不是很成功,卫星城人口一般只有10万人左右,多数卫星城经济实力不强,城市功能不完善,吸引力较差。卫星城不仅是一个经济区域,同时又是一个社会生活区域,规模较大的卫星城不断把周围的小城镇纳入城市,具有城乡一体化的特征。北京市卫星城之外的小城镇,都具备了一定的市政公用设施和社会服务设施,二、三产业有了较大发展,其中有19个小城镇列入建设部试点小城镇。总的来看,北京的小城镇带有强烈的大城市组成部分的特色,这对于改善生产力与人口区域分布状况,在特大城市周围形成新的城市聚集体,形成更加宜人的居住环境,推进城乡一体化都具有重要的意义。

(2)天津市——卫星城与一些专业职能的小城镇并举。作为特大城市,卫星城的发展在天津的城市化中具有重要的作用,天津的卫星城大致可以分为三种类型:一是塘沽、汉沽、大港三个相当独力的城市;二是杨柳青、大南河、军粮城和咸水沽四个近郊卫星城;三是五个远郊县(蓟县、宝坻、武清、宁河、静海)。塘沽、汉沽和大港作为三个相当独力的城市,其港口和主导产业的功能相对清晰,城市设施较为齐全,其发展条件、潜力和前景都比较好。

2002年底天津市共有120个建制镇、20个乡。天津市小城镇的专业职能比较突出。如蓟县是以绿色食品加工业基地以及旅游、商贸等专业职能为主的"花园城市";宝坻是以副食品生产加工、供应和外贸型工贸等专业职能为主的城市;武清是以高新技术为主导产业的基地和外向型新型科技城;宁河县城和汉沽城区是以商贸集散、海洋化工工业、外向型经济等专业职能为主的综合性城市;静海是以现代工业和商贸批发等专业职能为主的工商贸城市。

(3)唐山市——工业型的小城镇。2002年底唐山市共有小城镇207个,其中县级市4个、城关镇6个、中心镇20个、乡镇177个。唐山作为我国近代工业的摇篮和新中国的重工业基地,其小城镇的发展具有显著的工业化特色。在10个县(市)中,除唐海县小城镇和遵化市区以外,小城镇的发展模式都是以工业为主的小城镇;20个小城镇也多数是工业型小城镇。

(4)保定市——市镇化的小城镇。保定市共有小城镇334个,其中有县级市 4 个、城关镇 18 个、乡镇 312 个。在保定市由单一行政中心职能向工商业城市转变过程中,是以市镇化为主流的,小城镇的发展以商品交换为主要内容,具有商品流通中介的职能。如留史镇称"皮毛市场镇",安国称"药都",白沟称"箱包城"等。

2. 小城镇的发展趋势

(1)京津地区城郊结合部小城镇的发展将会十分迅速。京津两市的发展,不论城市自身经济、社会结构的优化,还是产业布局和环境的改善,以及城市交通条件和城市功能的提高,城郊结合部都应在城市总体规划中列为相当独立发展的中小城市组团。一方面可以满足城市远期发展对生态居住区的需要,另一方面可以吸引核心区的工业,特别是工业的郊区化,在中小城镇实现工业化,使特大城市逐渐向外扩散。这样就可以促进京津地区城郊结合部小城镇的快速发展。

(2)冀北地区的发展重点是工业小城镇。唐山、保定处于京津冀地区次中心城市的地位,既接受京津的辐射,又承担作为各地区中心城市和带动区域城乡发展的功能。这两个城市处于京津冀交通中心节点位置,属于区域发展的优势地区,城市化动力大,是现在和未来冀北地区高度发展城市化的中心,是京津冀地区区域性城镇体系的次中心,在此周围将形成大量工业型小城镇。

(3)其他地区则是按照县域城镇体系规划发展有潜力的建制镇。

(二)长江三角洲地区

长江三角洲地区包括上海、苏南、浙北三个区域,下面对于这三个区域的小城镇分别进行分析。

1. 上海市

1991 年上海市郊区有 36 个镇,1995 年增加到 182 个,小城镇的迅速增加,郊区城市化水平为35%左右(胡序威、周一星、顾朝林等,2000);1998年城镇化水平达到42.3%(苏平、丰东升,2000);2002年年底,上海市郊区有镇132个、乡3个,城镇数量的减少主要是撤乡并镇的结果。上海市郊区小城镇发展的主要推动力,一是外商投资对城市化的推动;二是开发区的设立成为各级城镇新的发展空间。由于浦东开发开放中以小区(功能区)开发为重点的开发引资模式取得了成功的经验,为县级行政区开发引资起到了良好的示范作用。郊区原有分散布局的工业的进一步发展及开发引资中需要走集中发展的路子以及投资外商对厂区内外基础设施要求的一致性,使得开发区成为郊区工业发展最好的空间组织形式。到1995年年底,设立于郊区的市级开发区有9个、40个县级开发区和196个乡镇工业小区,以便为外商投资、接纳市区工业扩散、乡镇工业的集中布局提供空间。开发区的设立,一方面为郊区工业的进一步发展提供了发展场所,促进产业和人口向城镇的集中;另一方面由于开发区多以城镇为依托,在开发区的建设过程中,城镇的基础设施得到配套改建、增建,从而提高了原有城镇对人口的接纳能力。

2. 苏南地区

苏南地区是我国乡镇企业最发达、乡村城市化水平较高的地区。苏南小城镇的发展起始于1983年的市管县体制,但是苏南只有1个县级市(常熟市)和34个建制镇;1986年后陆续撤县建市,现在已全部成为市;1998年年底,除宜兴、武进、金坛、溧阳外,有8个县级市成了无乡市(刘荣增,2000);2001年年底苏南的城镇化水平已达32.5%。苏南建制镇平均实现地区生产总值6.32亿元,人均1.5万元;镇建成区面积3.4平方公里;镇区集聚人口12 383人;乡镇企业集中度66.7%;建制镇人口聚积度32.5%。涌现出一批经济实力雄厚的强镇,如2001年江阴市澄江镇地区生产总值达到53.61亿元,昆山市玉山镇38.21亿元,张家港市杨舍镇35.72亿元,吴江市盛泽镇30.90亿元,江阴市周庄镇28.4亿元(刘光平、蒋书明,2002)。

苏南地区小城镇的类型主要有四种(江耀翔、何致权,1997)。①企业主导型。结合自身优势,选准支柱产业,兴办企业小区,推动以工业为主体的小城镇建设。如吴江芦墟镇、张家港塘桥镇等。②市场带动型。以市场建设为重点,带动以小商品、农贸专业市场为主体的小城镇发展。如常熟市的碧溪镇。③商品辐射型。扬交通便利的优势,以商兴镇,以贸兴镇。如有"日出万绸,衣被天下"的吴江市盛泽镇。④中心村扩张型。结合康居工程,把经济实力较强的中心村扩张成为新兴小城镇。如红庙镇。

3. 浙北地区

浙北地区的小城镇发展大体经历了三个发展阶段(李王鸣、谢良葵,1997)。①1949~1957年,当时国家重点恢复上海和辽宁等老工业基地,由于历史上浙江与上海经济来往密切,因而受上海工业基地恢复的带动,经济发展比较快,建制镇数量也有相应增加。②1958~1976年,受极左路线的干扰,把浙江农村发展多种经济、进行手工业劳动和商品交换流通都作为资本主义尾巴批判。为此,农村经济萧条、建制镇数量减少、规模缩小。③1978年改革开放之后,浙江农村抓住有利时机,大力发展乡镇企业和私人企业。乡镇工业的发展,一方面推动了农村经济的大发展,促成了产品销售的初级市场的形成和发展;另一方面吸引大量的邻地农村人口集聚,就地转移,加快乡村城市化进程。

浙北地区小城镇的主要类型有五种。①工业型小城镇。如宁波慈溪的宗汉镇、象山的爵溪镇等。②专业市场型小城镇。这种小城镇一般依托于一个或者专业市场和市场群落,这些小城镇以市场为纽带,以搞活流通为手段,以带动农民家庭加工业发展为目标,有力地推动了小城镇的发展。如宁波慈溪的周巷镇的中国食品市场等。③旅游型小城镇。浙北旅游资源十分丰富,一些小城镇也因其独特的旅游资源,或为大中城市配套的外围型旅游资源而得以兴起和发展。此类小城镇因其所具有特殊的自然资源和文化资源,吸引了大量游客,逐步发展成为以消费和服务业为主的小城镇,如杭州淳安的千岛湖镇,舟山的朱家尖镇、普陀镇,宁波奉化的溪口镇,宁波余姚的梁弄镇。④山海型小城镇。这类小城镇以地貌为基础,利用其独特的海域或山区资源,或者通过港口发展中转运输,或者利用山区特色资源发展小城镇。如宁波象山的石浦镇、北仑区的小港镇、舟山普陀区的沈家门镇就是利用港口发展口岸型小城镇;宁波余姚的四明山镇则是利用其特有的山区资源发展独具特色的山区型小城镇。⑤综合性小城镇。这类小城镇主要以"农工、商贸兴镇"为依托而产生的。如宁波慈溪的坎墩镇,鄞县邱隘镇等。

(三)珠江三角洲地区

1. 小城镇发展的状况

20世纪70～80年代初,珠江三角洲地区一直保持30个左右的建制镇,多数县只有县城一个建制镇。80年代中期开始撤乡建镇,到1995年底乡改镇全部完成,使建制镇增加到404个。按户籍非农业人口计,1995年有75个镇超过1万人,34个镇超过22万人,21个超过5万人,9个镇超过10万人(胡序威、周一星、顾朝林等,2000)。由于珠江三角洲庞大的外来人口大多居住在建制镇镇区附近,使不少建制镇镇区的外来人口比本地户籍非农业人口还多。东莞的虎门、石龙、常平、厚街和深圳的新安、布吉、龙岗,中山的小榄等镇区实住非农业人口均超过10万人,撤县设市后,南海、顺德、番禺、三水、高明等县城与附近的镇联合组成中心城区,非农业人口已经超过二三十万。

小城镇职能目前多数还是一定地域(镇域)的行政管理中心和农副产品集散地。但是随着经济的发展,已经出现一批以工业、商贸、交通、旅游为主要职能、专业化特色明显的镇。如在90年代中期,顺德的北滘、桂洲、容奇镇,中山的小榄镇,南海的盐步、平洲镇,就已经是工业产值就超20亿元,拥有大型骨干工业企业和名牌产品的著名的工业镇;南海的大沥、西樵,东莞的虎门,顺德的乐从,增城的新塘镇则是辐射省内外的大型专业市场所在地;从化的温泉,中山的翠亨,番禺的莲花山镇,南海的西樵镇又是著名的旅游度假区。

珠江三角洲的县城设市后又成为该县级市的中心城市。县城附件的镇也并入中心城区,有的县城则保留建制镇。这些地区的镇经济发达,城镇供水、供电、电信、道路等基础设施和生活服务设施比较配套,到处高楼林立,车水马龙,景观外貌与城市已没有什么区别,为向小城市发展奠定了良好基础。与此同时,小城镇的经济实力显著增强,2001年珠江三角洲地区平均每个镇农村经济总收入14.9亿元,全镇财政总收入9 394万元(表6—4)。

表6—4 珠江三角洲地区小城镇基础设施和社会经济发展水平

指　　标	平均每个建制镇	指　　标	平均每个建制镇
年末实有铺装道路长度(公里)	17.3	电话装机量(部)	11 113
年末实有铺装道路面积(万平方米)	16.19	镇区面积(平方公里)	6.93
建成区绿化覆盖面积(万平方米)	19.27	其中:建成区面积(平方公里)	4.28

续表

指　　标	平均每个建制镇	指　　标	平均每个建制镇
生活垃圾无害化处理(吨)	5 630	镇区企业个数(个)	297
供水站(个)	1.2	镇区企业人数(人)	10 038
汽车站(个)	0.4	镇区企业营业收入(亿元)	9.4
年末实有公共汽车运营车辆数(辆)	8.8	全镇农村经济总收入(亿元)	14.9
邮政所(个)	1.4	全镇财政总收入(万元)	9 394
电信所(个)	1.2		

资料来源：根据广东省统计局农村处课题组："对广东省小城镇发展状况的思考"，载国家统计局农村社会经济调查总队：《中国建制镇研究》，中国统计出版社，2002年，第115～120页有关资料整理。

2. 小城镇发展中存在的问题

突出表现为小城镇集聚和辐射能力不强。人流、物流、交通流、信息流向小城镇的集中，将形成强烈的集聚效应。小城镇的发展，不仅使自身镇区的经济得到快速发展，实力增强，而且对周边地区产生示范、带动和辐射作用。而乡镇企业的迅速崛起，充分发挥了其在小城镇中的集聚和辐射作用。但从珠江三角洲的实际情况看，由于受土地、资金、劳动力、人缘关系、传统习惯等方面的制约，大部分乡镇企业主要分布在村里。如乡镇企业十分发达的顺德市北滘镇179家乡镇企业中，只有63家位于镇区。该镇工业以镇办为主，规模较大，布局尚且如此。以村办、民办小工业为主的广大乡镇，工业布局更为分散。在"三来一补"工业集中的东莞市，工业则主要沿公路呈带状分布(胡序威、周一星、顾朝林等，2000)。乡镇企业的分散布局，既不利于农村工业化带动第三产业的发展,又以巨大的资源浪费和环境污染为代价。没有工业化,就没有城市化,但"村村冒烟,家家设厂"的分散格局,造成了第三产业不能随着乡镇企业的快速发展而同步发展,目前广东省农村第三产业仅占 23.5%,进一步影响了小城镇集聚与辐射能力的提高。与此同时,高度分散的乡镇企业,虽然吸引了大规模的农村剩余劳动力就业,但却带来了农村工业非城市化的问题,部分农村剩余劳动力"离土不离乡,进厂不进城"的就地转移方式,并没有实现人口空间上的稳定转移,乡镇企业的大多数劳动力仍然是亦工亦农的"两栖"人口。因此,小城镇虽然拥有廉价的劳动力和土地,但难以形成规模,造成了农村工业的外部不经济,影响了技术的进步、生产条件的改善和经济效益的提高,进一步限制了小城镇集聚和辐射功能的发挥。

(四)三大区域小城镇发展

1. 小城镇发展水平比较

90 年代后期的一项案例研究表明,90 年代前半期北京、上海、广州三大都市辖区小城镇发展水平存在明显的差异,北京辖区的小城镇发展速度最慢,广州次之,上海最快(陈浩光,1998)。表 6—5 的资料也支持了这一结果。

2. 产生差异的原因

京津冀、长江三角洲、珠江三角洲小城镇发展水平差异的主要原因是小城镇与中心城市的关系。上述三个区域小城镇与中心城市的关系表现为三种不同的类型(陈浩光,1998)。

京津冀地区是全面依赖型。京津冀地区由于改革开放时间较晚,力度较弱,加之靠近首都,习惯了分享全国各地的支援,商品意识较弱,走惯了计划经济的路子,缺乏自强精神,只是等待上级(尤其是

表 6—5　2001年沿海北中南三大区域建制镇发展水平比较　　　计算单位：平均每个镇

项　目	全国平均	北京	天津	河北	上海	江苏	浙江	广东
村民委员会个数(个)	21.2	22.4	25.0	27.9	17.7	14.9	32.3	13.6
总人口(人)	32 187.9	19 965.7	25 702.6	31 745.7	33 406.0	41 549.9	33 455.7	41 196.9
乡村经济总收入(万元)	43 875.6	65 704.2	91 721.8	60 370.6	271 711.9	91 886.1	133 099.3	59 585.1
乡镇企业个数(个)	455.1	485.3	349.2	798.0	205.4	429.5	816.3	641.7
乡镇企业从业人员(人)	3 863.1	4 909.7	4 999.9	4 937.4	9 660.0	5 952.0	7 764.8	7 115.5
财政收入(万元)	1 011.7	1 762.4	1 015.2	589.0	9 007.6	2 344.0	3 373.0	2 049.7
通电话村数(个)	19.2	22.4	25.0	27.3	17.7	14.9	30.3	13.3
通公路村数(个)	19.6	22.4	24.9	26.6	16.1	14.6	28.8	13.2
通自来水村数(个)	9.7	21.9	18.4	21.1	17.7	11.3	23.8	7.5
汽车站(个)	1.0	0.6	1.9	0.5	4.0	1.3	1.0	0.8
供水站(个)	1.6	0.5	2.0	5.6	1.8	3.1	1.6	4.4
垃圾处理站(个)	0.4	0.1	0.5	0.1	0.9	0.7	0.6	1.0
集贸市场数(个)	2.5	1.4	2.3	3.5	3.6	3.4	3.5	2.8
学校数(个)	16.7	8.5	11.9	21.8	5.1	14.3	9.8	16.0
图书馆,文化站(个)	1.4	2.1	1.5	2.3	1.6	1.5	1.5	1.9
医疗卫生单位(个)	5.3	3.7	2.1	11.5	1.3	13.9	16.5	4.2
敬老院,福利院(个)	1.1	1.1	1.2	1.0	1.4	1.6	1.3	2.0

资料来源：根据国家统计局农村社会经济调查总队:《中国建制镇研究》,中国统计出版社,2002年,第149～155页有关资料整理。

中央政府)把重大建设项目安排在自己的乡镇,或者等待来自上级政府有关方面的支持。如北京市海淀区山后地区的各乡,90年代以来没有发展其支柱产业,只把希望寄托于1992年1月由中央政府确定在永丰乡和东北旺乡交界处航天城的建设上,希望通过航天城的建设获得征地资金,改善整个山后地区的投资环境,促进二、三产业的发展,并借助航天城的知名度来增加吸引力和凝聚力,促进小城镇发展。

长江三角洲地区是技术和市场依赖型。长江三角洲地区虽然改革开放时间也较晚,但上海属于全国性的经济中心,南京、杭州、宁波、苏州的经济发展水平也相当高,技术力量雄厚,发展二、三产业和商品经济经验雄厚,是珠江三角洲地区的小城镇发展深得其利。上海奉贤区红庙镇的发展颇能说明问题。红庙镇距上海中心城市50公里,是1985年由原奉贤县奉城、平安、四团部分村组建起来的一个乡,建乡时红庙既没有集镇,也没有办公场所,只有一家行政村所属的下伸店、一个医疗室和一所村级小学。到1996年已建起一座占地2平方公里,建筑面积60万平方米,具有水、电、道路、通讯以及教育、卫生、文化、旅游、度假、绿化、生活等设施齐全的新型小城镇,全镇2/3农民住进农民城过上城市化生活(朱文忠、杨章明,1998)。红庙镇的快速发展主要得益于对上海的依托。农业发展根据上海市区的需求积极调整结构,到1990年为上海市场供应的禽、鱼、水果等产量大幅度上升,其余产品产量则有不同程度的下降。工业除立足于本地乡镇企业外,还依托上海的先进技术、资金和市场,发展起14家与上海合资的较大规模的工业企业。这些工业企业有的与上海的工业集团建立起垂直联系关系,有的主要依靠上海的技术与市场(陈浩光,1998)。

珠江三角洲地区是全面依托型。珠江三角洲地区小城镇的发展大致如此。珠江三角洲地区的小城镇,由于改革开放的政策实施较早,劳动力商品意识较强,多方面寻求发展之路,如接纳中心城市企业的扩散,吸引外资发展"三来一补"企业,大办镇村企业和个体企业,发展"三高"农业等。如深圳市万丰村位于深圳一个特区内的小村庄,改革开放以来,利用所处的区外优势,大力发展"三来一补"工业。1982~1996年该村共引进"三来一补"企业110家,在该村的非农经济中,"三来一补"企业占主导地位,村经济收入的90%以上来自这些企业,全村劳动力总数的1/3也在这些企业中就业,而且为3万多个外来劳动力提供了就业机会。1979年万丰村总收入只有60万元,人均350元;1994年产值达到7亿元,收入达8 000万元,1995年收入超亿元,万丰本村人平均收入1.9万元(中国社会科学院农村发展研究所组织与制度研究室,2002)。万丰村通过大力发展"三来一补"企业,在较短的时间里使村内经济实现了工业化,从而彻底改变了原来贫穷落后的面貌。

四、城市化方向与空间变化趋势

(一)京津冀地区——"双核心/多中心"城市圈

京津冀地区应该在"大北京地区"的范围之内,综合考虑首都的功能要求,建设世界城市,带动整个京津冀地区的繁荣。

从政治和地缘上看,京津冀地区应该借助它作为大国首都的影响,发展成为21世纪的世界城市地区之一,为参与世界政治活动、文化生活、国际交往,以及获取国家竞争优势奠定必要的基础。京津两市同属于中国知识资源最密集的地区,知识发展水平居于全国首位,最有条件融入世界知识社会,应当成为我国获取、利用全球知识,强化国家吸收知识水平,提高国家创新知识的能力,扩大知识扩散和应用范围的主要基地。

作为世界城市,北京应该有足够的发展空间、更高的环境质量。目前北京在空间上不能适应发展成为世界城市的需要,因此必须突破以行政辖区的观点确定人口、土地等指标,来处理发展问题。事实上,北京在港口、跨区域交通、旅游等方面已经突破了市域范围,但尚缺乏整体的、较为自觉的战略与行动。因此,京津冀地区必须对核心城市无限地过度集中进行"有机疏散",缓解空间压力;与此相配合,在区域范围内实行"重新集中",努力使区域发展由单中心向多中心形态转变,形成完善的城镇网络,在拓展城市发展空间的同时,促进区域整体均衡发展。

京津冀的区域空间结构将从"星状结构"向"双核心/多中心"转变,即以京津为主轴、以唐(山)保(定)为两翼,调整产业布局,发展中等城市,增加城市密度,构建大北京地区组合城市,优势互补,共同发展。

京津冀地区城市空间演化的总趋势有以下几个特点(胡序威、周一星、顾朝林等,2000)。①在特大城市市区内,近郊区的发展快于老城区或市中心区;②在特大城市市区周围的中小城市和重要卫星城镇的发展快于特大城市市区;③港口和各种类型新开发区的建设向滨海地带推进,如天津的滨海新区,唐山市的京唐港和南堡工业区等,促使滨海新城镇的兴起;④空间开发由以少数特大城市市区近域空间蔓延式空间扩展为主,逐步引向由近及远沿主要发展轴,由点轴到网络的广域空间扩展。

需要说明的是,滨海新区和曹妃甸工业区将成为京津冀区域新的重要发展引擎(邓丽姝、魏书华,2006)。滨海新区的进一步开发开放已被纳入国家战略,这不但对天津、对京冀也是重要的利好。滨海新区的加快发展,意味着外向型经济、先进制造业和物流等相关产业的加快发展,对天津及其周边区域将起到有力的带动作用,并通过垂直和水平分工与北京形成有效分工协作和竞争,进一步凸显和强化北京的优势。滨海新区从而将发挥天津和京冀新增长极的作用。曹妃甸工业区作为临港重化工业基地,承接了北京钢铁业的产业转移,既发展了自身,也为优化北京产业结构做出了贡献。通过港口的进一步建设和产业的进一步集聚,曹妃甸工业区必将成为京津冀乃至我国北方重要的重化工业发展基地。

(二)长江三角洲地区——大都市区

近年来长江三角洲地区经济发展呈现蓬勃发展的态势,城市用地大规模扩展,工业区域成片分布;产业结构向高层次转换,呈现大都市连绵带的产业特征;城市等级体系完整,已形成上海、南京、苏州、杭州四个都市区和五个等级层次;城乡一体化趋势明显。到2000年底,长江三角洲地区共有大中小城市55座,拥有建制镇1 390个;平均1 800平方公里就有一座城市,是全国平均水平的8倍;区域的城市化水平达40.94%,超过全国平均水平近5个百分点,其中上海的城市化水平高达74.62%,南京也达到了56.80%,苏州、无锡、常州都超过了40%(钱江晚报新民生,2003)。可以说,长江三角洲大都市带的基本形成,一个真正的大都市区呼之欲出。

随着以宁杭高速公路、宁沪高速铁路、钱塘江跨海大桥等跨区域交通基础设施的建设,以上海为中心的四小时交通圈的建立,长江三角洲地区将形成"双A型"的城市空间格局。

(三)珠江三角洲地区——向"双中心"发展的城市群

80年代之前,珠江三角洲的人口、经济高度集中在本区最大的中心城市——广州。80年代以来,随着区域内其他城市的发展,广州市的集聚程度有所下降。深圳的经济实力和常住人口规模已逐步接近广州[1]，呈现由广州"单中心"向广州、深圳"双中心"发展的趋势。未来的珠江三角洲将形成北起广州，南达港澳的城镇密集区。其中以广州、深圳两个特大城市为核心，佛山—桂城、江门—会城、珠海、惠州—大亚湾为次中心，中山、东莞、肇庆、顺德、清远、番禺、台山、开平、恩平、惠东、花都、增城、三水、高要、四会、从化、博罗、惠阳、鹤山、高明为第三级中心，以小城市和建制镇为纽带的具有强大辐射作用和凝聚功能，彼此密切联系和分工协作的城镇网络系统。

　　珠江三角洲的中心城市广州、深圳的城市功能已出现向周围小城市扩散的现象。如广州市与周围的佛山、南海、三水、花都等城市有快速交通干道相连，通勤时间大多在1小时以内，已出现居住地点和就业地点分离的趋势，形成周围城市与广州市之间通勤、城市之间的人流与物流以及社会、经济都密切联系的都市化地区。东南部以深圳为龙头的城市群和香港产生密切的生产联系和社会经济融合。深圳、惠东、惠阳、东莞以外向型经济为主，在生产组织、销售上与香港有密切联系。香港受发展空间、地价、劳动力价格的局限，资金、技术、产业向深圳、东莞等城市分流，同时居住空间也向这些城市延伸。东莞的虎门、石龙、长安、厦街、常平，深圳的宝安、布吉、龙岗，中山的小榄实住非农业人口均已超过10万人。

　　在珠江三角洲，广州借助于先行一步的改革开放优势，其经济影响力早已超出本省而扩散到全国各地，已基本与国际惯例的经济体制和运行方式相衔接，基本具备了建立国际化都市的条件（顾朝林等，1999），国际性城市的优势正在形成之中。然而，由于广州毗邻香港，改革开放以来广州作为华南地区的经济中心地位已经被香港取

---

[1] 2001年底深圳市的户籍人口是132万。

代,随着香港回归,香港将成为该地区当之无愧的国际性城市,这将在一定程度上抑制广州进入世界城市体系的可能性。

第三节 沿海三大区域协调发展比较

一、三大区域经济一体化趋势

(一)京津冀的区域一体化步入实质性合作阶段

虽然目前京津冀的区域一体化程度还有待于进一步提高,但随着三地政府对区域协调发展的重要性、迫切性认识的加深,区域协作意识的强化,对推动区域一体化发展进程共识的逐步达成,并且随着市场力量的逐渐增强,特别是国家启动京津冀区域发展规划的推动,京津冀一体化进程的加速将成为必然,三地优势互补、资源有效配置、经济和社会各项事业共同进步的良好局面必将在不久的将来出现(邓丽姝、魏书华,2006)。

(二)长三角的区域一体化进程将进一步深化

长三角的竞争优势突出表现在两个方面。首先,长三角内部的产业一体化程度较高。各城市的产业联系较密切,垂直分工、水平分工紧密,在长三角区域形成了具有较强竞争力的产业集群。其次,中心城市上海的辐射、带动能力较强,其他城市与上海接轨、联动发展的意识也较强。这都有利于长三角的整合和协调发展(邓丽姝、魏书华,2006)。

长三角日益深化的一体化进程,是应沪、江、浙三地优势互补、资源共享、实现共赢的愿望和需要而生,应三地经济、社会协同发展的需求而生。是由长三角不断提升的发展层次和水平所推动的,具有客观必然性。借助国家长三角区域规划启动的推力,长三角区域一体化程度必将进一步提升。

(三)"大珠三角"的一体化发展将助力珠三角地区的产业升级

珠三角与香港进行区域合作制度安排的进一步完善,两地功能分工的进一步明晰,是珠三角和香港优势互补、协同发展的必然要求,也必将推动两地的合作进入一个新的更高的发展阶段。香港发达的金融业等现代服务业会为珠三角的高新技术产业提供有力的资金等支撑,香港为珠三角的高新技术产业联结国际提供了重要平台。"大珠三角"的一体化发展会助力珠三角的高新技术产业,从而提升珠三角的产业发展层次,实现更高水平、更有效益的"前店后厂"(邓丽姝、魏书华,2006)。

"泛珠三角区域协作"具有国家战略层面的意义,将为珠三角的发展拓展腹地。但合作效果需要较长的时间才能显现出来。

二、"十一五"时期三大区域的发展方向与重点

《中华人民共和国国民经济和社会发展第十一个五年规划纲要》提出:"根据资源环境承载能力、现有开发密度和发展潜力,统筹考虑未来我国人口分布、经济布局、国土利用和城镇化格局,将国土空间划分为优化开发、重点开发、限制开发和禁止开发四类主体功能区,按照主体功能定位调整完善区域政策和绩效评价,规范空间开发秩序,形成合理的空间开发结构。"按照这种划分,沿海京津冀、长三角、珠三角三大区域均属于优化开发区域。今后要改变依靠大量占用耕地、大量消耗资源和大量排放污染实现经济较快增长的模式,把提高增长质量和效益放在首位,提升参与全球分工与竞争的层次,继续成

为带动全国经济社会发展的龙头和我国参与经济全球化的主体区域。具体而言,三大区域的发展方向与重点又有所不同(孙鸿烈、郑度、陆大道等,2005)。

(一)京津冀地区

京津冀地区是我国北方最大和发展程度最高的经济核心区,也是我国参与国际经济交流和合作的重要门户。未来将会成为我国区域经济发展的第三极,引领着我国乃至世界技术创新和高新技术产业发展的潮流,成为我国电子信息、通讯设备、生物技术、新材料、机电一体化等高新技术产业的最大密集区。在产业的空间发展方向上,"十一五"时期要进一步发挥天津港和京唐港的优势,建设滨海产业密集带;鼓励生产性服务业、旅游业和科技教育等第三产业的发展,构建与世界城市相符的城市功能;适当控制钢铁、建材、汽车、石油化工等传统产业规模扩张,重点向环保型、节能型和高端产品发展;合理引导京津冀产业的空间转移,带动周边中小城市发展。

在"十一五"时期,要重点建设天津集装箱干线港和秦皇岛支线港,为促进京津冀以及华北、西北的对外交流提供现代化的支撑条件;加快高速铁路专线建设,实现以京津为核心、通达全国各大区的现代化交通网;加强城际快速干道建设,以增强城市之间的联系;建立有效的区域协调机制,解决京津冀地区水资源短缺和日益严重的生态环境问题;严格限制大耗水产业发展,优先配置水资源,减少农业灌溉用水量。

(二)长江三角洲地区

长江三角洲地区是我国最大的经济核心区,也是我国产业和城市人口进一步集聚的重点区域。未来将建设成为我国面向东亚和全球的金融、贸易、航运中心，国际上重要的汽车、船舶、电子信息、航空航天等制造业基地。在"十一五"时期，要及时提升产业结构层次，在结构调整、降低能耗基础上，发展钢铁、石油化工等基础原材料工业；继续强化上海的中心地位及其与苏(州)(无)锡常(州)、杭(州)嘉(兴)湖(州)、宁(南京)镇(江)扬(州)三大城市群的协调发展，统筹和共享区域重大基础设施，推进区域经济一体化进程；通过空间整合和优势重组，有效引导人口、产业适度集中，促进中心城镇合理发展。

在"十一五"时期，在长三角经济区发展支撑条件建设方面，要强化上海国际航运中心建设，同时加快快速交通通道建设，增强上海与内陆中心城市联系，构筑以上海为中心的两小时快速交通圈；在产业和城市快速发展过程中，进一步优化土地利用结构，严格保护耕地，积极治理水污染，改善水环境质量；控制污染源，缓解湖泊富营养化趋势。

(三)珠江三角洲地区

珠江三角洲地区是我国东南沿海地区最大的经济核心区和国际化程度最高的门户地区。在进一步提升本区金融、贸易、国际航运中心和制造业服务功能的基础上，珠江三角洲地区将成为以电子信息、新材料、生物技术、光电一体化等高新技术产业为核心、全球最重要的国际制造业加工基地。在"十一五"时期，要发挥区位和深水港的有利条件，积极利用国际资源，在惠州、阳江等边缘滨海地区，适度发展石油化工、钢铁、电力等基础原材料工业；推进粤港澳紧密的经贸合作关系，协调珠江东西两岸产业带的发展，实现区域经济一体化；整合区域优势、优化城乡空间结构。

在"十一五"时期，重点建设深圳港和广州干线港，形成布局合理、干支衔接、功能完善的国际集装箱运输系统；加快区域内部轨道交通和高速公路结合的快速客运系统建设;实施区域环境综合整治,严格保护耕地和生态环境;遏制快速城市化和工业化带来的耕地流失和水污染严重等问题,改善水环境质量。

参 考 文 献

1. 白晨曦、傅崇兰:"京津冀北地区小城镇发展研究",《北京规划建设》,2002年第1期。
2. 陈浩光:"我国三大都市辖区及其周边地区小城镇发展研究",载许学强、薛凤旋、阎小培:《中国乡村—城市转型与协调发展》,科学出版社,1998年。
3. 陈耀:"中国城市经济圈发展特征与前景",载陈栋生:《中国区域经济新论》,经济科学出版社,2004年。
4. 邓丽姝、魏书华:"我国三大经济圈的发展状况与趋势分析",载景体华主编:《2005~2006年:中国区域经济发展报告》,社会科学文献出版社,2006年。
5. 顾朝林等:《中国城市地理》,商务印书馆,1999年。
6. 广东省统计局农村处课题组:"对广东省小城镇发展状况的思考",载国家统计局农村社会经济调查总队,《中国建制镇研究》,中国统计出版社,2002年。
7. 国家统计局:《中国统计年鉴》(2006),中国统计出版社,2006年。
8. 国家统计局农村社会经济调查总队:"我国建制镇发展水平研究",载国家统计局农村社会经济调查总队:《中国建制镇研究》,中国统计出版社,2002年。
9. 洪银兴、刘志彪等:《长江三角洲地区经济发展的模式和机制》,清华大学出版社,2003年。
10. 胡序威、周一星、顾朝林等:《中国沿海城镇密集地区空间集聚与扩散研究》,科学出版社,2000年。
11. 黄勇、朱磊:"大都市区:长江三角洲区域都市化发展的必然选择",《浙江社会科学》,2003年第2期。
12. 江耀翔、何致权:"农村城镇化的必由之路——苏南小城镇建设的启示",《城市开发》,1997年第8期。
13. 李国平等:《首都圈:结构、分工与营建战略》,中国城市出版社,2004年。
14. 李王鸣、谢良葵:"乡村城市化机制研究——以浙北为例",《经济地理》,1997年第1期。
15. 林承亮:"三大经济发展模式的发展与比较";《浙江社会科学》,2000年第2期。

16. 刘光平、蒋书明:"江苏省小城镇发展研究",载国家统计局农村社会经济调查总队:《中国建制镇研究》,中国统计出版社,2002年。
17. 刘荣增:"苏南地区农村城镇化持续发展的若干思考",《江南论坛》,2000年第5期。
18. 刘卫东、彭俊:"长江三角洲开发区建设与发展的比较研究",《长江流域资源与环境》,2001年第5期。
19. 钱江晚报新民生:《长三角:下一个淘金地》,浙江人民出版社,2003年。
20. 苏平、丰东升:"上海郊区城镇化发展",《上海综合经济》,2000年第1期。
21. 孙鸿烈、郑度、陆大道等:"全国功能区的划分及其发展的支撑条件",载马凯:《"十一五"规划战略研究》,北京科学技术出版社,2005年。
22. 王立军:"浙江农村城镇化的现状与对策研究",《中共浙江省委党校学报》,2000年第4期。
23. 王益澄:"长江三角洲与珠江三角洲经济发展特征比较",《长江流域资源与环境》,2001年第10期。
24. 魏书华、邓丽姝:"我国三大经济带的现状与走势预测",载景体华:《中国区域经济发展报告(2003~2004)》,社会科学文献出版社,2004年。
25. 吴翔阳:"略论两种不同体制下的城市化模式",《广东教育学院学报》,2001年第1期。
26. 阎利民:"城市化问题学术观点综述",《城市开发》,2002年第3期。
27. 阎小培、刘筱:"珠江三角洲乡村城市化特征分析",《地理学与国土研究》,1997年第2期。
28. 张弘:"开发区带动区域整体发展的城市化模式——以长江三角洲地区为例",《城市规划汇刊》,2001年第6期。
29. 张敏、顾朝林:"农村城市化:'苏南模式'与'珠江模式'比较研究",《经济地理》,2002年第4期。
30. 张小林:"苏南乡村城市化发展研究",《经济地理》,1996年第3期。
31. 郑弘毅:《农村城市化研究》,南京大学出版社,1998年。
32. 郑勇军、袁亚春、林承亮等:《解读"市场大省"——浙江专业市场现象研究》,浙江大学出版社,2002年。
33. 中国社会科学院农村发展研究所组织与制度研究室:《中国村庄的工业化模式》,社会科学文献出版社,2002年。
34. 《中华人民共和国国民经济和社会发展第十一个五年规划纲要》,人民出版社,2006年。

35. 周一星、曹广忠:"改革开放 20 年来的中国城市化进程",《城市规划》,1999 年第 12 期。
36. 朱文忠、杨章明:"小城镇的发展以农村城市化、现代化——对上海市红庙镇和浙江省龙港镇调查的启示",《社会主义研究》,1998 年第 1 期。

第七章 沿海地区乡村—城市转型与协调发展调控对策

第一节 借解决"三农"问题之东风,促进乡村—城市转型

一、从改革户籍制度入手,解决居民待遇问题

创造条件促进农村劳动力转移是乡村—城市转型的重要内容之一。随着沿海地区改革开放程度的进一步提高,户籍制度对农村劳动力转移的影响正在逐渐减弱,但在其内圈层地区以及一些发展较好的中圈层地区户籍制度仍然对劳动力流动产生较大的限制,尤其是京津冀地区。其影响主要表现为由户籍问题造成购房、入学等方面的待遇与本地居民形成的政策差距,如房价高、学费高等因素提高了农民迁移的成本,从而在物质上和心理上动摇了农村劳动力的转移决策。

户籍制度改革首先从小城镇户籍改革开始,逐步实行按居住地和职业确定身份的户籍管理登记制度。农民只要在小城镇建成区拥有合法固定的住所和稳定的非农职业,居住满两年,本人及共同居住的直系亲属就可以申请在小城镇落户城镇户口。在严格禁止弃耕撂荒和粗放经营的前提下,允许进入小城镇落户的农民对其原有承包地继续拥有土地承包权,鼓励其经营使用权的转让,但必须按有关法定程序履行报批手续。

经过批准在小城镇落户的人员,在入学、就业、参军和社会保障等方面,享受城镇居民的同等待遇,依法保障其公民的合法权利,与当地原有居民享有同等的权利,履行同等的义务。同时,要淡化户籍制度的"福利化"色彩。与上述改革相配套,要进行劳动就业制度和社会保障制度等方面的配套改革,提高劳动就业市场化的程度,建立社会化的社会保障体系,为户籍制度改革奠定基础。

为积极落实、深化户籍制度改革,消除户籍壁垒,公安部颁布了《关于推进小城镇户籍管理制度改革的意见》,该《意见》对推进乡村—城市转型,加速沿海地区农村城市化进程具有很强的现实意义。因此,沿海地区应该根据经济社会发展的需要及综合承受能力,停止目前一些城市实行的企业招用工人必须"先城镇后农村,先市内后市外"的不合理做法,建立具有自由和平等的特点、宏观调控和微观激活的功能、控而不死和活而不乱的目标的一种新型制度。以具有合法固定住所、稳定职业或生活来源为基本落户条件,以形成有利于人口合理有序流动的管理体制为目标,深化户籍制度改革,打破城乡分割的农业、非农业二元户口管理结构,建立城乡统一的户口登记制度,促进农村劳动力转移(江曼琦、鲁承斌,2003)。

二、加快农村土地制度改革,解决土地的流转与集中问题

推进农村土地制度改革,保证农民已有的合法利益集体土地制度是户口制的基础,也是导致就地工业化、阻碍城市化进程的根本原因之一。为此,促进乡村—城市转型,就要积极推行农村土地制度改革。

首先,建立市场化的土地使用权流转制度。在赋予农民长期而有保障的土地使用权的基础上,积极鼓励进城农民将原承包的土地使用权有偿转让,这既可作为进城定居或创业的启动资金,又有利于把分散的土地集中起来,推进农业规模经营。在促进土地集中方面,土地流转机制主要表现为,一是集体规模经营形式:它以村集体为单位实行土地规模经营。其土地规模经营的组织方式主要有农户之间相互转让形成的"种粮大户"式的农场,或是通过"反承包"、"倒租赁"、"异地承包"以及土地使用权入股等方式集中起来的土地,形成股份制农场等等。二是农业企业化经营形式:农业企业化经营就是按照企业组织形式开展农业及与之相关的农副产品加工,使农业生产经营者具有追求企业目标的内在动力和外在压力。

其次,允许农民利用原有宅基地按一定折算标准置换城镇住宅用地,减轻入镇农民的负担。

第三,允许农民将其拥有的可以量化的集体财产变现流动,或者保留其迁移户口后的分红权利。

三、建立和健全农村社会保障制度

(一)壮大农村经济

这是一种通过发展农村经济、增加农村社会保障资金以解决贫困农民的思路。第一,发展乡镇企业,主要是劳动密集型的企业。国家要从技术、资金上为乡镇企业的发展提供帮助,同时防止现代工业部门与此生产结构雷同,以与乡镇企业争夺资源和产品市场。第二,改变不利于农业部门的贸易条件,即改变工农产品"剪刀差"的局面。根据WTO规则,对农业予以补贴。第三,把集中在城市地区的公共服务和舒适的环境逐步向农村扩散。在农村创建更多的学校、医院、娱乐场所,给予农民更多教育与就业机会。它也是激活农村社会保障存量资金和提高其增量资金的有效渠道(何忠伟、蒋和平,2004)。

(二)建立健全统一的农村社会保障机构

农村社会保障委员会由乡政府、财政、人事、民政、金融等部门共同参加的社会保障机构,它依据法律的有关规定,并结合当地的实际情况制定农村社会保障的规划、收费标准实施办法,监督检查社会保障基金的征收、管理、经营和使用。对农村社会保障进行严格统一规范科学的管理。

(三)多渠道筹措农村社会保障资金

资金问题是我国农村社会保障的核心问题。要给我国亿万农民建立社会保障制度,无疑需要巨额的资金投入。由于社会保障是国家对公民应尽的责任,因此,建设农村社会保障体系,首先要求国家投入资金。目前国家的投入主要有三项,即救灾、特困户生活救济和优抚补助。但由于我国农村人口多,国家财力有限,单一依靠国家财政来开展社会保障工作,显然极不现实。这就要求我们广拓渠道,多形式筹措社会保障资金。

(四)加快农村社会保障法制建设

从我国社会保障立法的历史与现状看,加快农村社会保障法制建设,主要应该抓好以下两项工作:一是要抓好社会保障法规的建设,如农村社会养老保险法、农村医疗社会保险法、农民意外工伤社会保险法、农村扶贫与灾害救济社会保险法和农村残疾人保险法等;二是要抓好地方性法规的建设,鼓励与提倡各地方政府根据本地实际情况制定具体的保障办法。只有这样,才能使农村社会保障工作有法可依。

(五)建立农民进城的社会保障体系

要解决农民进城的后顾之忧,加快农村剩余劳动力向城镇、城市集中的步伐,必须进行福利保障的社会化改革,建立符合社会主义市场经济体制要求的、覆盖小城镇和农村的新型社会保障机制,提供给新进入的农民和原居民同等的就业机会和福利待遇,降低农民进城的风险,为进城农民解除后顾之忧。目前,主要加强三大制度的建设:一是建立起以社会统筹和个人账号相结合的个人储蓄式的社会养老保险制度;二是逐步形成以个人出资为主、企业和集体补助为辅、政府适量投入的社会医疗保险制度;三是逐步按最低生活保障线标准对民政救济对象实现基本生活保障,健全社会救济福利体系。同时还应有条件地逐步建立失业保险、工伤保险等保障体系。

四、加强农村区域市场建设

农村区域性市场的完善能够保证乡村—城市转型所需要的各种要素。为促进沿海地区乡村—城市转型,沿海地区农村区域市场建设的主要任务是整顿市场秩序,促进市场要素发育,促进区域间要素流动,建立农产品期货市场和区域性共同市场,发展区域性劳务市场,引导农村剩余劳动力合理流动,建立区域性资金市场,解决农村工业的资金来源,保证在比较利益原则下,参加交易各区域都能得到发展。

(一)政府行为的规范化

农村各级政府作为政策的制定者和实施者,其行为的规范化包含着三层互相递进的含义。一是政府应有一个全面的政策目标体系,而不能以"头痛医头、脚痛医脚"的政策脉冲。二是应有相应的一套政策规则,这些规则描述了政策手段应该如何对经济条件作出反应以改善目标的运行。三是为使每项特殊政策规则运行顺畅,有必要确定对这一规则的必要承诺,其中包括政策实施的延续性,福利增加等。

(二)相关利益集团的协调

农村区域市场的主要参与者包括农民、乡镇企业、县乡政府。农民和消费者进入市场谋求自身效用的最大化,而企业进入市场则是获取利润。政府则通过各项政策对各渠道的交易施加影响。每项政策的实施就是对各集团利益再分配,因而为保证经济发展和社会安定,协调各集团的利益关系是政府政策目标之一。

(三)区域市场开放

开放区域市场应作为发育农村区域市场的基本策略,也是全国统一市场发育的要求。目前,京津冀地区较有影响的农村专业化市场开放意识较高,但开放的手段比较薄弱。在信息高度发达的商业社会,农村信息的获取严重滞后,从而阻碍了商品的流通和技术的传播。因此,信息通道的建设已经成为政府开放市场的重要任务之一。

五、加强农村文化建设

农村经济发展不仅取决于经济因素,还取决于非经济因素。农村文化建设是农村社会经济全面发展的支撑因素,也是活跃农民生活,提高农民整体素质的重要手段。

(一)深化农村文化体制改革,努力构筑新的发展格局

深化农村文化体制改革主要从两个方面入手。一是改革宏观管理体制,调动社会各方面参与,实现管理主体、管理手段由单一向多元方面转变,逐步形成国家、集体、个人一起参与的大文化格局。二

是改革内部管理机制,逐步使农村文化馆(站)长和业务干部的选聘、考核、奖罚及培训实现科学化、制度化,激发内部活力,调动文化干部职工积极性,形成科学高效的运作格局。

(二)积极开拓,培育农村文化市场

培育农村文化市场的主要途径有两条。一是坚持产业化原则,在不改变文化设施性质和社会职能的前提下,充分利用阵地设施和人才优势,开展新的服务方式,把文化活动与经销、旅游、科技活动等结合起来,利用本地文化经营项目,提高农村文化产业水平。二是加强管理和引导,努力利用爱国主义、集体主义思想占领农村意识形态和文化阵地,确保农村文化市场健康发展。

(三)加大投入,加强农村文化阵地建设

加强农村文化阵地建设主要包括三方面内容。一是发挥中小城镇的区域中心带动功能和辐射功能,把文化设施建设纳入城镇建设的总体规划,形成各级布局合理的文化馆、图书馆、文化中心等。二是各级政府应保证资金的投入,文化阵地建设的资金要纳入财政预算并达到上级要求的比例,确保阵地建设的财政支持。三是引导和发动社会力量,多层次、多渠道、多形式地加强农村文化阵地建设。

第二节 进一步加快城镇城市化步伐

一、因地制宜,发展特色小城镇,加快农村小城镇建设

(一)因地制宜发展特色小城镇

沿海地区地域广阔,各地区资源条件差异很大。从发展的角度来看,目前相对落后的地区,随着区域性大型基础设施(如港口、机场、铁路、高速公路等)的建设,将发展成为新兴的工业化地带;而有些地区则由于自然资源、位置条件或因生态环境保护等需要而直接限制了工业发展。因此,区域内小城镇的建设应当根据其自身的功能、区位及经济基础等条件,在坚持可持续发展原则下,选择适合本区域的、具有区域特色的发展模式。具体思路有三条。第一,要从区域经济整体发展的要求来思考小城镇的发展方向,使全局和局部有机结合,形成以强镇为节点的城乡一体化新格局;第二,要坚持分类指导,针对不同类型小城镇提出不同要求,充分发挥各自优势,形成各具特色的小城镇;第三,继续搞好小城镇综合改革试点和小城镇建设试点,积累经验,加快发展。

(二)加强小城镇的规划和管理

做好小城镇规划和管理是小城镇实现可持续发展的保障。小城镇的远景规划主要分五个方面(陈烈等,1998)。第一,优先规划,加强小城镇基础设施建设。基础设施的建设要坚持人口、资源与生态环境相协调的原则,绝不可以破坏生态环境为代价。第二,注重小城镇规划的科学性、超前性和长期性。小城镇的工业区、商业区、生活服务区、基础设施等布局,要科学合理、有序发展。第三,强调城镇规划的层次性、配套性及布局的合理性。即小规划要服务于大规划,下级规划要服从于上级规划,小城镇发展布局要尽可能与大中城市的发展相结合,做到重点突出、规模适当,防止出现村村有镇、遍地开花的现象。第四,突出重点,发展特色小城镇。即小城镇规划要突出本区域优势,别具一格,形成自身的规划特色。第五,加强城镇规划的严肃性、权威性和可实施性。小城镇管理是小城镇规划得以顺利实施的保障,一般而言包括三方面内容。第一,进一步完善管理机制,实行政企分开。第二,提高小城镇居民素质,强化居民的城镇意识和规划意识,使其自觉参与小城镇的管理。第三,建立一支高水平的城市管理队伍,使各项规划制度得到具体落实。

二、积极推进城镇城市化

小城镇伴随着乡镇企业的发展,曾经解决了农业劳动力就地转移的问题。但是,在改造传统农业推进农村现代化建设方面城市的发展及所起的作用,是小城镇无力替代的。现有的小城镇与城市发展的差距也决定了小城镇无力担当区域发展的重任,因此必须推进城镇城市化。由城镇化转向城市化,意味着突出人口流动转向功能提升(洪银兴、刘志彪、范从来,2002)。

(一)城镇城市化首先需要城镇的集中

作为城市的城镇和小城镇有规模的区别。达不到必须的规模,聚集不起服务业,聚集不起市场,聚集不起人气也就不成其为城市。城镇集中要更多地依靠经济手段的调控,更注意自然形成的中心,依靠行政手段是建不起城市的。

(二)城镇城市化要求突出城市功能,即市场、信息、金融保险通信等方面的服务功能

城镇城市化就是要农村居民在城镇能够享受到城市人的物质和文化生活方式,引导农村地区的群众从旧的生活方式中摆脱出来,让更多的农村居民享受城市文明。因此,城镇城市化就是要根据现代城市功能和城市观念来建设城镇,使之发展成为新型的小城市。具体而言,就是要提高小城镇规划和设施建设标准,特别要加快小城镇信息传播通道的建设,为城镇营造高质量、高标准的生产生活环境。

一些近郊城镇可以结合城市郊区化进程,吸收大城市转移的人口和产业,成为大城市的卫星城,直接接受城市文化和城市观念的辐射。

三、建设与大都市相适应的卫星城

在沿海地区,以长江三角洲地区、珠江三角洲地区的发展为主,已经开始进入大都市区形成和发展阶段,为此,要加快城镇城市化步伐,应加快与大都市区相适应的卫星城建设。

(一)发展轨道交通,缩短卫星城与中心城市的时间距离

轨道交通是有效缩短卫星城与中心城市时间距离最经济的途径。国际经验表明,与其他通勤工具相比,轨道交通具有速度快、运量大、运输成本低、利于缓解地面拥挤状况、安全舒适可靠、污染少、节省土地资源等优点。轨道交通的各项收益中,最大的一项是节省乘客时间,占全部效益的70%。沿海地区要加快卫星城建设,必须发展轨道交通。

(二)加速卫星城人气的培育

卫星城必须达到一定的人口规模,才能有效地发挥作用。所以对于规模相对较小的卫星城,应加大力度吸引中心城居民向卫星城迁移。第一,继续推进住房制度改革,让人们用同等数额的资金去卫星城购买比中心城区更大居住面积的和更舒适的住房。第二,根据卫星城的功能,制定卫星城的城镇规划。如以居住为主的卫星城,在规划时不宜将中心城市淘汰的产业"郊迁";也不宜以粗放型乡镇企业为主,否则必然造成环境污染,影响居住环境。第三,加强卫星城基础设施建设,紧跟居民高质量的生活节奏。第四,应建设相应的文化娱乐设施、民政设施,周密地安排好"从摇篮到坟墓"的各项服务。

（三）打破行政分割

某一城镇能否作为特大城市的卫星城，主要取决于与中心城市之间联系的紧密程度。打破地方行政分割，意味着在卫星城与特大城市的交相发展过程中，应逐步取消阻碍其正常交流和发展的不利因素，如"过路费"等。轿车进入家庭是建设卫星城的一个重要条件，若征收过路费用，则等于降低居民的实际收入水平，显然不利于卫星城建设。目前全世界建有收费公路的国家和地区共有20多个，建有收费公路14万公里，其中有10万公里在我国。我们应该借鉴其他国家通行做法，逐渐取消过路费。

四、处理好城镇化与农村经济协调发展的关系

在我国，沿海地区城镇化程度较高，其城镇化与农村经济发展一直走在全国的前列，取得一定经验，但仍面临一些矛盾问题，如优质耕地大量占用、失地农民增多、劳动力转移困难等。正确处理这些问题，是实现城镇化与农村经济协调发展的关键。

（一）正确认识和处理城镇化与农村经济发展的关系

表面上看，城镇化和农村经济发展往往存在争土地、争资金等现象，两者是一对矛盾，但实质上两者可相得益彰、协调共进，是一个矛盾统一体。一方面，城镇化将部分散居在乡村的农民转移到城镇居住，有助于乡镇企业由分散布局走向集聚，从而节约出大量土地，促进土地规模经营、提高农业规模效益。另一方面，农村经济繁荣是加快城镇化进程的基础。农民收入高、购买能力强，可促进城镇市场的发育和第二、三产业的发展。另外，充分提高农用地单产水平、农业综合生产能力及农业劳动生产率，可为城镇发展提供更多的土地空间和劳动力。

(二)城镇化速度要与农村经济发展水平相适应

实现城镇化和农村经济的协调发展,关键要正确处理两者的关系,使城镇化速度与农村经济发展水平相适应。要坚决扼制不顾农村经济发展实际,盲目扩大城镇规模、建设形象工程,防止重城镇、轻农村的倾向,以避免土地、资金等资源的浪费和城乡差别的拉大。农村城镇化要面向整个农村区域,积极培育区域优势产业,把提高就业能力、实现整个农村的现代化作为城镇化的总目标,促进城镇化和农村经济的协调发展。

(三)把加快现代工业园区建设作为实现城镇化与农村经济协调发展的突破口

实践证明,现代工业园区建设是城镇化和农村经济协调发展的"桥梁"。工业的发展及现代工业园区建设必然引发对农业生产、第三产业、人民生活等方面的新需求,需求愈大、市场就愈大,城镇发展也就越快,同时会带来巨大的聚集效益,吸引更多投资。同时现代工业园区的发展也可促进农村劳动力向第二、三产业转移,加速农村城镇化进程。

第三节 加快产业结构的调整和升级,促进乡镇企业实现"二次创业"

一、做好制度创新、技术创新与管理创新,走创新之路

(一)乡镇企业制度创新

乡镇企业制度创新面临的一个关键问题,是如何进行存量资产

的产权界定(桑卫民,2002)。由于我国的乡镇企业受经济行为行政化、市场的不完整性等多方面的影响,乡镇企业资产产权模糊性较大,因此,在乡镇企业资产的产权界定中,要遵循"谁投资、谁所有、谁收益以及平等协商和充分考虑企业发展的历史事实"。

(二)加强技术创新,促进产品结构调整

乡镇企业持续发展,必须走技术创新之路。技术创新的目的是不断开拓绿色产品市场,提高产品质量、产量和经济效益水平。乡镇企业的技术创新要以现代科学技术为基础,将产品创新和工艺创新有机结合起来,提高产业档次和产品质量,实现技术装备的更新换代、产品品种和结构的升级换代,增强企业的市场竞争力。同时,做好市场调研,发展适销对路产品,创绿色名牌产品。

(三)管理创新

管理创新是指以科学的管理手段对企业进行管理,达到优质配置各种生产要素,协调各生产环节的要求。就我国沿海地区乡镇企业而言,实现管理创新主要有两层含义。

在企业内部管理方面,一是强化质量管理,健全企业的质量体系;二是加强企业的内部财务管理;三是加强用人机制改革,调动职工的积极性和创造性;四是强化安全生产和职工卫生管理,创造良好的工作环境。

二、注重与资源环境的协调发展,走绿色产业之路

沿海地区在经济发展过程中,受近期利益的驱动,乡镇企业的迅速崛起在促进经济发展的同时,却带来了沉重的资源环境问题,并进而成为经济发展的桎梏。因此,从可持续发展的角度来看,沿海地区必须注重乡镇企业与资源环境的协调发展,走绿色产业之路。

(一)着重长远发展,制定绿色发展规划

乡镇企业必须制定出一个既符合客观环境变化趋势又有利于企业长远发展的实施绿色发展战略的具体规划。在这个规划中,企业应确定绿色发展的战略目标、实施步骤和所采取的具体措施。

(二)依托市场需求,实施绿色产品开发

绿色产品开发,不等于对某些现有的产品简单地进行重新包装,而是在学习和掌握有关生产绿色产品专业知识的基础上,在有关专家的帮助下进行的绿色产品开发。开发绿色产品,要把争取产品和服务获得环境标志作为一个重要方面,从而使得企业的绿色产品更好地被市场和消费者认同。

(三)重视环境保护,强化社会效益

良好的外部环境是一个企业持续发展的必要条件,所以乡镇企业应重视对环境的保护。首先,要增强企业职工的环保意识。在这一方面,企业的经营者应以身作则,提高环保意识,用长远的眼光来看待环境保护与环境治理,加强管理,减少污染物的排放。同时,加强对普通职工的环保教育,在生产过程中,尽量减少浪费,做好预防工作。其次,加大对治污的投入。乡镇企业应从自身的长远利益出发,加强对环境污染的治理,这就要求企业加大投入,购买先进的治污设备或进行技术创新,对原有生产流程进行改造,使污染的排放量达到国家规定的标准。与此同时,进一步发展产品的深加工,尽量把某些副产品综合利用,变废为宝,使那些废弃物在生产过程中实现自我消化,这样既可以降低成本,又可以提高社会效益。

(四)加强法制管理

随着各项环境保护法及地方性法规和行政规章制度的出台,环境保护基本有法可依。在此基础上,必须建立健全的各级环保管理机构,充分利用上述法律和各项管理条例,加强环境管理、监督、依法治理。

三、重视企业文化的培育和建设

(一)创造乡镇企业的物质文化,塑造企业良好的社会形象

企业物质文化表现为企业的视觉识别,即企业的外在形象。在现代经济激烈的市场竞争中,企业形象是重要的无形资产。企业的物质文化主要包括企业外观、产品设计、员工服饰、企业标识、物质环境等多方面,它们对企业形象的形成都有各自的重要作用。

(二)创建乡镇企业的制度文化,提供企业有效的行为规范和约束机制

企业制度文化是指员工的工作方式、社交方式和处事方式等。从本质上看是在企业精神文化指导下自然形成和被制定出来的行为规则、工作程序和有关社会伦理道德的规范,以确定和约束个人或集团的行为。在乡镇企业的二次创业中,企业制度建设是企业管理的基础性工作,制度文化建设是企业文化建设的主要内容之一。首先,要采取科学的管理方式,运用一整套系统、科学的规章制度实施管理,使员工有章可循,各司其职,保证企业经营管理活动有序进行。其次,要使规章制度充分到位,切实得到贯彻落实。再次,要建立公正、完备的评估考核机制,形成良好的规范体系和奖惩制度。

(三)培植乡镇企业的精神文化,塑造企业的灵魂

企业精神文化是企业在长期的生产经营实践中形成的观念形态的价值观、理想信念和行为准则,体现为企业精神、企业道德、企业宗旨、企业风气等。实践证明,企业精神作为一种文化,一旦深入人心,成为企业员工的共识,就能引起企业员工的共鸣,成为企业员工团结奋进、努力工作的内在动力。在培植企业精神文化的过程中,必须充分反映企业的个性特征,不仅能动地反映出与企业生产经营密切相关的本质特征,而且鲜明地显示出企业的经营宗旨和发展方向,避免千篇一律,缺乏个性特色。

四、境外拓展

(一)鼓励、指导、扶持沿海乡镇企业的境外拓展

乡镇企业境外投资是企业行为,是否实施完全由乡镇企业根据自身掌握的信息及境内外投资的机会成本来决定。因此,对于政府而言,从政策上对乡镇企业境外投资应实行鼓励政策,取消各类限制措施,大大降低乡镇企业境外投资的机会成本。从行为上指导和扶持乡镇企业进行境外拓展。指导工作主要包括规划指导、信息指导、咨询服务等。扶持工作主要指面对沿海乡镇企业在境外拓展遇到的许多国内经营所没有的困难,政府应通过出台优惠扶持政策来帮助其克服困难,渡过难关。

(二)提高沿海乡镇企业的整体素质

企业素质决定着企业的国际竞争能力,因此促进沿海乡镇企业整体素质的提高是保证沿海乡镇企业顺利开展境外投资的必然要

求。主要举措有:一是实施鼓励、扶持乡企素质优化的倾斜政策,如中小企业技术进步政策、统一劳动人事管理政策、环保政策等;二是促进乡镇企业改革深化,努力为乡镇企业素质提高营造良好氛围。

(三)沿海乡镇企业应以积极而又慎重的态度认真开展境外投资活动

一是科学决策。即根据自身条件和优势,认真选取投资方向、投资地点、投资时机,在经过严谨可行性论证的基础上再行决断。二是认真实施。企业一定要挑选有经验的、有相关知识的专业人员组成专门工作小组负责谈判、签约和筹建,尽可能以最有利条件成交、最小的代价和最短的时间完成建设任务。三是做好管理和营销工作。要根据所在国和企业的实际认真开展好管理工作,积极拓展市场,力争取得良好经营成果。

第四节 进一步加强区域联合与协作

一、经济全球化背景下沿海地区与东亚次区域的联合与协作

东亚地区是东部沿海地区参与国际合作的重要区域,积极参与东亚经济合作对促进东部沿海地区经济发展具有重要意义。

(一)积极发展对东亚次区域的进出口贸易

发展对东亚地区的进出口贸易的主要举措有六条。①通过不断提高高新技术产品出口和传统产品的技术含量,进一步优化出口商品结构。②在巩固对日本、中国香港两大传统市场出口的基础上,积极开拓次区域的新兴市场。③从贸易方式上,继续扩大一般贸易出口,大力发展加工贸易出口,进一步开展易货贸易及转口贸易等。④加大招商引资力度,优化外商投资结构,完善外商投资布局结构。⑤鼓励区域内企业对外投资,扩大对外投资规模,促使东部沿海地区开放格局由"单向吸纳型"向"双向投资型"转变。东部沿海地区只有扩大对外投资规模,参与国际市场分工和国际市场竞争,才能更好地实现经济的可持续发展。⑥改善对外投资结构,引导企业将次区域业务范围由贸易活动扩展到生产和服务领域。

(二)进一步加强与东亚次区域的金融货币合作

亚洲金融危机的暴发和蔓延使东亚国家认识到,在经济全球化日益加深的年代,东亚国家已无力单独防范和抗击国际金融资本利用它们在金融体制、管理及货币机制上的弱点而发起的冲击,必须加强金融与货币方面的合作。从欧盟的合作经验来看,地区金融合作过程需从非机制性成员货币政策的协商向建立货币合作机制过渡,并最终形成具有统一货币的货币区。就东亚地区金融货币合作发展历程而言,目前仍处于起步阶段。在合作过程中,建立东亚金融和货币合作机制仍存在许多问题,如没有一种亚洲货币能担当中心货币的职能以及各国经济主权的让渡等。由此可见,建立金融和货币的制度性合作安排无疑将成为东亚次区域合作的重要内容,中国东部沿海地区要加强与东亚次区域的合作,必须加强与其在金融货币方面的合作。

(三)进一步加强与台、港、澳的经济合作,促进祖国统一

包括三方面内容。一要加强与台湾的全面交流与合作。由于两岸在政治上的分歧,直接影响到双方经济上的合作。在未来合作发展中,应充分利用两岸均已加入WTO的契机,一方面进一步吸引台

商投资;另一方面扩大对台湾的出口及投资规模,促进两岸经济交流的深度和广度,为祖国和平统一打好经济和民间基础。二是设法建立大陆、香港、澳门、台湾彼此间的自由贸易区,从区域经济发展上实现"双赢"。三是加强彼此间的有机结合、合理分工。东部沿海地区、香港、台湾在经济方面各有所长。香港第三产业发达,经济结构高度轻型化,是一个以服务业为主体的经济体系;台湾在电子资讯产业方面有其独特的优势,并具有很强的研发、设计和制造能力;东部沿海地区具有市场、人才等各方面的综合优势。三地的合作,以东部沿海地区为主导,实现有机结合、合理分工、取长补短、优势互补。

由于地域、人文等原因,香港对珠江三角洲地区投资规模大,经济关系比较密切;台湾对长江三角洲地区投资比较集中,并显示出扩大之势。由此,可在原有合作基础上,进一步加强自然的区域合作。另外,在航运方面,香港、高雄、上海港都是世界大港,应尽快建立其合理分工、良性竞争的共同发展的机制(上海财经大学区域经济研究中心,2003)。

二、加强沿海地区与中西部地区的联合与协作

我国东部沿海地区与中西部地区的联合与协作,是随着西部大开发战略的实施而不断扩展的。在改革开放前的计划经济时期,我国的生产力布局是"全国一盘棋",东部以发展轻工业和加工工业为主,中西部地区以发展能源、原材料工业为主,形成一种不同生产阶段上的垂直分工合作关系。改革开放后,在国家区域经济政策的指导下,东部地区凭借其政策优势和区域优势,获得了长足发展,东西部低层次的合作格局也未得到根本性改变。新世纪的西部大开发战略,又一次提出加强东部地区与中西部地区的合作,具有更为重要的

意义。

加强东部地区与中西部地区联合与协作,就具体内容而言,一要协助进行西部地区的基础设施建设,实现东西部地区交通贯通;二要充分利用西部地区的资源优势,实现资源的最优化配置;三要加强人力资源合理布局,帮助西部地区搞好人才培养和人力资源开发;四要开发西部地区的劳动力资源,缓和并解决西部地区就业困难;五要协助西部地区产业结构升级。

三、加强沿海地区大都市经济圈的区域联合与协作

(一)长江三角洲地区区域联合与协作

就长江三角洲地区目前所处的发展阶段而言,推进长江三角洲区域经济合作的主要措施有以下几个方面。

建立长江三角洲地区经济技术协作联合会。目前,沪宁杭三大中心城市的经济辐射和吸引范围已经超越其行政区域范围,为长江三角洲地区乡村—城市转型与城乡协调发展提供了前提条件。为了尽快把长江三角洲地区建设成为国际一流的大都市圈,减少行政壁垒对乡村—城市转型的影响,迫切需要创建区域经济一体化协调组织——"长江三角洲都市圈经济技术协作联合会"。

构建长江三角洲地区统一的经济运行与管理机制。构建统一的经济运行与管理机制,首先是建立统一的资源配置机制,对区域内土地、水、矿产、旅游等资源加强统一规划、开发和管理,使资源利用达到最优化。其次,建立统一的产业规划和产业结构调整创新机制,逐步形成相互配套、联合协作、布局合理的区域经济新格局。具体而言,一方面进一步开发建设高新技术产业群,改变目前这种高新技术开发区布局零散、低水平重复建设的不合理现象;另一方面是将产业

转移与结构优化相结合,引导生产要素的合理流动。第三,建立合理的投资管理机制和区域共同发展基金制度,使区域协调机构具有相当的经济调控能力和投资管理能力,提高资金利用率。第四,创建体现城乡特色的城乡耦合联动发展机制,既要将城市功能和要素融入乡村发展过程中(如生态农业、休闲农庄、生态旅游等),又要将某些乡村功能和要素融入到城市发展过程中(如建设有农业和绿地的城市园区等)。第五,建立区域基础设施建设和环境保护协调机制,长江三角洲地区各省市应进一步强化在城市交通、信息通讯、江河整治等基础设施建设和环境保护方面的协调与合作,逐步实现资源共享、信息共用,最大限度地提高规模经济效益。

塑造以市场化为核心的城乡流动格局。城乡协调发展,其实质是要打破城乡分割、地区封锁格局,构建城乡统一的商品、劳动力、资金、技术等市场,完善城乡市场网络体系。以市场一体化促进区域城乡之间的商品、劳动力、资金、技术和信息等要素的相互交流,带动城乡交通、能源、通信、环保等基础设施建设管理的一体化,进一步实现城乡生产要素的优化配置和功能互补。

以长江三角洲地区区域规划弥补传统的城市规划和乡村规划的不足。对于长江三角洲地区而言,其城乡发展过程无论在产业还是空间方面都是连续的、不可分割的整体。然而,由于受历史、行政等因素的影响,长期以来,传统的城市规划或乡村发展规划大多将二者分裂开来,进行各有侧重的封闭式规划,从而造成目前的小区建设零散、企业布局不合理、环境治理困难等现象。因此,要解决长江三角洲地区区域布局凌乱问题,应从空间资源的整体性和网络经济的关联性出发,在传统的城市规划和农村发展规划基础上,开展长江三角洲地区区域总体规划,拟定区域经济发展战略和生产布局规划、基础设施联合建设规划及环境与生态规划等内容,并制定相应的政策、法规保障其实施,同时以总体规划为基础,进一步引导社会投资,规范各类经济主体的行为。

合作模式上由政府推动型为主向经济促动型为主转变。实践证明,用行政推动型方式构筑跨行政区的经济圈,实现合理的区域分工是不切实际的,只有在市场经济条件下,运用经济促动的方式构建的经济圈才是切实可行的。长江三角洲地区市场体系发育程度较高,上海已基本形成以地方性市场为基础、区域性市场为骨干、国家级市场为龙头的多功能、多层次的市场体系;苏南、浙北也形成了由全国性专业批发市场、区域性专业批发市场及遍布城乡的集贸市场所组成的多层次、多元化的商品交易网络。由此可见,长江三角洲地区具备由政府推动型为主向经济促动型为主转变的基本条件。为保证转变的顺利进行,长江三角洲地区各级政府除继续发挥其组织、协调功能外,需做好三项基础工程建设:市场群落建设、企业群落建设以及快速交通网络建设(上海财经大学区域经济研究中心,2003)。

(二)珠江三角洲地区区域联合与协作

就珠江三角洲地区的发展历程及其目前所处的发展阶段而言,加强区域联合与协作主要包括三个方面内容。

进一步推进粤港澳区域的联合与协作。进一步推进粤港澳区域联合与协作,可考虑如下对策建议。第一,尽快建立三方政府高层合作协调指导机制,由三地政府轮流主持三方政府首脑会晤,并按轻重缓急,每次会晤推出一两项合作议题并达成共识。第二,尽快就港澳珠三地之间跨海大桥的兴建进行深入务实的论证,并邀请三地政府官员、企业家、学者参与,就立项、选址、勘测、设计等进行深入研究。第三,进一步简化三地边境出入境管理,力争在三五年内基本达到欧盟各国、美加之间的方便程度。第四,加快三地货币一体化步伐,在保持三地货币汇率基础上,尽快实现三地货币的直接流通,减少中间兑换交易费用。第五,在信息共享方面,建立深层开放意识,既防止盗版、走私等侵权行为,又要千方百计提高资源转换效率和质量。第六,进一步加强法制建设,创造公平竞争的市场环境,塑造"诚信区域"形象(陈广汉等,2003)。

强化多边合作,共建华南经济协作区。珠江三角洲地区处于中国大陆与东南亚的地理中心,是中国重要的经济增长点,又是一个理想的物流中心。因此,从长远来看,应把珠江三角洲地区的区域合作范围由双边合作向多边合作发展,即除进一步加强与港澳地区的合作外,将其合作范围扩展到同广东省周边的闽、赣、湘、桂、琼等省区的多边合作,强化多边的经济互补关系,共建华南经济协作区。

制定珠江三角洲地区产业结构梯度转移发展战略。随着中国加入WTO及经济全球化浪潮的推进,"产业集聚"将成为地区竞争力强弱的重要标志之一。目前,珠江三角洲地区已成为国际资本进入中国的首选区域之一,因此,珠江三角洲地区在接受国际产业结构梯度转移和国际投资的同时,要制定出区域产业结构梯度转移发展战略,使区域经济朝着努力构建与世界经济接轨的城市经济形态和运行模式的方向发展。一方面,以香港、澳门、广州、深圳、珠海五个核心城市为依托,构筑新经济时代的珠港澳一体化的城市经济区域,该区域以建立"最具活力的大规模科技创新中心"和"珠江三角洲经济旗舰"为目标。另一方面,在珠江三角洲区域内,使工业产业在东西两翼及山区等不同区域间形成梯次分布,协调发展,实现产业发展的区域集聚效应和产业结构的梯度转移。

(三)京津冀都市圈的区域联合与协作

与长江三角洲地区和珠江三角洲地区的区域联合与协作发展相

比较,京津冀都市圈的区域合作不太理想。就京津冀都市圈区域合作现状来看,主要存在如下问题:一是三者从行政关系上各自独立,协调成本较高;二是北京、天津辐射能力不强,只能顾及封闭的自循环,还未能达到溢出状态;三是区域内耗、低水平性竞争严重,还没有形成产业发展的梯度。为进一步推进京津冀都市圈的区域联合与协作,现提出如下对策建议。

淡化行政区域经济的影响。由于京津冀都市圈行政上各自独立,市场分割和地方保护屡见不鲜,行政干预已直接阻碍到经济资源的自由流动和区域间的经济合作。从京津冀都市圈区域经济发展实际来看,改革行政区划是近期无法做到的,因此,要加强京津冀都市圈经济联合与协作,就必须淡化行政界限的作用和行政经济的影响,强化区域经济整体观,以利益主体自愿结合为基础,开展区域之间的全方位、多形式的经济合作。

淡化行政区域经济,具体来讲包括三方面内容。一是通过建立中央政府和各级地方政府间的协调机制,协调区域利益关系。二是各区域在"共赢"的条件下,提高资源共享性,如积极推进区域性重大基础设施的共建和共享,促进跨区域性产业部门的发展等。三是鼓励区域间的分工与合作,尤其是进一步加强京津地区的分工合作。

重构区域内部的区域经济关系。借北京举办"奥运"的大好时机,以各区域现有的经济结构为基础,从发挥地区比较优势出发,以区域为单位建立优势产业群。北京以发展高新技术产业和新兴第三产业为中心,带动现代制造业、都市农业的发展;天津以现代制造业和物流业为主导,促进商业和城市服务业的振兴;河北省的唐山大力发展新材料产业等,尽快形成完整的、具有良好合作关系的首都核心区域,带动整个区域经济的发展(景体华等,2004)。

制定京津冀都市圈产业结构梯度转移发展战略。经济全球化背景下的"产业集聚"将成为地区竞争力强弱的重要标志之一。因此,京津冀都市圈在接受国际投资和国际产业结构梯度转移的同时,要制定出区域产业结构梯度转移发展战略,使区域经济朝着努力构建与世界经济接轨的城市经济形态和运行模式的方向发展。一方面,以北京、天津为双核心,建设知识经济与高新技术产业创新基地和现代制造业生产与加工基地。另一方面,作为京津辐射的主要承载区,产业转移要在河北省的唐山、秦皇岛、廊坊、保定等区域间形成梯次分布,实现产业发展的区域集聚效应和产业结构的梯度转移。

第五节 注重环境建设,实现经济效益、社会效益、环境效益相统一

一、加强产业整合与集聚的同时,促进生态产业链的形成

生态产业是建立在环保产业基础之上,又区别于环保产业的一种高新技术含量较高的"边缘产业"。是"在保护环境、改善生态、建设自然的生产活动中,从事生产、创造生态环境产品或生态环境收益的产业和为生态环境保护与建设服务的产业及其符合生态环境要求的绿色技术与绿色产品生产相关的部门和产业的集合"(刘思华,2001)。促进生态产业链的形成主要包括如下方面。第一,制定产业集聚与产业梯度转移战略要以生态产业链的形成为基本条件。在主导产业的选择上,不仅要求主导产业的上下游之间、整体与零部件之间、制造业与生产性服务业之间相互依存,合理衔接,还要求其以本区域的可持续发展为目标,建立符合生态平衡的产业链。第二,在水资源严重短缺的地区,产业集聚要带动人口集聚。它要求实现产业集聚时,充分考虑可持续发展的经济性,正确处理人地关系和人与生

态的关系。第三,树立以人为本的理念,通过经济、社会和生态环境的和谐促进区域经济发展。

二、加强区域环境与生态规划,促进区域生态网络建设

加强区域环境与生态规划,促进生态网络建设,首先要对东部沿海地区重点经济发展区位进行环境保护规划与开发,如长江三角洲地区的钱塘江流域环保规划与开发等。其次,紧紧抓住国际上对我国推进可持续发展领域的技术援助与合作项目增加的机遇,加强环保领域的国际合作,积极引进外资和先进技术投入可持续发展领域。第三,进一步深化生态建设的内涵,重点规划建设由国家自然保护区、国家森林公园、绿带、湖泊和水系、大型生态花园和文化公园等组成的生态基础设施,建立和完善生态网络。

三、推行环境质量保证体系,开展生态城市的试点建设

首先,加速城市社会经济发展的同时,要不断加强环境管理,实行"生态环境一票否决权",即各项城镇建设都必须先进行环保的可行性评估,大到农田开发、高速公路建设农产品加工厂和污水处理厂的建设,小到垃圾场的选址,正式动工之前,必须通过"无污染生产评估"。其次,要对城市发展进行生态定位,如制定和实施水气污染排放总量控制计划等。再次,可以以北京、天津、上海、南京、广州、珠海等城市为试点,开展城市生态设计和规划,主要包括保护森林植被、开发生态聚居区、建立生态产业体系、提倡生态意识教育等。

四、加速区域自然资源一体化制度机制的形成

建立区域自然资源一体化制度机制涉及的主要内容有七点。第一,建立自然资源的全成本定价体系,使资源价格回归其真实经济成

本。第二，建立生态补偿机制，用市场价格体现社会成本来体现社会成本。第三，利用市场机制形成市场份额交换体系，进一步鼓励外资投资环保产业。第四，建立生物多样性与生态系统功能的负面影响的经济补偿制度及环境服务体系的经济运营机制。第五，制定关键资源如水、煤炭、木材等的定价原则和政策。第六，推行环境退化的经济成本评估和成本估算，建立成功的财政补偿机制。第七，将环境税纳入财政改革，将环境政策融入整个经济政策体系，进行国民收入绿色地区生产总值核算的环境经济综合核算，以促进污染治理和生态环境保护。

五、推行排污权交易，实行区域总量控制

排污权交易制度是指政府作为社会的代表，把排放一定污染物的权利像集合竞价发行股票一样出卖给出价最高的竞买者。排污权的初始发放数量和方法是：政府根据环境保护目标制定并逐年减少，排污权一旦发放即可按照规则自由交易。排污者可以从政府手中购买这种权利，也可以向拥有排污权者购买，政府则可以通过出售排污权的资金投资于环境保护。

东部沿海地区环境污染严重，污染原因多样，既有工业点源污染，也有农业面源污染，还有城市生活污染等等。针对区域污染治理现状及区域发展对环境的要求，建立实施排污交易权制度既能从根本上调动防止污染的积极性，又可保证区域经济发展对污染总量的控制。

具体来讲，东部沿海地区各级政府可根据一定时期本区域内的排放总量，按照一定的标准分配给区域内的工业企业。由于这些排污权可以在市场上交易，治污能力较强的企业所多出的排污权就可以卖给那些因不能达标面临处罚的企业或新建企业。根据边际成本投入计算,越是污染严重的企业,在治理污染方面所得到的边际收益越大,从而促使有限的资金自动配置到污染最严重、最需要治理的企业中来,增强区域防污治污能力。

参考文献

1. 陈广汉等:《提升大珠江三角洲国际竞争力研究》,中山大学出版社,2003年。
2. 陈烈等:"珠江三角洲小城镇可持续发展研究",《经济地理》,1998年第12期。
3. 丁宪浩、李汝:"境外拓展沿海乡镇企业二次创业的重要途径",《岭南学刊》,2000年第3期。
4. 何忠伟、蒋和平:"当前中国农村社会保障体系的问题及对策",《桂海论丛》,2004年第2期。
5. 黄涌:"现代化进程中的农村文化建设",《科学社会主义》,2003年第5期。
6. 江曼琦、鲁承斌:"促进人口聚集加快农村城市化发展的对策",《亚太经济》,2003年第5期。
7. 景体华等:《中国区域经济发展报告》(2003~2004),社会科学文献出版社,2004年。
8. 刘思华:《绿色经济论》,中国财政经济出版社,2001年。
9. 桑卫民:"论乡镇企业的二次创业",《山东省农业管理干部学院学报》,2002年第4期。
10. 上海财经大学区域经济研究中心:《2003中国区域经济发展报告》,上海财经大学出版社,2003年。

附录

"十一五"时期北京市经济布局战略性调整研究

北京市域面积1.68万平方公里,2003年全市常住人口1456万人(含居住半年以上的流动人口307.6万人)。全市辖16个区2个县,其中包括城区4区(东城区、西城区、崇文区、宣武区)、近郊区4区(朝阳区、丰台区、石景山区、海淀区)、远郊区8区2县(门头沟区、房山区、昌平区、顺义区、通州区、大兴区、平谷区、怀柔区、密云县、延庆县)。北京规划市区的范围,东起定福庄,西到石景山,北起清河,南到南苑,方圆1040平方公里,是全市经济社会发展的中心。市区中心地区的范围大体在四环路以内,面积289.8平方公里,是政治文化中心功能集中的区域,同时也是第三产业最发达的地区。占市域面积91.85%的远郊区,地域广阔,是以发展第一、二产业为主的地区,其中东南部以平原为主,是北京重要的蔬菜、副食品生产基地和第二产业发展的区域。西北部以山区为主,既是北京重要的蔬菜、果品生产基地,又是发展旅游业的重要区域,同时还是城市的重要生态屏障。北京是一座具有悠久历史的城市,经过新中国成立后50余年的建设和发展,北京已经发展成为"全国的政治、文化、教育、科技中心",也是具有强大产业功能的综合性特大城市。北京要实现现代化国际城市的发展目标,社会、经济还将会有较大发展,经济发展在有限的城市空间上的合理调整是"十一五"时期北京市经济发展中必须重视的战略问题。

一、1990年以来北京市经济布局的调整演变

1990年以来,北京的人口规模和建设用地规模迅速扩张,同时对旧城区进行了大规模改造。在建成区迅速扩张和大规模地旧城改造中,城市的功能布局发生了"结构性"变化,中心城区的地域结构从"生产型"逐步向"服务型"转变,城镇体系的空间结构开始向"大都市区"的模式演化。

(一)郊区化过程加速

郊区化是人口、就业岗位和服务业从大城市中心向郊区迁移的一种分散化过程。90年代是北京市人口规模迅速扩张的十年。1990~2000年两次人口普查期间,北京总人口增加了275万人,人口规模扩大了1/4,其主要原因是外来人口的增加。十年间外来人口增加了194.6万人,占总人口增长量的70.8%,2003年居住半年以上的流动人口达到307.6万人。在总人口迅速扩张的同时,呈现出郊区化加速的趋势。与1982~1990年相比,城区人口持续下降,人口向近郊区大规模地转移和集中的速度越来越快(表1)。1990~2000年城区人口减少了22万,年均下降0.99%(比1982~1990年高0.25个百分点),近郊区人口增加了240万,年均递增4.82%(比1982~1990年高0.48个百分点)。

市场经济体制的建立,极大地促进了郊区经济的发展。大量剩余劳动力涌向城镇务工经商,促进了郊区城市化水平的提高,也使郊

区投资环境得到较大改善。特别是大部分卫星城及工业小区均具备了良好的交通和基础设施条件，吸引了大量的工业企业。1998年以来，全市从城区迁出企业162个（陆昊，2004），人口也随之迁移。企业和人口的外迁，促进了郊区的发展，同时郊区的发展为市区进一步疏散产业和人口，调整市区土地使用功能，发展第三产业创造了条件。

表1　1982~2000年北京都市区的人口分布及其变化

地区	1982年 总人口（万人）	1982年 比例（%）	1990年 总人口（万人）	1990年 比例（%）	2000年 总人口（万人）	2000年 比例（%）	1982~1990年 人口年均增长（%）	1990~2000年 人口年均增长（%）
全市	923	100.0	1 082	100.0	1 356.9	100.0	2.01	2.29
城区	241.8	26.2	233.7	21.6	211.5	15.6	-0.74	-0.99
近郊区	284.0	30.8	398.9	36.9	638.8	47.1	4.34	4.82
远郊区	397.2	43.0	449.4	41.5	506.6	31.3	1.56	1.21

资料来源：1982年数据来自胡序威、周一星、顾朝林等：《中国沿海城镇密集地区空间集聚与扩散研究》，科学出版社，2000年，第302页；1990年和2000年数据根据北京市人口普查办公室：《北京市1990年人口普查资料》（中国统计出版社，1992年）以及北京市第五次人口普查办公室、北京市统计局：《北京市2000年人口普查资料》（中国统计出版社，2002年）有关资料计算。

(二)城区功能布局调整，商务功能出现分散化趋势

与人口扩张同步变动的是建成区的迅速扩张和大规模的城市建设。1990~2000年建成区面积从395.4平方公里增加到490.1平方公里；90年代初北京开始实施旧城改造的"危改工程"，1990~2000年累计拆除危旧房屋499万平方米，动迁居民18.4万人。新区建设的重点则逐步从三环两侧向四环以外的边缘集团和远郊区县的近市区转移,大规模的旧城改造带动了旧城区的功能布局调整,新区开发则形成了中心城区边缘和外围新的功能区。北京中心城区的地域结构在90年代发生了急剧变化。

1. 两大商业中心的改造和商务化

80年代西单、王府井两大商业中心开始更新改造,到90年代末基本完成改造的两大商业中心的共同特征之一就是商业中心的商务化。大面积的写字楼建设使原有单一的零售功能转变为零售、办公综合型的新功能。

2. 金融街的建设

北京具有金融业发展的包括接近客户、资金优势、信息优势、人才优势、依托环渤海经济圈的地缘优势,金融业发展也具有较好的历史基础,既是全国的金融决策中心,也是国内主要的金融交易和服务中心,基本具备建设成为全国金融中心的条件。为此,90年代初开始大规模建设北京金融街。金融街位于西二环路东侧,规划占地1.03平方公里,紧邻西单商业中心,是中国人民银行、中国保险集团公司、中国银行总部所在地,是规划建设的国家级金融管理中心。90年代初开始大规模建设,已建成一期工程占地0.38平方公里,入驻中国工商银行、中国建设银行、中国农业发展银行等银行总部及保监会、证监会等30余家金融机构。目前正在进行占地0.34平方公里的二期工程建设,完工后金融街的功能将向区域性国际金融中心的功能转化。

除西单、王府井两大商业中心的改造和商务化,以及金融街的建设之外,城区功能布局的调整还体现为次级商务中心的改造和次级商务中心的建设,如崇外大街在改造中,把原花市中心移至崇外大街,原有的商业功能也转变为零售、商务功能;宣武区在实施"总部战略"中,在广安大街动工兴建新的商务功能区。从而使城区的商务功能出现了分散化的趋势。

(三)近郊区功能布局的调整

1. 中关村科技园区的建设

中关村科技园是在80年代"中关村电子一条街"的基础上发展起来的。80年代初在北京西北郊的中关村地区,民营科技企业如科海、京海、四通、信通等先后建立。到1986年底,中关村各类开发性公司已近100家,逐渐形成了闻名中外的、以开发和经营电子产品的民营科技企业群体"中关村电子一条街"。1988年5月国务院正式批准发布《北京市新技术产业开发试验区暂行条例》,正式建立了我国第一个国家级高新技术产业开发区——北京高新技术产业开发试验区,它标志着中关村高新技术企业从此进入了不仅合理而且合法的正常发展阶段。1999年"北京高新技术产业开发试验区"重组为"中关村科技园区"。重组后的"中关村科技园区"一区"七园"(海淀园、昌平园、丰台园、电子城科技园、亦庄园、德胜园、健翔园),形成了环绕中心城区的"高新技术产业带"。2003年全区从业人员48.9万人,工业总产值1 607.8亿元,技工贸总收入2 886.4亿元,上缴税费总额120.1亿元,出口创汇32.9亿美元[①],对北京工业增长的贡献率达到60%以上,其主导产业涵盖了高新技术产业的各个领域。90年代末,在海淀园的中心区动工兴建科技园区的商务功能区——"中关村西区"。中关村西区和中关村大街目前已经建成了大量的办公、会展设施,形成了北京新的商务副中心。

2. 规划建设的"北京CBD"和"国家奥林匹克公园"

---

① http://www.zgc.gov.cn/cms/template/item.html?did=370&cid=370\30888 (2004-8-7)。

《北京市城市总体规划(1991~2010)》明确指出,在建国门至朝阳门、东二环路至东三环路之间,开辟具有金融、保险、信息、咨询、商业、文化和商务办公等多种服务功能的商务中心区,要广开投资渠道,加快建设进程。但在 90 年代 CBD 建设始终没有进入实质性的开发阶段。北京市"十五"计划提出,加快中关村开发和商务中心区的建设。1998 年《北京市中心地区控制性详细规划》正式确定的 CBD 将朝阳区定为北京未来的商务中心区,其范围西起东大桥路,东至西大望路,南起通惠河,北至朝阳路,占地 3.99 平方公里(其中核心区 0.30 平方公里),以东三环为南北轴线,以建国门外大街为东西轴线,由起步区、发展区、储备区三部分组成[①],规划总建筑面积 143.5 万平方米,2002 年 8 月北京商务中心区开发建设有限责任公司成立。以国家级形象出现的北京 CBD 将为首都经济的发展起到助跑作用,它所带来的并不仅仅是大量的就业机会和现代城市的高速发展,而且还将把中国经济融入到全球经济的浪潮中。未来十年,逐渐完善、成熟的北京 CBD 将成为国际商贸、招商引资、国际旅游中心和中国电子中心、数码中心,最终成为中国乃至亚太的知识经济中心。

国家奥林匹克公园位于北京城市中轴线的北端,是北京举办 2008 年奥运会的心脏,占地面积 12.15 平方公里,容纳了 44% 的奥运会比赛场馆和为奥运会服务的绝大多数设施。在 2008 年以后将形成中心城区北部边缘的国际商务副中心。

(四)远郊区县的开发区建设

1992 年以后,北京市为吸引外资和推进本地科研成果产业化,在亦庄设立了北京经济技术开发区,同时,又在各区县设立了一批科

[①] http://www.bjhouse.com/zhuanti/topic/cbd/mlcbd/bjcbd.htm(2004-8-7).

技园、工业开发区和工业小区。截至2003年年底,经过调整,全市共有各种开发区27个(其中国家级开发区6个),累计完成征用土地面积79.9平方公里,累计完成"七通一平"土地开发面积61.1平方公里,累计项目总投资3 588.2亿元,累计协议外资总额149.2亿美元,外商累计入资106.7亿美元。2003年完成增加值805.4亿元,占全市地区生产总值的22.0%;实现总收入3 900.4亿元。形成了一批如北京经济技术开发区、顺义林河工业开发区、北京良乡工业开发区等效益非常显著的开发区,成为北京经济发展的重要依托。

1. 北京经济技术开发区

北京经济技术开发区(其中的一部分是中关村科技园区亦庄科技园)位于大兴亦庄,北京东南郊京津塘高速公路起点西侧,城市五环路南侧,东靠京津塘高速公路,西邻凉水河,处于大兴、通州和朝阳区交界地带。是1994年8月经国务院批准的北京市唯一的国家级经济技术开发区,同时享有沿海经济技术开发区优惠政策和国家高新技术产业园区优惠政策。开发区总规划面积47.2平方公里(到2003年年底累计征用土地25.16平方公里),其中一期开发面积15平方公里,周边为143平方公里的配套协作区,为开发区及投资商的发展提供了广阔的空间。

截至2002年9月底,北京经济技术开发区共有企业1 094家,投资额达41.46亿美元。其中三资企业291家,世界500强企业38家,投资总额30.22亿美元,外商实际投资达12.83亿美元;内资企业共803家,投资总额达93.33亿元。[①] 2003年开发区创造地区生产总值90.5亿元,工业总产值417.8亿元,分别占全市的2.47%和

---

① 2003年北京经济技术开发区又批准企业385家,入区企业投资额23.7亿美元,合同利用外资4.2亿美元。

10.96%；销售收入566.0亿元。北京经济技术开发区经过十年的建设已初步形成了电子信息、光机电一体化、生物技术与新医药、新材料与新能源、软件制造五个主导产业，成为北京重要的知识经济产业基地和现代制造业基地。

2. 15个市级开发区

除北京经济技术开发区外，分布在十个远郊区县有15个开发区（不含中关村"一区七园"）。这些开发区大致形成了沿五环路的高科技产业带和主要沿六环路分布的制造业产业带（表2）。

表2 北京市五环以外主要开发区的区位和功能类型

区 位	与市中心的距离（公里）	功能类型	开发区数量	开发区名称
五环—六环	20～25	高新技术、工业	2	北京经济技术开发区、天竺空港工业区
六环沿线	25～30	工业、高新技术、综合	7	顺义林河工业开发区、通州工业开发区、北京永乐经济开发区（通州）、北京次渠工业开发区（通州）、北京大兴工业开发区、北京良乡工业开发区（房山）、北京石龙工业开发区（门头沟）
远郊腹地	60～70	工业、综合	7	北京八达岭工业开发区（延庆）、北京雁栖工业开发区（怀柔）、密云工业开发区、兴谷经济开发区（平谷）、平谷滨河工业开发区、延庆经济技术开发区、北京凤翔科技开发区（怀柔）

经过1990年以来的城区和近郊区功能布局的调整,北京市形成了中心城区和近市区由"一个传统中心、四个副中心、两个产业带"构成的新的地域空间结构(黄序,2004)[①],使中心城区地域结构迅速向"服务型"转化。在开发区建设的带动下,远郊近市区的卫星城迅速发展,制造业向卫星城大规模转移,形成了环绕市区的新的制造业带。北部近市区大规模的住宅开发,私人轿车进入家庭,人口从中心城区向郊区的转移,标志着大城市郊区化的趋势正在加速,近市区的地域结构正在向"大都市区"的空间形态演化。

(五)经济布局演变的两个特征

概括起来,1990年以来北京市经济布局演变有两个基本特征:一是市场经济的发展促进了城市土地的有偿使用,使城市布局更符合城市土地级差效益的要求。1990年以来,北京经济得到长足发展,全市地区生产总值从1990年的500.82亿元增加到2003年的3 663.10亿元,同期三次产业结构由8.8∶52.4∶38.8调整为2.6∶35.8∶61.6。第三产业得到长足发展,城市土地的有偿使用为第三产业的发展提供了重要的基础,从用地上创造了发展的条件。市区实行经济结构调整,尤其是轻工业系统实行的"退二进三"(退出第二产业,改从第三产业)和"退四进三"(退到四环以外,改从第三产业),坚持"有所为有所不为",按照"用地集中、产业集聚"的原则,将占据优越区位且效益低下的工业迁往郊区,腾出用地发展高效益的符合中心区功能的第三产业,优化了城市的功能布局。1999年四环路以

---

① "一个传统中心区",由王府井、西单、前门三大传统商业中心和国家行政办公区、金融街组成;"四个副中心",包括中心区边缘的CBD、中关村核心区、奥林匹克公园等;"两个产业带",一个是沿五环路的中关村科技园区环城高新技术产业带,一个是沿六环工业开发区形成的现代制造业产业带。

内的企业用地占全市的 8.74%，到 2003 年这一比重已下降到 6.29%；与此同时新的而以现代服务业为代表的第三产业则不断向市中心聚集。二是与市场经济相伴而生的各类设施占据了相当的发展空间。如前所述，工业布局在郊区各县展开，表现为以高新技术开发区为代表的各类开发区在北京各区县建立，以电子信息产业、汽车等为代表的现代制造业已经在郊区县展开布局。北京经济技术开发区、中关村科技园等的建立，有效促进了北京经济质和量的提高，成为北京城市经济的重要增长点。同时，市场经济条件下的各类商业消费品市场及文化、信息、技术、金融、贸易、房地产等市场体系也逐步建立起来，占据了较大的城市空间。随着城市对外开放程度的提高，很多国际组织、外国商社、跨国公司纷纷在北京设立分支机构，为之服务的各类设施也发展起来，在城市中占据一席之地，成为北京建设世界城市的一个重要组成部分。

二、国内外大都市(区)经济布局调整的借鉴与启示

(一)北京及周边地区是一个大都市区，北京的发展目标是世界城市

1. 北京及周边地区是一个大都市区

由北京及周边地区组成的京津冀地区，是我国三大都市区之一，其核心层包括北京、天津两个直辖市和河北的唐山、保定、廊坊、秦皇岛、承德、张家口、沧州七市，即通常所说的"2+7"，土地面积 16.67 万平方公里，2002 年总人口 5 941 万人[①]。核心层又称为"大北京"

---

① 根据中华人民共和国民政部：《中华人民共和国行政区划简册(2003)》(中国地图出版社，2003 年)有关资料整理。

地区(清华大学人居环境研究中心,2002),与原来的京津唐地区相比,范围有所扩大[①],相当于历史上的"京畿"地区,今亦称作中域"首都圈"(李国平等,2004)。它既是我国首都所在地,是我国特大城市最集中、科技和教育最发达的地区,也是北方最大、发育最好、现代化程度最高的城镇和工业密集区。同时,由于具有良好的港口群、丰富的旅游文化资源和密集的智力资源,该地区也是我国北方的外向型经济中心和我国旅游及知识型产业中心。

纵观50多年我国城市化演替的历史轨迹,未来20年城市化进程的方向、重点、格局、成效,将对中国新一轮经济增长的动力、质量和公平性产生战略性的作用。中国经济将从原先的"点状拉动"越来越向各个大城市群的"面状组合"(组团式拉动)转变,特别是向珠江三角洲、长江三角洲、京津冀这三个大城市区(群)进行集聚。可以预见,这三大城市群将在不久的将来健康成长为具有世界影响力的经济空间。未来20年是中国社会经济发展的重要战略机遇期,大力推进中国的城市化,特别是重点培育三大组团式城市群,既是全面建设小康社会、实现现代化的历史重任,又是有效缓解中国经济社会约束"瓶颈"的操作手柄,成为保障中国经济社会快速、健康和持续发展的重大战略举措。

2. 北京的发展目标是世界城市

北京市是我国的首都,背靠环渤海地区,是全国的政治中心和文化中心,也是我国仅次于上海的第二大经济中心城市。它的政治文化作用随着中国在国际舞台上的地位提高而进一步加强,将发展成为世界城市。

着眼于世界城市,大北京地区承担的功能将不断增多,奥运仅其

---

① 京津唐地区包括北京市、天津市、河北省唐山市、秦皇岛市和廊坊市。

一端。从世界范围看,它既应该是世界城市体系综合节点,部分国际组织所在地,世界文化网络的重要节点;也应该是知识创新中心,国内外交通与通讯枢纽,对国际管理、科技创新人才以及旅游有持续吸引力的适宜居住的城市。从国家和地区发展看,大北京地区还应该承担国家的经济管理中心、信息中心、科技创新中心和区域经济中心的职能。

1993年国务院对《北京市城市总体规划(1991~2010)》的批复明确指出,要将北京建设成为"世界第一流水平的历史文化名城和现代化国际城市"。正在修编的《北京市城市总体规划》将北京定位为国家首都(政治中心和国际交往中心)、世界城市(世界级服务中心、世界级大都市地区的核心城市)、文化名城(文化、教育、科技创新中心、世界历史文化名城)、宜居城市(充分的就业机会,舒适的居住环境,创建以人为本,可持续发展的首善之区)。也就是说,北京不仅应该成为我国重要的经济、金融、物流、文化与科研中心,而且应该成为面向东北亚地区的国际管理控制、金融、商贸物流、信息、会展、文化与科研中心。在新的历史时期,有必要明确北京作为世界城市的定位,自觉地把握机遇,迎接挑战,重构北京的城市功能。

北京市要建成多功能、现代化的综合性世界城市,除了强化金融、现代商贸、科技教育、信息等中心建设外,现代制造业的发展也是不可或缺的。国际大都市的形成和演变具有一定的阶段性特点,在现阶段乃至今后较长一段时期内,北京市要建设现代化的国际大都市,工业尤其是现代制造业的发展仍然是不可缺少的。这是因为,加快制造业的发展不仅有利于促进经济增长,扩大就业和出口,增加财政收入,而且可以增强城市综合实力和竞争力,为第三产业快速发展和繁荣打下坚实基础。

(二)国外首都调整经济布局的经验与启示

从各国经验看,首都经济大体有两种主要模式:一是以行政和服务职能为主的消费城市模式,如华盛顿、堪培拉、巴西利亚、海牙等,这类城市一般规模不大,功能单一,有的是搬迁后建立的新城;二是多功能的综合性城市模式,如伦敦、巴黎、柏林、布鲁塞尔、东京、汉城、雅加达、马尼拉、曼谷、墨西哥城等,其中伦敦、巴黎和东京是世界著名的国际大都市。北京属于多功能的综合性城市模式,这些城市在发展过程中所经历的经济结构演变和布局的调整正是北京目前所面临的任务,分析这些城市经济布局调整的有益经验,对于"十一五"期间北京市经济布局调整具有重要的意义。

1. 从集聚到扩散的经济布局变化规律

经济布局从集聚到扩散的变化,是随着经济发展、城市扩张和科技进步必然要经历的一个过程。莫斯科是一座具有多种职能的综合性特大城市,工业和第三产业占据城市经济结构的主导地位。花园环路以内的18平方公里是城市的中心地区。工业化初期,商业服务业高度集中于中心区,而工业则主要集中分布在距中心区4~6公里的环形铁路周围。市区内工业、第三产业规模的不断扩大,导致城市环境质量下降和城市基础设施负荷加重。为解决这些城市问题,莫斯科市把发展重点转向了郊区和市界外的莫斯科州,市内几百家工厂迁往郊区,人口也随着产业的外迁疏散到郊区,并在公路环以外建起了大的商业中心。

巴黎是一座与北京十分相似的首都城市,既是著名的古都,又是综合性特大城市。20世纪50年代是经济活动和产业布局向巴黎集中的时期,由于人口和产业的高度集中,导致巴黎市中心区出现了许多城市问题。因而自20世纪60年代初,巴黎开始进行大规模产业结构和布局的调整。市区严格控制重化工业的发展,并被新兴的电子、印刷等工业部门所取代,同时从政策上鼓励工业的外迁和第三产业的发展。随后,现代工业也从市区转向郊区。

而有的首都城市(如东京)由于没有注意经济布局由集聚到扩散的转变,导致城市规模越来越大。自1950年以来,东京每三年就增加一条新的线路,加建次中心,居民上下班交通时间不断增加,每日平均单向通勤时间竟高达两个小时。在过去的30年中,城市密度增加了约50%,城市形态更加密集(吴良镛等,2002)。为了缓解东京大都市区面临的"一极集中"的问题,有关部门提出了将国会等首都政治功能迁出东京,即"迁都"(李国平等,2004)。

2. 经济结构和布局体现首都特色

莫斯科、东京和巴黎在工业化初期都是以发展重化工业为主,随着经济实力的不断增强和科学技术的进步,经济结构和布局得到调整和完善。第三产业快速发展,工业内部结构也逐步以具有首都特色的电子、信息、精密仪器、出版印刷等高级的轻型化产业取代了原有的重化工业,郊区农业则是以发展高素质的都市型农业为主。城市中心区已形成了完备的、为政治文化中心功能服务的第三产业和城市基础设施系统,由行政办公区、文化娱乐区、商业购物区、居住区及休闲区等若干区域有序组合而成。在中心区外的近、远郊地区,沿主要交通线建设了大量的城镇、城镇之间有便捷的交通,并以大面积的绿地相分割,这些城镇是人口和产业的重要分布区域。

3. 新的工业区建设与城镇布局紧密集合

20世纪60年代以后,巴黎开始进行新的工业区规划,包括老工业区的整治和远离市区的一些新工业区的规划建设。先后共建设了100多个工业区,每个工业区的面积由几公顷到几十公顷不等。工业区布局沿重载公路、铁路及水路运输线布置,在分布上形成了东南—西北两条平行的轴线,这两条轴线同时也是城镇分布的轴线。工业的发展,促进了城镇的发展,使得工业化过程与城市化过程紧密集合,达到工业布局与城镇布局的协调统一。

4. 城市空间结构从"单一的同心圆发展模式"向"同心圆与点轴发展相结合模式"转变

许多首都城市在发展初期均采取了"同心圆的发展模式"[①]。随着经济的发展,城市规模的扩大,实践证明城市的生长点、增长极并非按同心圆分布,"单一的同心圆发展模式"被打破。交通条件、资源条件和经济基础的差异使得城市在同心圆发展构架基础上,呈现点轴发展特征,莫斯科、巴黎、东京等城市都有一些具有一定发展优势的轴线,成为城市经济和城市结构布局的重要组成部分。

5. 在庞大的经济辐射范围内合理调整经济布局

莫斯科、东京、伦敦及巴黎都具有广大的经济辐射区域,构成首都圈(表3)。莫斯科周围聚集着许多小城镇,它们之间大小规模不等、职能各异,而又联系密切,共同构成以莫斯科为核心的城镇群,面积达1.5万平方公里,人口1 200多万,这些城镇在职能、经济活动、劳动就业等方面与莫斯科市有着密切的联系,是莫斯科经济疏散、扩展的主要区域。日本的首都圈和东京都是东京地区两个不同范围的地域概念。首都圈大体是东京都社会、经济的辐射、影响范围,面积3.68万平方公里,人口3 940万,包括1都7县,首都圈的发展与东京都的经济调整密切相关。巴黎也同样分为巴黎市区和大巴黎区,巴黎市区仅105平方公里,而大巴黎区面积1.2万平方公里,是城市经济及人口发展的重要载体。

[①] 即在市中心区外围的第一圈建立一批二级发展中心,在这些二级中心的基础上向外放射状扩展,形成一种多极、多层次的城镇体系。

表3　北京与世界著名综合性首都的首都圈比较

城市	高密度建成区 人口（万人）	面积（平方公里）	人口密度（人/平方公里）	城市化地区 人口（万人）	面积（平方公里）	人口密度（人/平方公里）	城市区域 人口（万人）	面积（平方公里）	人口密度（人/平方公里）
北 京	212	82	25 854	720	490	14 694	1 382	16 808	822
伦 敦	260	321	8 090	720	1 578	4 563	1 840	27 223	676
东 京	840	623	13 483	1 220	2 187	5 578	3 940	36 773	1 071
莫斯科	—	—	—	850	875	9 714	1 200	15 000	800
巴 黎	220	105	20 952	610	761	8 016	1 090	12 012	907

资料来源：根据吴良镛等：《京津冀地区城乡空间发展规划研究》（清华大学出版社，2002年），第94～95页、103页、109页有关资料整理。

韩国首都汉城为了保持城市的经济活力、改善生活质量、提高吸引力、增强竞争力，20世纪90年代初韩国学者率先提出了"黄海区域合作区"的概念，并着眼于世界城市的战略目标，从战略和技术上都进一步拓展了汉城地区的城市发展空间（吴良镛等，2002）。

（三）上海市调整经济布局的经验与启示

近年来，上海按照党中央、国务院建设"国际经济、金融、贸易、航运中心之一"的要求，按照"市区体现繁荣繁华、郊区体现实力水平"的要求，着眼于完善特大型城市的功能，强化集聚，分层推进，整体优化经济布局，促进产业结构升级。

1. 加快"三环"布局结构调整

内环线以内。限期淘汰属于《禁止类》目录中的行业、产品，相关生产企业基本完成"改性"(向第三产业)或"转型"(向都市型工业)改造,不得新上《限止类》目录中的工业项目,逐步使以大规模工厂化生产为主的传统工业转变成为以都市型工业园区(楼宇)为基本载体的,以产品设计开发、技术服务、经营管理和高增值、低消耗、少污染生产为主体的都市型工业。传统工业企业经营模式"转型",由过去单一生产型企业转变成哑铃型、都市化、网络型经营企业,二、三产业相互融合,形成新的产业业态,如服装设计制造业、信息加工制造业、软件业、钟表设计装配业、钻石设计加工贸易业、工艺美术旅游品开发制造业、绿色包装产品设计与现代精美印刷业、玩具设计制造业、食品开发加工业,以及其它具有上述特征的新兴行业等。

内外环线之间。重点发展都市型工业和高科技产业,以及与支柱工业相配套的产品。鼓励生产企业自主淘汰属于《禁止类》目录中的行业、产品,鼓励向高科技产业和都市型工业"转型"发展。控制审批属于《限止类》目录中的新增工业项目,并鼓励相关生产能力向市级工业区转移集中。

外环线以外。大型新增工业项目向"1+3+9"市级工业区集中,并按各工业区产业功能定位导向布局,同时鼓励围绕"一城九镇"建设进行产业配套。[①]

2. 加快推进"1+3+9"市级工业区建设

工业向园区的集中是目前工业布局调整的趋势。经过多年的布局调整,上海工业的重心已经转移到郊区,初步形成了"1+3+9"工

---

① 上海重点发展"一城九镇",即以上海市为中心,发展松江新城、安亭、浦江、高桥、朱家角、奉城、罗店、枫泾、周浦和堡镇九个中心镇,使之成为规模适度、功能完善、生态环境优美、能体现21世纪国际大都市郊区特色风貌的城镇。

业开发区的产业格局①,区县工业增势强劲②,工业园区集聚效应进一步增强。

园区的发展为科学配置土地资源、合理调整经济布局、努力改善投资环境、大力推进产业集聚和迅速提升产业能级等方面提供了极为有利的条件,日益成为支撑上海经济发展的重要增长极。截至2002年底,"1+3+9"工业区入驻工业企业4 172户,涉及工业大类行业33个;完成产值3 118.3亿元,比上年增长21.8%。其中,市郊九大工业园区完成产值549.01亿元,增长43.2%③。

3. 重点建设四大产业基地

经过多年的布局调整,上海工业的重心已经转移到郊区,初步形成了"东、西、南、北"四大产业基地。①东部信息产业基地。依托张江、金桥、外高桥,并与浦西的漕河泾等共同建设上海微电子产业基地,形成软件设计开发和集成电路生产、封装、测试等完整的产业链;依托航空港与深水港建设,加快临空、临海产业带和现代物流产业基地建设。②西部汽车产业基地。依托上海大众汽车生产基地,重点发展集生产、展示、销售等功能于一体的综合性汽车产业基地。③南部化学工业区。依托上海化学工业区,形成石化工业带,建设工艺技术水平先进、生态环境与产业发展协调的国际一流石化产业基地。④北部精品钢材制造基地。依托宝钢集团,重点发展钢铁及配套延

---

① "1+3+9"工业园区中的"1"是指浦东新区;"3"是指三个国家级经济开发区——漕河泾新兴技术开发区、闵行经济技术开发区、上海松江出口加工区;"9"是指九家市级工业园区——莘庄工业区、康桥工业开发区、嘉定工业区、上海市工业综合开发区、松江工业区、青浦工业园区、金山嘴工业开发区、宝山城市工业园区和崇明县工业园区。

② 在全市规模以上工业总产值中,2002年区县工业总产值3 457.73亿元,比上年增长24.3%,高于全市工业平均增幅9.7个百分点;对全市工业增长的贡献率达到57.4%,比上年提高22.1个百分点。

③ http://news.xinhuanet.com/zhengfu/2003-04/01/content_809855.htm(2004-8-7).

伸产业带,努力建设成为中国钢铁精品生产基地。

三、北京市经济布局的现状与存在问题

(一)北京市经济布局的现状

20世纪90年代以来,随着城市发展战略和定位的逐步明确,加之城市发展内外环境的迅速变化,北京在产业发展思路上做出重大调整,先后提出了"优二兴三"、"退三进四"以及发展首都经济等一系列重要战略举措,通过加强交通与通讯基础设施建设,形成了连接中关村科技园区、郊区卫星城和工业小区的网络状近程、远程多中心圈域型结构。在城区重点发展金融保险业、商业服务业、教育文化业、旅游业以及房地产业等。在环城区域重点发展高科技产业、商业服务业以及房地产业,形成了环绕中心城区的"高新技术产业带"。在北部、东北部现有城市型工业、高科技农业和旅游业的基础上,重点发展环保、新材料、生物制药、电子信息等产业。在东南部和南部现有机械、仪表以及交通运输业的基础上,重点发展环保、光机电一体化、生物制药等产业。在西南部原有原材料工业以及旅游业基础上,重点发展新材料、光机电一体化等产业,并以此加速北京市各区域之间的产业联系以及中心区产业向周边的扩散。

1. 中心城区现代服务业高度集聚

随着城市经济结构的不断调整,城市第三产业比重不断提高。第三产业的布局也不断向城市中心区域集聚,并随着城市中心区的不断向外扩大,第三产业也正在向三环、四环线扩展。同时以信息服务业、金融保险、商品流通、邮政通信、文化体育等为代表的现代服务业向中心区集聚的倾向更加明显(图1)。北京市2003年城八区集

中了全市第三产业产值的 85.5%,其中运输、仓储和邮政城八区占全市 55.5%,批发零售业城八区占全市 82.2%,信息传输与计算机服务城八区占全市 94%,金融保险业城八区占全市 93.7%,房地产业城八区占全市 67.2%。

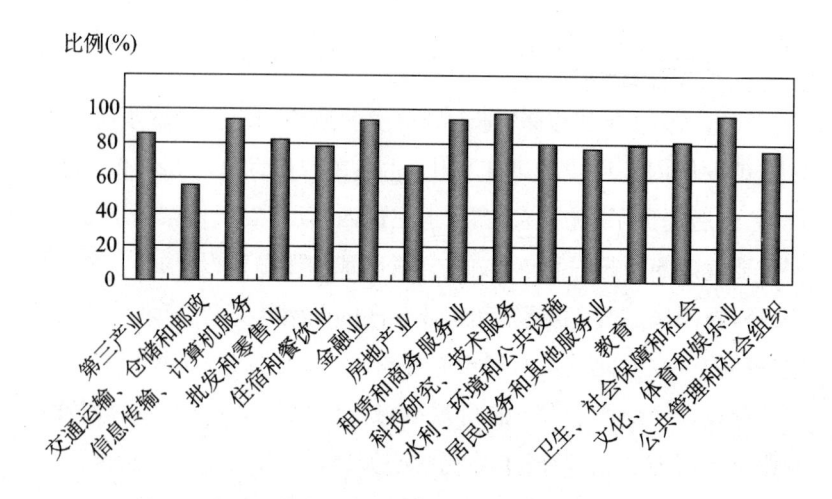

图1 北京市城八区第三产业占全市的比重

以第三产业发展为主要内容的城市功能区的布局也全面展开。如金融功能区有北京商务中心区 CBD 和西单金融街;商贸功能区有中关村科技商贸区;体育功能区有奥林匹克公园、体育会展区;商贸功能区有王府井、西单及前门—大栅栏—琉璃厂等;物流功能区有天竺、良乡、马驹桥等综合现代化物流基地。房地产业则加大了危旧房改造和经济适用房建设,建成了回龙观、天通苑等经济适用房等。

全市旅游业的布局根据各区县旅游资源的特点,也发展起了各具特色的旅游产品。山区以休闲农业、观光农业、风景旅游为特色进行旅游开发和布局,市区以古都文化、历史文化和现代名城旅游为特色的旅游业仍保持固有的优势。

现代服务业的高度集聚和发展,表现在产业方面就是金融保险、房地产和教育文艺等新兴行业蓬勃兴起。新型的以生产型服务为主的金融保险业发展迅速,现已占据第三产业产值比重的第一位,改变了长期以来传统行业批发零售贸易餐饮业占据首位的局面;房地产业发展较快,增加值比重从1994年2%上升到2001年6.4%;教育文艺广播、社会服务业、科研综合技术服务增加值比重也在稳步上升,从1994年24%上升到2001年32.5%。

2. "一区七园"高新技术产业布局不断展开

改革开放以来,伴随着高新技术产业的迅速发展,北京市高新技术产业空间布局经历了"北京高技术产业开发试验区"——"一区三园"——"一区五园"——"一区七园"①的演变历程,产业发展空间不断拓展,走出了一条"由点到面、点面结合"的发展轨迹。目前"一区七园"的高新技术产业布局已经在全市范围内展开,主要分布在四环周围和通往八达岭高速路的周边区域(图2)。

中关村科技园区覆盖了北京市科技、智力、人才和信息资源最密集的区域。北京市高新技术产业绝大部分都集中在中关村科技园区,园区内高新技术产业总产值占全市高新技术产业总产值的90%以上。目前中关村园区有以联想、四通、方正等为代表的高新技术企业6 000多家,其中有IBM、微软、三菱等国际著名跨国公司设立的研发机构和投资企业1 000多家。

伴随着北京市高新技术产业布局的不断展开,高新技术产业已成为北京经济发展以及工业发展的重要力量,按现价计算,2001年高新技术产业增加值263.6亿元,从1995年计起,北京市高新技术产业增加值年均递增22.2%,比北京市国内生产总值增速高出

---

① 指海淀园、昌平园、丰台园、电子城科技园、亦庄园、德胜园、健翔园。

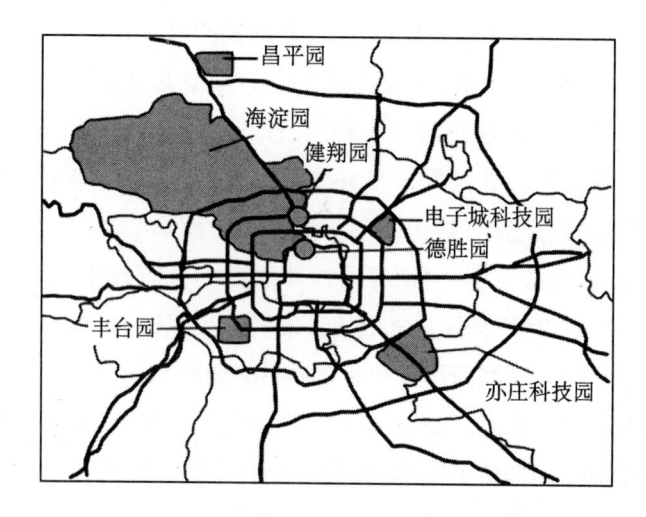

图 2 一区七园高新技术产业布局示意图

9.2个百分点。2001年高新技术产业在北京市工业中所占比重达到31.2%,比1995年提高14个百分点。1995~2001年,高新技术产业占北京市经济总量的比重由5%提高到9.4%,而工业占北京市地区生产总值的比重却由36.1%下降到28.7%,降低了7.4个百分点。而且从1997年开始,北京高新技术产业对工业增长的贡献率一直呈快速上升趋势,年均提高十多个百分点,1999年增长贡献率达到近年来最高值66.9%。

3. 东部和南部现代制造业基地初具雏形

随着工业结构调整力度加大,北京市工业实现了快速增长,经济效益明显提高。2003年北京市工业增加值首次突破千亿元,达到1 032.03亿元,同比增长12%,占全市地区生产总值的28.2%,对全市地区生产总值增长的贡献率达到33.2%。工业结构长期以来电子信息一枝独秀的局面已经得到了较大的改变,已经形成了电子信息、汽车、光机电、生物工程与医药、都市型工业、石化新材料为重点的六大支柱产业。同时在建设和完善现代制造业六大产业基地的同时,进一步明确了各工业开发区的产业定位,并积极引导和鼓励同类产业相对集中集聚发展,初步形成了若干有规模和特色的相对专业化的产业基地。

汽车生产基地。北京汽车工业企业总占地面积约11平方公里,主要分布在以北京现代为中心的东部,以新北京吉普为中心的东南部,以北汽福田为中心的东北部(图3)。目前有生产整车能力的八个主要生产企业,占地面积265万平方米。2002年北京顺义6.3平方公里汽车城项目开始启动,并辐射顺义、平谷、密云、通州等区域内的工业开发区。2003年在北京现代项目带动下,有20多家一级配套企业在京投资建厂,占地面积约150万平方米[①]。

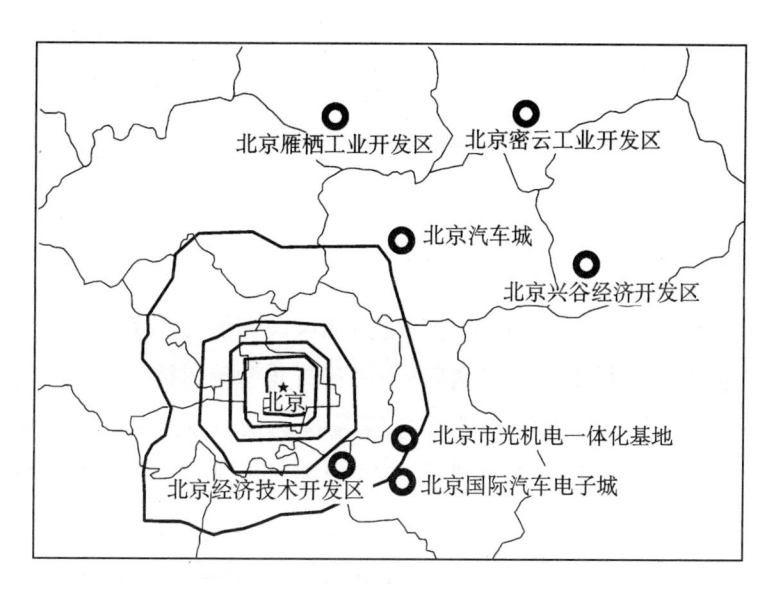

图3 北京市汽车产业基地分布示意图

---

① 北京市工业促进局汽车及交通设备产业发展处:"北京汽车产业发展思路",2004年,第14页。

信息产业基地。2002年北京市信息产业工业总产值按国家信息产业部的统计口径为1 216亿元(含软件361亿元),全国排名第四位。北京市从事电子信息产业的企业4 000多家,主要分布在软件、集成电路、手机、计算机、显示器、彩色显像管、程控交换机等几大领域,这些产业主要分布在环五环内外(表4)。

表4　2002年北京市主要园区电子信息产业情况汇总　　单位:亿元

园区名称	工业总产值(现价)	电子信息产业总产值	电子信息产业产值所占比重(%)	主要企业
亦庄科技园	406.3	312.3	77.0	星网科技园
电子城科技园	211	129	61.2	京东方、兆维、首信
八大处科技园	54	16	30.0	首钢NEC、电国电子科研院
海淀园	626	424.4	67.8	联想、方正、同方
空港	147	79	53.7	JVC、索尼、爱立信
总计	1 617.5	983.4	60.7	

资料来源:北京市统计局和各园区管委会。

生物工程与医药产业基地。北京的医药产业覆盖了"研发—生产—销售—批发/配送—零售"整个医药行业的价值链,已形成了化学药、中成药、医疗器械三足鼎立、生物医药快速发展的产业格局。2003年北京医药产业实现工业总产值145.6亿元,同比增长15.2%;工业增加值71.9亿元,同比增长21.4%。经过多年发展,已形成以大兴生物医药基地为核心,以北大生物城、亦庄药谷、中关村生命科技园和京西生物医药科技园为支撑的生物工程和医药产业基地。京南大兴新建的总体规划面积28平方公里的北京生物工程与医药产业基地,2003年共投资4亿元,完成了起步区3.55平方公里的基础设施建设,开始进入大规模招商引资阶段。目前已签约入区医药项目18项,总投资近30亿元。

光机电一体化基地。北京机电产业经过多年发展,现已初具规模。目前北京从事机电类产业人员达18.4万人,企业1 000余家。2003年实现工业总产值(现价)460.8亿元,占全市的12.4%;实现销售收入779亿元,占全市的15.1%;实现增加值127.1亿元,占全市的12.9%。2001年北京决定建设北京光机电一体化产业基地,至今产业布局已形成一个基地、五个园区:一个基地即通州基地,五个园区指丰台科技园、昌平科技园、电子城科技园、亦庄开发区和顺义林河工业区(表5)。

表5　2003年北京各产业园区机电产业发展情况　　　单位:亿元

园　　区	现价产值 2003年	同比增长(%)	出口交货值 2003年	同比增长(%)	产品销售收入 2003年	同比增长(%)	利润总额 2003年	同比增长(%)	企业数(个)
园区汇总	241.5	−8.8	31.9	−4.8	270.7	−22.6	24.1	−27.8	766
亦　　庄	101.7	80.4	9.9	96.4	109.1	88.4	9.8	14.6	56
海淀园	61.0	−32.3	15.8	86.2	71.7	−56.4	6.2	−45.5	69
丰台园	20.0	33.4	0.4	−3.2	26.3	67.6	2.1	−34.4	238
昌平园	25.0	86.2	1.7	137.9	28.5	92.5	3.1	179.5	311
电子城	33.6	−62.7	4.1	−78.3	34.8	−64.2	2.9	−68.3	80
德胜园	0.3	—	—	—	0.3	—	—	—	12

注:德胜园2002年年报还没有纳入中关村科技园区统计范围,故没有2002年数据。

石景山、房山、门头沟等区县是北京市传统产业的集中区域,主要有首钢、燕山石化等大型国有企业,还集中了建材等产业。除了现代制造业基地外,各区县根据各自的优势和特点,发展了具有大都市特点的都市型工业,如怀柔的服装制造业和软饮料制造业,平谷的软饮料制造业、服装制造业,通州的印刷业等。

4. 都市型农业布局初步形成

随着城市产业结构的不断升级和演变,北京市农业在经济发展中的地位不断下降[①],农业的经济功能不断向社会功能和生态功能转变,即农业为居民提供初级农产品的生产功能已经居于次要地位,而满足广大市民到郊区观光、休闲、娱乐和保护生态的功能逐渐上升为主导地位(郊区旅游观光农业的比重占了农业总产值的11.3%)。

1990~2001年,北京第一产业内部结构中畜牧业比重从1990年39.85%上升到2001年54.6%,以每年3.1%的速度递增,而种植业比重从1990年55.6%下降到2001年39.2%,以每年3%的速度递减。种植业内部结构也向优质、高效的经济作物方向快速发展,仅2001年粮经比例就由2000年的64:36调整到55:45。以畜牧业提供低脂肪、高蛋白畜产品的畜种比重日益增加以及以花卉等经济作物比重不断增加的趋势表明农业结构与消费层次的提高、技术水平的提高相适应。

农业生产的布局也与大城市的发展需要紧密结合,形成了与北京市自然条件特点相应的区域布局构架。一是在山区为达到保护水源,防止水土流失的目的,重点发展以林果为主体的农林牧业,并结合山区丰富的人文景观和自然景观,发展观光休闲农业。二是在东南平原地区以生态品牌农业为基础,发展各类现代农业和以农产品为对象的加工业,形成现代都市型农业生产和加工基地。三是在朝阳区、海淀区、丰台区、昌平区等高科技院校和人才、技术、资金汇集地带,以技术为依托的农业高新技术园区蓬勃兴起,农业科技产品与

---

① 1990年农业在地区生产总值中的比重为8.8%,到2003年仅占2.6%。

服务产业初见端倪。

农业专业化、区域化的布局也在不断展开。各区县充分依托各自的比较资源优势,已经形成了布局合理、特色产品突出的产业布局。如怀柔的板栗、西洋参、冷水鱼,密云的苹果、奶业,平谷的大桃、蔬菜,延庆的葡萄、蔬菜、奶业,顺义的精品梨、西甜瓜、种猪,昌平的苹果、种羊、食用鱼,大兴的西瓜、精品梨、种羊,房山的磨盘柿、中药材,通州的蔬菜、葡萄,丰台的花卉,朝阳的郁金香,等等。

(二)北京市经济布局存在的突出问题

1. 经济布局"一极集中"所带来的问题

北京市经济布局表现出非常明显的"一极集中"的特征,即人口、产业(经济活动)主要集中于城市的中心区(包括城区和近郊区)。

2003年北京市城区土地面积仅占全市的0.52%,而人口则占到18.25%,人口密度高达31 045人/平方公里;实现国内生产总值965.88亿元,占全市的24.79%;财政收入92.22亿元,占全市的32.36%。近郊区土地面积占全市的7.63%,而人口则占到44.16%,人口密度5 100人/平方公里;实现国内生产总值1 946.6亿元,占全市的49.97%;财政收入123.74亿元,占全市的43.42%。而远郊区土地面积占全市的91.85%,而人口只占到37.59%,人口密度361人/平方公里;实现国内生产总值983.36亿元,占全市的25.24%;财政收入69.03亿元,占全市的24.22%(图4)。因此,可以说,北京市的人口和经济活动主要集中于占全市土地面积仅8.15%的城区和近郊区,呈现出典型的"中心区高度集中"特征。

经济活动"一极集中"表现到城市发展形态上就是"摊大饼"(表6),导致核心地区功能布置过密、空间爆炸,城市设施与环境标准达不到世界城市水平。一方面,旧城"拆旧建新",增加商贸办公楼,多

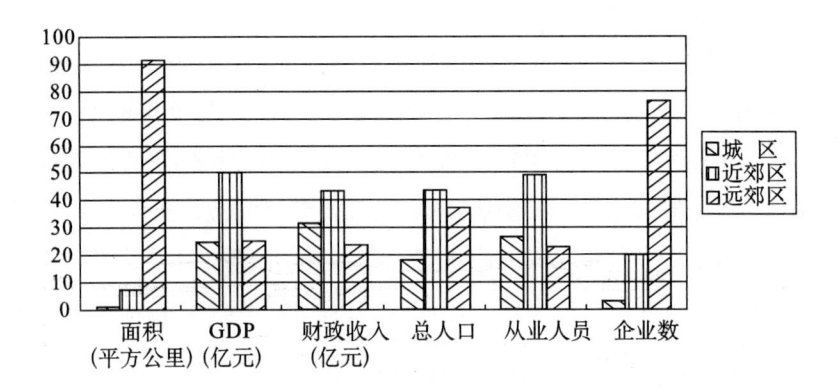

图4 2003年北京市城区、近郊区、远郊区人口、经济活动比较

注：[1]包括户籍人口和暂住人口。

[2]为2001年数字。

[3]为城区、近郊区、远郊区的合计数，《北京市统计年鉴(2004)》公布的北京市的地区生产总值为3 663.10亿元。

[4]此处的财政收入数为各区县的累计数，2003年北京市地方财政收入总计665.94亿元。

[5]含外地从业人员3.0万人。

表6 北京市城市建设用地统计分析   单位：平方公里

年份	中央大团建成区用地面积	周边建成区用地面积	建成区总面积
1984	379.12	56.61	435.73
1991	548.60	104.48	653.08
1998	725.01	159.05	884.08
2003	—	—	654.50

资料来源：1984～1998年数据来自吴良镛等著：《京津冀地区城乡空间发展规划研究》，清华大学出版社，2002年，第108页；2003年数据来自《北京市统计年鉴(2004)》。

种极具吸引力和扩张力的服务业功能向城市中心"聚焦",导致城市中心区的功能组织极度综合密集,带来了"建设性破坏";另一方面,住宅等又自发地"郊区化"蔓延,增加了上下班交通流和人流,城市交通状况愈加严重(吴良镛等,2002)。这也是20世纪世界大城市发展的通病。

北京市"一极集中"的经济布局,造成了一系列后果。①造成城市基础设施供给不足、交通拥挤、工业污染和资源紧张等,破坏了城市环境,直接或间接地影响到市民生活质量。②激化了城市生产、建设和空间有限性之间的矛盾,用地紧张引发地价高、劳动力成本增加、城市生活质量下降以及城市再发展空间有限等都直接影响城市的投资环境。③造成土地资源使用效率低下。一方面不宜在城市中心区发展的工业仍占据着市区部分宝贵的土地资源;另一方面郊区良好的土地与环境等资源优势无法得到充分发挥。而且,人口、经济活动在城市中心区的过度集中,使市区水、土地等资源日渐耗竭,资源紧张造成生产、生活质量下降,成本上升。

2.产业布局与北京资源禀赋不一致

区域自然资源条件是决定产业布局的基本因素,尤其是那些对于自然资源有较强依赖性的工业部门,进行产业布局时,更要考虑自然资源条件的状况。众所周知,北京的优势是较强的研究开发支持能力、信息和市场优势、资金优势、区位和交通优势,劣势是商务成本(土地、水、电、劳动力等)偏高、缺乏产业链的支撑、政府行政成本较高等,短缺的水资源和土地资源一直是制约北京市产业布局尤其是工业布局的主要因素。

北京的土地使用费是比较高的。从北京、上海、天津、广州和重庆五个城市看(表7),2002年按照土地使用费用标准的高低进行排序:上海第一、北京第二、天津第三、广州第四、重庆最低。北京和上

表7 北京、上海、天津、广州和重庆土地使用费用比较

单位:元/平方米·年

地级 城市		1	2	3	4	5	6	7	8	9	10
上海(不含浦东)	一般工业	100	90	70	30	20	12	9	6	3	—
	高新企业	80	65	40	2	5	4	3	2	1.5	—
上海(浦东)	一般工业	70	30	20	10	7	5	3	—	—	—
	高新企业	35	20	5	3	2.5	2	1	—	—	—
北京	工业	—	70	35	20	15	12	10	8	6	5
天津	工业	15~30	7~10	5~8	3~5	2~4	1~3	0.5~2	—	—	—
广州	工业	8~12	6~10	4~8	2~6	—	—	—	—	—	—
重庆	工业	3~6	3~6	1.6~2.6	1.6~2.6	1.2~2.2	1.2~2.2	—	—	—	—

资料来源:池昌奎:"京、津、沪、穗、渝制造业的成本分析",载景体华主编:《中国区域经济发展报告(2003~2004)》,社会科学文献出版社,2004年。

海的土地使用费用标准在全国可以说是最高的。其中,上海旧城区(不含浦东)的土地使用费用综合标准要比北京高出10%左右,但上海浦东新区的土地使用费用综合标准却比北京低50%。北京的土地使用费用标准是天津的8~9倍,广州的9~10倍,重庆的18~20倍。这说明与这些城市相比,北京发展工业在土地使用费上没有绝对的竞争优势。

北京的水资源是有限的,北京常年可供水资源总量为32亿立方米,而城市的水需求量约为42亿立方米。虽然可通过跨流域、远距离调水解决用水不足的问题,但调水成本不是传统制造业所能承受的。反映到水价上就是水价偏高。水务成本包括上水和下水两部分,上水成本直接体现在工业用水价格上,而下水成本则体现在污水处理费用上。从全国各个城市的实际情况看,对工业污水收取的集中处理费用一般是0.6元/立方米,地区之间差距不大,而上水成本则有较大差距(图5)。北京是一个水资源严重匮乏的特大城市,与全国主要城市相比,北京的工业用水成本最高,分别是天津、上海、重庆、广州、石家庄的1.22倍、4.31倍、2.90倍、2.18倍和1.88倍,没有任何优势可言。

随着北京城市建设和经济的发展,人口的增长和人民生活水平的逐步提高,对水的需求不断增加。北京市多年平均可利用水资源总量41.33亿立方米,2003年人均占有水资源总量只有284立方米,只有全国平均水平的13.0%,远远低于国际公认的人均1 000立方米的缺水下限(李国平等,2004)。水资源匮乏,供需矛盾十分突出,已经成为北京城市发展的主要制约因素之一[①]。与水资源总量短缺相比更为严重的是北京市水体质量的整体下降。目前北京市境

---

① 北京常年可供水资源总量为32亿立方米,而城市的水需求量约为42亿立方米。

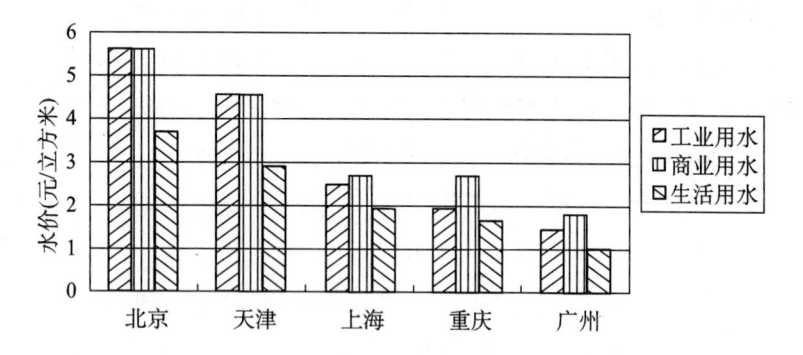

图 5　2003 年北京市与国内主要城市水价比较

注：北京市的水价是 2004 年 8 月 1 日调整的新水价。

资料来源：http://news.sohu.com/20040801/n221299996.shtml (2004-8-2)；http://unn.people.com.cn/GB/14798/21801/2222477.html (2004-8-2)；http://news.sol.sohu.com/49/13/news147351349.shtml (2004-8-2)；http://www.sars.gov.cn/chinese/kuaixun/183733.htm (2004-8-2)。

内五大水系均受到不同程度的污染，特别是北运河水系，污染程度尤为严重。作为北京市民饮用水源的密云、怀柔水库，水质尚保持整体稳定，但是城市内部中心水系水质下降突出。北京市清洁水体所占比例已从 1995 年的 48.13% 下降到 2001 年的 39.80%，平均每年下降 1.39 个百分点，清洁水体的减少使北京可以利用的水资源更加紧缺。

北京的电价也是比较高的。工业是用电大户，一个地区工业用电价格的高低对发展工业来说是至关重要的。北京的电力主要靠外省输送，工业用电比较紧张，而价格也相对较高，这对北京发展工业来说是极为不利的（表 8）。从北京、天津、上海和广东四个地区综合用电价格来看，北京的大工业用电价格是最高的，分别比上海、天津、广东高出33%、10%和24%;普通工业用电价格仅比上海低4.8%,而比天津和广东分别高出10.9%和24.7%。另外,北京是政治和文化中心,工业用电并非排在首位。在用电高峰期间,工业用电是没有优先权的,这也是北京发展工业的"瓶颈"之一。

表8 北京、天津、上海和广东综合电价比较　　单位:元/千瓦时

综合电价	北京	天津	上海	广东
商业电价	0.68	0.530	0.742	0.803
普通工业电价	0.53	0.478	0.557	0.425
大工业电价	0.385	0.349	电炉铁合金0.291 电石0.286 合成氨0.291	0.31

资料来源:施昌奎:"京、津、沪、穗、渝制造业的成本比较",载景体华主编:《中国区域经济发展报告(2003~2004)》,社会科学文献出版社,2004年。

可见,北京在以下几类工业是有较多机会的。第一类是技术密集型、高新技术产业。汽车、石化、电子、医药、机床、仪器仪表等属于典型的技术密集型产业,这些产业在北京发展肯定是有优势的。第二类是都市型工业。都市型工业是以发展服务、方便市民工作和生活、提高市民生活质量为宗旨的城市工业,一般是指"无污染、低能耗、环保型、劳动密集型"的工业,在北京主要包括食品饮料业、服装纺织业、包装印刷业、文体用品业、工艺美术业、洗涤化妆品业、家具与装饰装修业、旅游用品制造业。决定这些工业部门竞争力的因素有价格、设计、成本等许多方面,但有些产品竞争力的关键是速度,产品生产和消费时间间隔要求最短。凡是以缩短产品生产到消费者使用期限为提高竞争手段的产品,在北京均可以找到发展机会。第三类是有技术含量的民用消费品工业。

尽管多年来北京市一直致力于产业结构的调整，但在工业结构中，耗水大、占地多，对生态环境有较大影响的工业部门仍占较大比重，2003年北京市工业结构中重工业比重高达78.8%，化工、冶金和建材等耗水大、占地多的部门产值仍占全部工业总产值的26.6%。这些产业的发展不但使本已十分短缺的水资源状况愈来愈严重，而且对于有效发挥大都市寸土寸金的土地资源潜力也产生了较大的制约。

3. 产业布局分散，开发区过度平铺

当前，北京市工业在各区县范围内实现了园区化集中布局，现有工业企业主要集中在位于各区县的各级各类工业园区，园区依托化特征明显。截至2003年年底，全市共有各种开发区27个①（其中国家级开发区6个），累计完成征用土地面积79.9平方公里，累计完成"七通一平"土地开发面积61.1平方公里，累计项目总投资3 588.2亿元，累计协议外资总额149.2亿美元，外商累计入资106.7亿美元。2003年完成增加值805.4亿元，占全市地区生产总值的21.99%；实现总收入3 900.4亿元。形成了一批如中关村科技园区、北京经济技术开发区、顺义林河工业开发区、北京良乡工业开发区等效益非常显著的开发区，成为北京经济发展的重要依托。但是与上海等城市相比，北京的开发区数量偏多。截至2003年年底，上海有"1+3+9"共13个开发区，而北京则有27个，是上海的两倍多。

在工业园区内部，协同化生产度远远不够，规模经济、范围经济尚未实现，产业集群远未形成。园区之间，主业不清，功能雷同，竞争恶性化；以园区竞争为主体，区县经济发展同构化趋势加剧。由此造

---

① 这个开发区的数字来自《北京市统计年鉴(2004)》，北京市发展和改革委员会2004年《关于我市开发区清理整顿方案》提出北京市保留的开发区共28个。

成中心区功能叠加,人口、产业过度集中,交通拥堵严重;郊区比较优势发挥不足,工业化进程缓慢,经济发展后劲乏力;北重南轻、城乡二元结构明显。合理空间分工效益的损失直接损害了整体国民经济的增长质量。

也应该看到,由于缺乏应有产业布局指导,区县和各园区功能定位模糊。所以,尽管从单个区县空间而言,工业生产基本实现了园区集中化,但从全市看工业生产仍然呈分散广布特征。不管是高新技术产业,还是传统产业,无论是已有产业,还是新发展起来的产业,产业分布的指向性和集中性表现得都很不足。一方面,以发展工业为主的开发区在全市范围内展开,从中心向外缘不断铺开,遍布各个区县和乡镇,这与全国性的乡镇企业布局遍地开花的格局没有两样。在2004年开发区清理整顿之前,全市共有各种类型的开发区470个,批准规划面积876.09平方公里。其中国务院批准设立的开发区3个,批准规划面积425.65平方公里(平均每个开发区占地面积141.88平方公里),占48.58%,已建成土地面积169.50平方公里;市政府批准设立的开发区23个,批准规划面积113.64平方公里(平均每个开发区占地面积4.94平方公里),占12.97%,已建成土地面积40.49平方公里;市政府所属部门和区县政府批准设立的开发区70个,批准规划面积120.10平方公里(平均每个开发区占地面积1.72平方公里),占13.71%,已建成土地面积41.03平方公里;区县政府所属部门和乡镇政府及以下单位批准设立的开发区374个,批准规划面积216.71平方公里(平均每个开发区占地面积0.58平方公里),占24.74%,已建成土地面积49.43平方公里。开发区的过度平铺极大地制约了产业规模效益的发挥,并对北京市整体竞争力的提高产生巨大影响,也给未来产业布局的调整带来了极大困难。经过治理整顿,2004年北京市共保留了28个开发区,批准规划面积共计 405.32 平方公里,减少了 53.74%。另一方面,以发展高新技术为代表的科技园区盲目扩大规模,土地利用效益不高的倾向比较严重。如中关村海淀园(包括中心区和发展区)规划确定的各类专业园区有十多个,规划用地超过 25 平方公里,建筑面积近 1 600 万平方米,在园区建设中出现了不适当进行房地产开发的倾向(表 9)。

4. 卫星城和小城镇未能承担起疏解城市功能的作用

为改变人口和产业"一极集中"的状况,北京市在 1993 年的城市总体规划中提出:"北京城市规划区按照市区(即中心城市)、卫星城(含县城)[①]、中心镇、一般建制镇[②]四级城镇体系布局。""城市建设重点要逐步从市区向远郊区作战略转移,市区建设要从外延扩展向调整改造转移;大力发展远郊城镇,实现人口和产业的合理布局。"北京市卫星城的建设已有近 20 年的历史,但不是很成功,时至今日,多数卫星城经济实力不强,城市功能不完善,吸引力较差。当时规划的卫星城的发展并没有起到应有的作用,发展规模都不足 20 万人(有的卫星城人口仅有 10 万人左右),之所以产生这种状况,根本原因就在于卫星城不仅是一个经济区域,同时又是一个社会生活区域,规模较大的卫星城应该不断把周围的小城镇纳入城市,具有城乡一体化的特征。卫星城的发展过程中没有明确的产业布局导向,产业集中发展的方向也不明确,造成力量分散,使 14 个卫星城同时展开布局,结果是在这 14 个卫星城中,产业发展取得突出成绩的非常少。由于缺少明确的产业支撑,这些卫星城难以起到吸纳人口不断聚集的功能,城镇规模提高缓慢,使相应的城镇基础设施建设及其他城镇功能

---

① 当时共规划了 14 个卫星城,分别是通州镇、亦庄、黄村、良乡、房山(含燕山)、长辛店、门城镇、沙河、昌平(含南口、埝头)、延庆、怀柔(含桥梓、庙城)、密云、平谷和顺义(含牛栏山、马坡)。

② 截至 2003 年年底,北京市工业建制镇 142 个,其中有 33 个是中心镇。

表9 2003年北京市各类开发区清理整顿前后对比

开发区类型	现有开发区		核减意见			保留意见		
	个数	批准规划面积（平方公里）	撤消个数	批准规划面积		个数	批准规划面积	
				核减（平方公里）	比例（%）		保留（平方公里）	比例（%）
国务院批准设立	3	425.65	0	114.15	26.82	3	311.50	73.18
市政府批准设立	23	113.64	5	31.32	27.56	18	82.32	72.44
市政府所属部门和区县政府批准设立	70	120.1	63	108.60	90.42	7	11.50	9.58
区县政府所属部门和乡镇政府及以下单位批准设立	374	216.71	374	216.71	100	0	0	0
合计	470	876.1	442	470.77	53.74	28	405.32	46.26

都得不到应有的发展,疏解城市人口的目标远没有达到。

小城镇必须达到一定的规模,才能产生集聚效益,才能分担城市职能、吸引城市人口和集聚非农产业。北京市卫星城之外的小城镇,基本具备了一定的市政公用设施和社会服务设施,二、三产业有了较大发展,其中有 19 个小城镇列入建设部试点小城镇,涌现出了许多发展水平较高的中心镇(如昌平小汤山、大兴区榆垡、西红门等),这些小城镇带有强烈的大城市组成部分的特色,这对于改善生产力与人口区域分布状况,在特大城市周围形成新的城市聚集体,形成更加宜人的居住环境,推进城乡一体化都具有重要的意义。但是,对于相当一部分小城镇而言,由于经济实力仍有较大差距,基础设施尚需加强,城镇发育程度低,2002 年北京郊区的建制镇平均每镇(域)只有 2.48 万人,与广州的 5.01 万人、上海的 4.24 万人相比,差距很大;平均每个镇区面积为 3.72 平方公里,低于广州(3.85 平方公里)和上海(5.71 平方公里)的水平。即使是北京郊区发展较好的中心镇,平均每镇人口规模也只有 3.33 万人,比上海的重点镇(5.04 万人)少 1/3(黄序,2004)。由于小城镇发育程度低,对城区人口缺乏足够的吸引力,难以担当疏解中心城区人口和经济活动的重任。

5. 各区(县)产业分工不明显,城乡产业难以融合

在城镇化进程不断加快的过程中,北京市近郊区和远郊区的经济也在迅速发展,在现有的行政管理体制下,各区(县)对经济增长尤其是对产业发展都有很强的动力,但由于北京市缺乏对各区(县)在城市总体经济发展中的定位和产业布局的规划导向,各区(县)存在着重复建设和结构雷同的特征。目前各区(县)都争相发展高新技术、汽车及零部件、光机电一体化等产业,争相建设总部经济、会展中心、物流基地等。在各区(县)中同样也存在不同中心镇(含小城镇)发展如何定位的问题。由于缺乏城乡产业一体化布局的总体构想,

使得城乡产业关联性差,城乡产业分割,不利于城乡经济社会的协调发展,城乡发展差距扩大的矛盾也难以解决。因此必须在明确区(县)分工定位的基础上,统筹考虑城乡产业的合理布局和优化调整。

6. 对历史文化名城的保护不够

北京是世界著名的历史文化名城,故宫、天坛、颐和园、八达岭长城、周口店猿人遗址、十三陵等文物古迹已被列入世界历史文化遗产名录。从永定门到钟鼓楼,全长7.8公里的中轴线是古都北京的中心标志,也是世界上现存最长的城市中轴线,这是北京城市的精髓。直至今天,传统中轴线仍是北京城的中心和一条重要的地理坐标线,在这条线上保存了包括明清皇城在内的大量重要文物景点,其中仅全国重点文物保护单位就有13处。此外,旧城区大量珍贵的历史文化遗产和市区西北部自然与历史文化相融合的景观也具有极高的保护价值,远郊西北部山区大量的自然景观和人文景观是北京旅游业发展的后劲所在,同样需要加以保护。这些地区对环境质量、建筑规模、建筑形式均有较高要求,对这些地区的保护不仅是历史文化名城保护的要求,同时也是发展首都经济的重要战略举措,在经济布局中应充分考虑这些地区环境和景观的要求。而现状的功能分区仍不够合理,在这些保护区内各类城市建设混杂,既影响了城市景观风貌,也不利于经济发展。

7. 城市发展范围为行政界限所制约,阻碍了在国际、国内综合竞争力的提高

一个区域的产业布局不仅要考虑自身的发展条件,还必须考虑与周边地区的合理分工与协作,但在过去长期的计划经济思想和行政管理体制的影响下,地区经济的布局往往只从自身利益出发,难以与周边地区建立起合理的产业分工合作关系。随着市场经济体制的不断完善,区域经济竞争的日趋激烈,加强区域经济合作,从更大范

围内合理布局产业体系,已经成为许多地区展望未来经济发展必须考虑的问题。

作为世界城市,北京应该有足够的发展空间、更高的环境质量。目前北京在空间上不能适应发展成为世界城市的需要,因此必须突破以行政辖区的观点确定人口、土地等指标,来处理发展问题。尽管北京市与周边的天津市、河北省在经济发展中的互补性很强,事实上北京在港口、跨区域交通、旅游等方面也已经突破了市域范围,但尚缺乏整体的、较为自觉的战略与行动。客观而言,较长时间以来北京的城市发展局限在1.68万平方公里的行政界限范围内,缺乏在更大的范围内、以更广阔的视野进行经济布局的协调联系,产业布局的规划和调整始终走不出内部循环的路子,工业布局调整先从市区调整到近郊区,然后再从近郊区调整到远郊区,很少将产业布局调整的视野扩展到周边地区。由此导致北京城市发展区的次中心缺乏引导,发育不良,边缘集团不能有机生长,未能合理疏解中心地区的功能;原来城市规划中所拟定的"分散组团式"构想由于绿色隔离空间遭蚕食而几近落空。

由于行政界限的制约,也使得北京与天津和河北一直没有建立起合理的产业分工体系,这也是京津冀地区经济发展水平落后于长三角和珠三角地区的重要原因之一,如果不能够尽快打破这种格局,那么提升北京市及京津冀地区在全国经济发展的地位必将受到很大的挑战。因此,京津冀地区必须对核心城市无限地过度集中进行"有机疏散",缓解空间压力;与此相配合,在区域范围内实行"重新集中",努力使区域发展由单中心向多中心形态转变,形成完善的城镇网络,在拓展城市发展空间的同时,促进区域整体协调发展。

此外,北京南北发展不平衡,北部产业过度拥挤,就业岗位多,而南部经济发展相对滞后,住宅多,由此造成了每天上下班北京南北方向的交通流。

四、北京市经济布局调整的目标、原则、思路、方式与战略构想

(一)应立足于京津冀地区调整北京市的经济布局

如前所述,珠江三角洲、长江三角洲和京津冀地区三大经济圈已成为支撑全国经济的主要增长极,其中珠江三角洲、长江三角洲新一轮区域经济分工协作已经启动,并不断取得实质性进展,推动区域经济持续快速增长;京津冀地区的区域分工合作也开始萌动,但是,相对于珠江三角洲和长江三角洲来说,发展进程缓慢,基本上处于自然发展状态,实质性的进展不大。

北京作为一个发展中国家的首都,是中国最具竞争力的城市之一,但与国际化的大都市还有一定差距,国际竞争力有待提高,需要有大的发展,而水资源匮乏、土地资源紧缺、环境容量有限是北京市经济布局的主要制约因素。北京属于典型的缺水型特大城市,多年平均可利用水资源总量41.33亿立方米,2003年人均占有水资源总量只有284立方米,只有全国平均水平的13.0%,远远低于国际公认的人均1 000立方米的缺水下限(李国平等,2004)。水资源匮乏已经成为北京城市发展的主要制约因素之一。北京土地资源有限,人地关系十分紧张。随着人口继续增长,城市建设不断发展,和农村工业化、城镇化的发展,非农建设用地将进一步扩展。非农用地增加,以占用耕地为主,致使耕地资源数量锐减。同时后备资源不足,开发难度较大。与国际大都市和国内环境保护模范城市相比,北京市的环境工作和环境质量还有很大差距。2000年总悬浮颗粒物、可

吸入颗粒物、SO_2 浓度年日均值分别超过国家空气质量二级标准 76.5％、62.0％、18.3％。与 WHO(世界卫生组织)指导值比较,SO_2 年日均值超出 40％;与欧美国家标准比较,可吸入颗粒物超出约 2 倍。

面对这种制约因素,如果北京继续在原有的框架内,以城市行政辖区的观点确定经济布局,处理发展问题,就不能适应发展形势。鉴于北京作为首都的特殊地位、经济实力和软硬发展环境,北京不仅应该在京津冀经济圈区域发展中成为核心城市,而且还应肩负起带动整个区域经济发展的使命,起到将科技、人才优势和新经济研发能量向津、冀地区辐射的作用。

北京是中国城市交通运输现代化水平最高的城市之一。京哈、京通、京沪、京广、京九、京包、京原、京秦八条重要铁路干线在这里交汇;以北京为始发站、国道为骨架、省市级干道为中心的交织辐射、四通八达的公路运输体系也已经形成。城市交通由二、三、四、五环路和 15 条放射线市内快速路网组成,并由此连接重要国道。近年来高等级公路的迅速发展,为北京市与外省市的交往和解决海洋运输等交通起到了重要作用,现在经京津塘高速公路用 1 小时左右的时间即可到达中国最大的国际集装箱运输港之一——天津新港,只用 15 分钟的时间就可以从机场高速公路的起点到达首都机场。为北京从更大范围内进行经济布局的调整创造了条件。

因此,北京经济布局的调整不仅要着眼于全国,而且更要将视野扩展到全球,这就要求加速北京与周边地区进行分工与合作的进程,通过整合资源与基础设施,优化资源配置,加快经济发展,提高区域经济竞争力,参与全国以及全球经济竞争。这对于推动京津冀地区的资源整合,构筑引领中国经济发展的第三增长极具有重要的战略意义。

(二)北京市经济布局调整的目标

"十一五"时期北京市经济布局的调整目标是：立足于京津冀地区，加速北京与周边地区进行分工与合作的进程，通过整合资源与基础设施，优化资源配置，加快经济发展，提高区域经济竞争力，调整好产业与社会事业发展的空间布局，形成与北京资源禀赋相一致的、"有机疏散"与"重新集中"相结合的"一心——一环—两带—多点"的总体格局。

(三)北京市经济布局调整的原则

1.统筹区域协调发展的原则

统筹区域发展，首先要协调好京津冀地区的各种关系。从大北京地区看，虽然京津冀山水相连，血脉相通，地理上、历史上均是一体，堪称我国北部的黄金地带。但是，几十年形成的行政区划，将京津冀和核心层地区分割成了三个"片断"，河北是"没心"（心脏地带——北京）"没肺"（主要出海口——天津），天津是失去了腹地，北京只好长期在内部"划圈——摊大饼"。北京和天津是京津冀地区的两大都市，都具有直辖市的政治地位，相距只有137公里，呈现特有的"双子星座"态势。从历史上看，天津依靠港口的优势，在20世纪初逐渐成为华北地区的工业中心。新中国成立以后，在计划经济产业均衡布局的思想指导下，北京和天津共同发展成为华北地区的两大工业中心。由于两者行政体制的分割造成了利益冲突和对有限区域资源的竞争。北京是从本身城市功能转换的角度来设定其发展战略，强调内部不同区域之间的协调发展。而天津则从自身的利益来考虑其发展战略。双方经济竞争的动机强烈，而开展互补性合作的动机很低，产业发展的雷同非常明显。从而导致了生产要素难以跨地区优化组合、区域之间重复建设、产业雷同、资源浪费等问题。面对这种形势,"十一五"时期北京必须统筹区域协调发展,即在立足于大北京地区考虑经济布局的调整问题,通过构建发展轴向更大范围延伸,转移落后产业,拓展发展空间,优化资源配置,求得经济的协调发展。

从市域范围内看,北京市的人口和经济活动主要集中于占全市土地面积仅 8.15% 的城区和近郊区,呈现出典型的"一极集中"特征,北京市经济布局的许多问题均由此产生。因此,统筹区域协调发展,还要协调好城区与郊区、南城与北城、平原地区与山区之间的关系,以提高资源(尤其是土地资源)的配置效率。

2. 与新的城市空间发展调整战略相结合的原则

城市空间发展战略是城市经济布局调整的重要依据。1993 年以来,《北京市城市总体规划(1991~2010)》在指导城市各项建设协调发展方面发挥了重要作用,规划所确定的基本方针和主要原则是正确的。但在新的形势下,经济社会迅猛发展,北京面临新机遇期,迫切需要新的发展空间;总体规划所确定的部分目标提前实现,规划空间逐渐趋于饱和,难以容纳新的城市功能;大城市问题日益显现,城市中心区功能过度聚集,城乡二元结构下的空间发展缺乏协调,区域协调不够,原有规划思想面对发展中的新问题,需要及时调整和补充。为此,2003 年北京市规划委员会完成了《北京城市空间发展战略研究综合报告》,提出了北京市新的城市空间发展战略:"完善'两轴'、发展'两带'、建设'多中心',形成'两轴—两带—多中心'的城市空间新格局。"[1]北京将通过完善"两轴",强化"东部发展带",整合

---

[1] "两轴"即北京传统中轴线和长安街沿线构成的十字轴;"两带"是北起怀柔、密云,沿顺义、通州向东南指向廊坊和天津的"东部发展带",北京西部山区以及延庆、昌平等连线的"西部生态带";"多中心"指在市区范围内建设不同的功能区和在"两带"上建设若干新城。

"西部生态带",最终构筑以城市中心与副中心相结合、市区与多个新城相联系的新的城市形态。这是"十一五"时期北京市经济布局调整的重要依据。

3. 提升城市竞争力的原则

城市竞争力主要是指城市在集聚生产要素和创造财富及促进城市所在地区和国家发展方面的能力。城市竞争力综合反映了城市的生产能力、生活质量、社会全面进步以及对外影响。《中国城市竞争力报告2003》蓝皮书从多种角度对中国200个城市的综合竞争力等进行了分析和评估,北京的城市竞争力居全国第四位。其人才竞争力居全国第一位;资本竞争力位居全国第二位,金融机构资本数量指数全国最高,但资本质量有待加强;在科技竞争力方面,北京的科技实力居全国之首,基础研究能力强,科技创新能力全国第一,但应用开发、科技成果转化能力有待加强。北京的基础设施竞争力比较强,市内基本基础设施完善程度在全国最好,对外联系基础设施和信息技术设施也比较发达,但是与迅速发展的社会经济相比仍需进一步加快建设步伐。在区位方面,政治区位是北京最大的优势,科技区位最好,交通区位极为优越,自然、经济区位也很好;但北京资源区位优势不明显,水资源缺乏。北京企业管理竞争力表现较好,管理技术和经验水平高,企业激励和约束绩效表现佳,产品服务质量和管理经济效益有待加强。在开放竞争力方面,北京城市内外交流、特别是对外文化交流交往非常广泛。国内外贸易依存度非常高,外来人口和文化影响多,但国际影响有待加强。北京要建设成为世界城市、文化名城和宜居城市,就必须大力提高城市竞争力。

4. 注重历史文化名城保护的原则

首都是"首善之区",一国首都常常又是民族文化鼎盛的中心,人文荟萃的渊薮。在城市建设上,首都集中了历代工匠的智慧,是"四方之极"。北京城是中国都市规划的"无比的杰作",是中国历代皇都的"最后结晶"(吴良镛,2002)。从辽、金、元朝建城,一直到18世纪都是世界上最大的城市[①]。对北京城在世界城市史上的杰出地位,应该有足够的认识。北京建设世界城市,进行经济布局的调整,一定要从悠久的文化传统,特别吸取近百年来的经验和教训,从整体上考虑历史文化名城的保护,继承和发扬首都的文化内涵,尤其要从城市格局和宏观环境上保护历史文化名城。

对历史文化名城的保护,还有高度关注北京的生态环境状况。近年来北京市生态保护与建设工作取得较大进展,但由于自然地理、气候条件的限制和人为污染源的影响,北京市生态状况和环境质量与国际大都市和国内环境保护模范城市相比,北京市的环境工作和环境质量还有很大差距,发展工业的环境容量已经非常有限。目前,北京市主要大气污染物中,颗粒物浓度一直居高不下,其它污染指标已接近或达到国家标准;水资源短缺且用水结构不合理,生态用水严重不足。目前城市污水处理率还不高,农村地区尚缺乏必要的生活污水排放和处理设施。这是"十一五"时期北京经济布局调整所必须考虑的问题。

(四)北京市经济布局调整的思路

"十一五"时期北京市经济布局的调整要从统筹区域协调发展的要求出发,立足于大北京地区,贯彻全面建设小康社会目标,认真落实以人为本、全面、协调、可持续的科学发展观,突出"四个中心"(政治中心、国际交往中心、世界级服务中心和文化、教育、科技创新中心),体现"四个服务"(为中央党政军领导机关正常开展工作服务,为

---

① 除了其中的一小段时期是君士坦丁堡。

国际交往服务,为科技教育发展服务,为改善人民群众生活服务),处理好"四个关系"(北京与世界的关系、与中央的关系、与周边地区的关系,以及北京自身产业结构中发展第三产业与发展第一和第二产业的关系),全面贯彻五个统筹的原则,结合北京发展实际,统筹城乡发展,实现城市与郊区统一发展;统筹区域发展,协调好城区与郊区、南城与北城、平原地区与山区以及京津冀地区的发展规划;统筹经济与社会发展,按照先进生产力和先进文化的要求,调整好产业与社会事业发展的空间布局;统筹人与自然和谐发展,提高人居环境质量,充分考虑北京市土地和水资源的承载力,协调好人口、资源、环境的关系,为人民建设最适宜居住的城市。

经济布局的调整要通过优化经济结构、实行区域经济合作和制定各种符合市场经济规律的政策性、法规性措施来实现。经济布局的调整要从大北京地区来考虑,适应多样活动的需要和多种发展可能性。逐步由"分散集团式"布局转化为核心城市"有机疏散"与区域范围的"重新集中"相结合的布局方式,即一方面对核心城市无序的过度集中进行"有机疏散",缓解空间压力;另一方面在大北京的区域范围内实行"重新集中",努力使区域发展由单中心向多中心形态转变。坚持产业布局的轴向发展,通过轴线来缓解北京旧城和密集建成区的压力。市区建设要从外延扩展向调整改造转移,保证首都政治、文化中心功能的发挥,积极调整经济结构,大力发展高新技术产业和信息通讯、房地产、商业金融、旅游等高效益、高素质的第三产业;通过调整改造,严格控制市区规模,创造良好的环境质量和城市景观。远郊地区尤其是向东、东南、西南三个方向,是市区人口和产业的主要疏散地区,逐步形成三条产业布局轴线:向东以通州为起点,沿京沈铁路,经燕郊、三河、唐山、丰润,至北戴河、秦皇岛,形成北京向东发展轴线;以亦庄为起点,沿京津塘高速公路(京沪铁路),经马驹桥、采育、廊坊,最终至天津、塘沽,形成向东南的出海轴线;以良乡为起点,沿京石高速(京广铁路),经涿州、高碑店至保定,形成西南轴线。要充分发挥远郊区地域空间大、发展潜力大的优势,以远郊工业区和科技园为依托,带动若干新城的发展。优先选择3~4个发展条件非常优越的北京外围城市进行较大规模投资,用10~15年的时间使之成为北京未来新城的雏形。到2010年,逐步形成由中心高端三产密集区、外围高新技术产业带和加工工业区、间隙现代农业区组成的产业空间布局体系。

(五)北京市经济布局调整的方式

1. 产业转移

发展新兴产业、淘汰落后产业是区域经济发展所遵循的基本规律之一。迄今为止,北京仍有相当数量的传统工业,如冶金工业、石化工业、机械制造业、电力生产等传统工业占工业总产值的比重仍相当高。这些工业企业集中分布在石景山、丰台、房山和朝阳。某种程度上可以认为北京市的经济仍以传统农业、传统工业、传统服务业为主体,这些工业企业多数建于20世纪60~70年代。虽然是在"把北京市由消费性城市变为生产性城市"的指导思想建立起来的,但也确实为北京经济发展、居民就业、财政收入发挥了重要作用,有些产业仍是北京市经济的重要支撑。20世纪90年代北京市对产业结构进行了重要调整,将污染比较严重、占地比较多的企业(如一些化工企业,机械制造企业等)搬迁到郊区,"退二进三"取得了巨大成效,但仍有一些企业(如延庆化工厂、石景山的钢铁厂、门头沟的电厂、通州的化工厂等)分布于市区和郊区,这些企业都是耗水大户、耗能大户、占地大户、污染大户。鉴于北京本身的资源禀赋,作为国家首都,承担着特殊功能,具有发展现代产业的巨大优势,不再适合发展传统产业,尤其是传统工业。北京市应"痛下决心",把经济布局的调整与产业转移相结合,将众多的传统工业迁移出去,有些可搬迁到郊区,有些则应搬迁到市域之外,以腾出足够的空间发展现代产业。

2."有机疏散"与"重新集中"相结合

从20世纪80年代起,为改善中心城区的生活质量,北京市就提出并开始实施将"污染扰民"的工业企业搬迁出中心城区,多年来成为北京工业布局调整的一项基本政策。但在实际中,搬迁成功的案例不多,即搬迁企业通过搬迁实现产品的升级换代,维持生产并有所发展的不多,大多数搬迁企业随着搬迁而衰落甚至消亡。其原因之一是这种从环境控制出发,立足于"疏散"的政策,没有充分考虑到工业企业需要"集聚"的特征。搬迁企业只有在新的发展区具有一定的"集聚"规模,才能形成集聚效益。而这种效益对于企业竞争力的提升至关重要。

进入90年代,在外资和民营经济的冲击下,相当一部分国有企业陷入经营困境。与此同时,新兴第三产业的发展、旧城改造的加快,使产业结构和空间布局出现了以工业大规模退让为特征的急剧调整。大量工业用地迅速转化为办公和居住用地,一些国有工业企业消亡,相当数量的国有企业职工下岗,而用地功能调整带来的仅仅是人口在近郊的集聚而非向远郊的扩散。直到90年代后期出台的《北京工业布局调整规划》,才把立足于"疏散"的政策取向转向"注重发展"。但推进"污染扰民"企业搬迁的政策仍然作为工业布局调整的基本政策在延续,而立足于"发展"促进搬迁企业在新的发展区"集聚"的政策制订相对滞后。

当前,北京市仍处于由工业化中期向后期推进的阶段,其工业化的历史任务并没有完成。在这一阶段,制造业在经济发展中的地位将出现不断增强,并逐步趋于稳定。对北京市来说,这一制造业不断提升和稳定的阶段将是不可逾越的,一些国际大都市经济发展的历程充分说明了这一点。因此,对北京市来说,当前要根据首都经济的特点和建设现代化国际大都市的要求,在加快对原料工业和一般加工业结构调整的基础上,集中力量重点发展具有优势的高新技术产业、先进制造业以及高附加值的现代都市产业,所以必须为工业的发展留有一定的空间。但制造业发展在空间上要与城市中心区和生态区分离,拉开空间。为此,北京市要加快制造业的园区化进程,把"控制疏散"与"注重发展"相结合,新建制造业应安置于工业园区内,通过制造业的集约化和园区化,完成制造业有计划地向特定区域的迁移进程。只有这样,才能实现"非破坏性"的经济布局调整,并真正实现通过经济布局调整,把中心城区的人口和产业向远郊扩散的目的。

(六)北京市经济布局的战略构想

1. 总体构想

经过调整后的北京市经济布局,最终将形成"一心——一环—两带—多点"的总体格局。

(1)"一心"。在继承发展城市传统中轴线和长安街沿线十字轴的基础上,强化政治、文化、世界城市与首都经济发展的职能,结合传统中轴线和长安街的延伸,全面实现保护与发展,从空间布局上体现首都政治、文化、经济职能的发挥,在城区重点发展金融保险业、商业服务业、教育文化业、旅游业以及房地产业等,形成体现首都职能的"政治中心、国际交往中心、世界级服务中心和文化、教育、科技创新中心的核心区"。

(2)"一环"。以沿四环分布的中关村"一区七园"为依托,在城市核心区的外围构建"高新技术产业环",重点发展高科技产业、商业服务业以及房地产业,形成以海淀园为中心的高科技产业研究开发基地,技术创新中心、知识产业服务中心、市场交易中心,以及其他六园各具重点的综合性高科技产业(电子信息、生物制药、新材料、光机电一体化、环保产业等)基地。

(3)"两带",即"东部发展带"和"西部生态带"。

强化"东部发展带",形成北起怀柔、密云、顺义、通州、亦庄,东南指向廊坊、天津,与区域发展方向相一致东部产业带,在现有机械、仪表以及交通运输业的基础上,重点发展环保、光机电一体化、生物制药等高科技产业,满足承接新时期的人口产业需求,为京津塘现代制造业带的建设奠定良好基础。

整合"西部生态带"。经过整合,最终形成与北京西部山区及延庆、昌平相联系的生态带。该带既是北京的生态屏障,又联系了延庆、昌平、沙河、门城、良乡、黄村等,实现以生态保护为前提的调整改造,各级城镇主要发展高新技术、高教园区等环保型产业,为北京建成最适宜人居住的城市奠定基础。

(4)"多点"。一方面是指在市区范围内建设不同的功能区,分别承担不同的城市功能,以提高城市的服务效率和分散交通压力,如CBD、奥林匹克公园、中关村等多个综合服务区;另一方面是在市域范围内的"两带"上建设若干新城,以吸纳城市新的产业和人口,以及分流中心区的功能。从目前发展趋势看,北京市域范围内可能出现的若干"多点"(新城)主要有通州、顺义、亦庄、黄村、怀柔、密云等。如位于北京"东部发展带"的通州,将加快工业化和城市化进程,建设以一城(通州中心城)为中心、五镇(宋庄、西集、漷县、永乐店、马驹桥)相拱卫、双走廊(中心城—西集城市发展和城市经济增长走廊、马驹桥—永乐店产业发展走廊)相辉映的现代化新通州。通州已确定了"用五年左右时间,打造北京新城区的基本框架,用十年左右时间,把通州建设成为北京新城区"的目标。作为北京新城发展带的重要节点顺义提出,把顺义的发展纳入首都整体产业和空间发展布局,抓住首都现代制造业基地建设、顺义新城和奥运场馆建设、首都机场扩建、户籍政策改革的机遇,加快工业化、城市化步伐,把顺义建成首都经济和城市发展的重要区域,打造北京的绿色国际港,最终建成"现代加工制造业基地、物流配送枢纽和国际交往中心"。

2. 产业布局

(1) 都市型农业

北京市的第一产业属于都市型农业,农业布局在当前呈现总体缩编化、空间边远化、分散零星化特征。随着城市化和农业产业化进程的加快,和设施农业、精品农业、加工农业、籽种农业、观光休闲农业、出口创汇农业六大农业类型的确定,北京的农业用地规模将逐渐减少,总体缩编明显。城市近郊区的农业用地快速减少,主要农产品逐渐转向远郊区县和周边地区生产,农业布局空间边远化特征明显。由于产业化程度不足,有一定关联的相关行业未能实现一定范围的规模协作,农业生产布局也呈现出分散零星化,集群程度不足,规模化生产水平低。在今后几年内,北京市农业要形成以养殖业为基础,粮经饲、种养加游全面发展的产业结构,形成以无公害、外向型、优质、特色产品为主的产品结构,形成近郊以都市型农园和绿色产业为主、远郊平原以基地化生产经营为主、山区以生态型产业为主的区域结构(聂玉藻,2002)。

以建设国际化大都市为目标,北京的农业发展在总体上应实行嵌入式布局。要以六大农业为基础,形成若干相互独立而又相互联系的农业"珠"团,以具有一定生态功能和文化品位的农业用地将工业、居住等其他用途的用地分割开来,一方面可以改善城市总体的生态环境,另一方面又可以大致勾勒出城市总体的田园景观。在每个农业"珠"团内部,按照农业产业化的思路,以形成一定规模的产业链条为依托,实现集聚式布局。改变目前农业用地零星、分散的现状特点,以集群化进行单个农业"珠"团的建设。这其中,要结合各区县不同的资源禀赋,选择各自不同的农业产业,构造色彩斑斓的农业"珠"团。

(2)第二产业

预计到2005年,通过工业企业的搬迁,可以置换市区工业用地约600万平方米,使工业用地占市区土地面积比重由8.74%下降至7.0%。在"十一五"时期,北京市必须继续进行工业布局结构的调整,进一步加快对市区内污染扰民、高耗能耗水以及技术含量较低、附加值低的工业企业进行整顿和搬迁。在城市中心区将重点发展工业的营销和研发机构,并作为工业产、供、销、展相结合的对外交往窗口,同时发展环保型、低能耗、有一定规模和基础的都市型工业,如食品饮料、文体用品、工艺美术、洗涤化妆、家具家居和旅游用品等行业。在市郊则重点建设中关村科技园区、北京经济技术开发区等工业园区建设,加快工业向园区集中的步伐。

经过调整,北京市工业布局将形成"一心——一环—三轴"的空间分布格局。

"一心"即城市中心区,重点发展工业营销、研发机构和都市型工业。

"一环"即充分依托四环沿线密集的智力资源,集中发展电子信息、生物医药、光机电一体化、新材料和节能环保等高新技术产业,重点支持北京经济技术开发区(亦庄)、电子城(含望京开发区)、中关村海淀园区的建设和发展。逐渐扩大北京经济技术开发区的规模,北京经济技术开发区现有规划用地15平方公里,2003年经国务院批准,开发区向京津塘高速公路以东和凉水河以南两个方向扩大,规划面积约24平方公里。扩区后开发区发展以"三个为主"(吸引外资、出口创汇、大中型生产企业)为方针,以"三个吸纳"(外商投资、高新技术企业、国有大中型企业)为原则,建成北京市创新发展的高新技术产业和现代制造业基地。通过对中关村中心区和发展区的建设①,重点发展以软件产业、信息服务和信息制造业为代表的特色产业,大力促进电子信息、光机电一体化、生物工程与新医药、新材料、环保等支柱产业发展,带动中介服务业、文化体育产业、教育培训产业以及商业等相关产业的发展。当前,重点培育和扶持大规模集成电路、生物芯片、第三代移动通信、转基因、纳米材料等方面具有自主知识产权的重大研发和产业化项目。通过几年努力,将中关村科技园区建设成国家科技创新示范基地、科技成果孵化和辐射基地以及高素质创新人才基地,使其逐步沿"两线"向外辐射:一线沿八达岭高速公路向沙河、昌平、南口方向辐射;另一线沿京密路向顺义、怀柔、密云方向辐射。

"三轴",一是"东北轴线",以电子城科技园为基点,沿京密公路向顺义、怀柔、平谷、密云方向延伸,主要包括望京工业区、天竺空港工业区、林河工业开发区、滨河工业区、凤翔科技开发区和密云经济开发区。电子城科技园是我国重要的电子工业生产基地,是北京电子信息产业重要的研发、生产和出口基地。天竺空港工业区和密云工业区是东北轴线上两个重要节点,是高科技产品的生产加工基地,也是区县工业小区中高科技产业发展最好的两个小区。林河工业区已成为北方微电子生产基地和北京重要的汽车生产基地。东北轴线对应的东北区域是北京发展高科技产业和现代制造业的增长点所在,目前已形成了以电子信息、光机电一体化为主导的格局,新材料

---

① 中心区南起西外大街,北至规划公路一环,西起京密引水渠,东至八达岭高速公路,总占地面积约75平方公里;发展区包括海淀区北部地区、清河地区、西三旗地区以及昌平区的回龙观地区,地域范围约280平方公里。

和环保产业也有所发展。二是"东南轴线",以北京经济技术开发区为基点,沿京津塘高速公路,是京津塘现代制造业带的重要组成部分[①],通州、次渠工业开发区均位于该产业带附近,通州区还设立了专门的光机电一体化基地和国家环保产业园。东南轴线所对应的北京市东南区域已形成了电子信息、生物医药、光机电一体化和环保产业为主的格局。三是"西南轴线",以丰台科技园为基点,沿京开高速、京石高速(京广铁路),与八大处科技园、石龙工业区、良乡工业开发区等,共同形成以光机电一体化、电子信息和新材料产业为主导的格局。目前,北京南中轴路南延的工程已经纳入市年度计划,道路打通之后将使位于北京南部的大兴区与市区建立更紧密的交通联系,有利于布局新的城市区,解决市区功能疏散、人口疏散的问题;沿着京开高速将形成新的50～80万人口的新城——黄村、庞各庄、榆垡等。

(3)第三产业

第三产业的布局低端泛化和高端集聚化特征明显。低端的生活性服务随着市场体制的放开,在各空间范围内广泛布局。生产性服务业和一些高端的生活性服务部门布局则呈现明显的集聚化特征,它们主要集中于城八区及其所属的各类开发区,全市商业区、金融服务区等功能相对明确的专业功能区域初步形成,但专业集群之间的分工合作关系仍不够明确,并且,现实中的管理体制等原因不仅不能有效促进高端三产集群化布局的态势,反而在一定程度上削减这一合理趋势。就生活性三产而言,在各区县广泛布局的同时却未能实

[①] 京津塘现代制造业带以北京市东北五环路和京津塘高速公路为轴线,西起北京市中关村科技园区海淀园,东至天津经济技术开发区。沿线分布有中关村科技园区、北京市海淀区、朝阳区、通州区、北京经济技术开发区、廊坊开发区、天津新技术产业园区,总面积1 976.13平方公里,占京津冀地区的9.0%,2002年生产总值2 157亿元,占14.3%。

现层级化。尽管城八区和远郊区的生活服务性三产有一定的分工，但在城八区内部，这一态势却并不明显。未来，生活服务性三产要在城八区范围内按照一定的层级进行区域个性化布局。

在"十一五"期间，三产基本上要围绕各级别中心实现集聚式布局。高端的生产性三产和生活性三产要在主城区集中，形成一定的规模经济和范围经济，以高级化的服务实现对外围产业的控制，同时可以有效避免因工业的陆续外迁可能产生的主城空心化。一般的生产性和生活性三产原则上可以在各区域中心城镇和地区空间集聚，实现三产在第一层次内聚基础之上的更深层次的内聚布局。

未来五年内，北京市第三产业发展的重点有三个：一是搞好奥林匹克公园的建设；二是建设北京 CBD；三是有序规范、改善城市周边的生态环境，建设良好的人居环境。要考虑建立北京西北郊国家历史文化公园。北京西北郊园林以清代"三山五园"等为主，它的历史可以追溯到秦汉，是中国园林史上独具光彩的一页。鉴于大北京是在国际上有影响的大城市，要精心保护这全世界绝无仅有的历史文化遗产。北京定位于世界城市，应该建设大面积的生态绿地或国家公园体系。着眼于北京的地理历史文化条件，北京西北郊园林是与古老北京并行发展的地区，也是中国古代帝都在郊野建置皇家园林的典型性代表。从大北京地区的发展看，建设西北郊国家历史文化公园是重要的战略选择。

五、北京市经济布局调整的对策

1. 积极配合有关部门搞好京津冀区域经济规划

科学的区域规划是促进区域竞争力增强的有效措施，同时，国家政策的支持是区域经济崛起的启动点,这在珠三角、长三角的发展历程中得到了证明。由吴良镛院士倡导的以京津融合为主基调的"大北京"方案,从学术界和专家角度为京津冀区域合作奠定了理论基础和宏观框架,提出以北京、天津"双核"为主轴,以唐山、保定为两翼,疏解大城市功能,调整产业布局,此方案已于2001年10月由建设部审定,这是国内京津冀北地区第一次大规模区域规划活动,旨在改变京津冀北地区城市发展长期缺乏协调的状况。

目前,以上海为龙头的长三角和以香港、深圳、广州为龙头的珠三角经济发展势头强劲,地区间资源得到有效整合,地区内产业分工基本确立,已成为拉动我国经济增长的主要增长极。而作为我国经济第三增长极的环渤海地区,京津冀具有无与伦比的发展优势,但由于地区内缺乏有机分工,资源尚未有效整合,致使该地区对周边地区及我国经济增长的带动作用始终较弱。这就需要有关部门抓紧研究制定京津冀地区的区域发展规划,对该地区产业进行合理分工,努力改变当前存在的重复建设、过度竞争的局面。值得欣慰的是,2004年2月京津冀地区经济发展战略研讨会由国家发改委主持在廊坊召开,就一些原则问题达成了旨在推进"京津冀经济一体化"的"廊坊共识",为京津冀地区的区域经济合作奠定了良好的基础。会议提出,京津冀将启动区域发展总体规划和重点专项规划的编制工作,统筹协调区域发展中的城镇体系和基础设施建设、产业布局、资源开发利用、生态环境保护等相关问题。2004年6月国家发改委国民经济规划司召开会议,鉴于目前我国区域合作发展的不平衡性,考虑先选择长江三角洲和京津冀经济圈作为我国区域经济规划的试点。

作为全国政治、经济、文化中心,北京应该在环渤海经济区发展中发挥领头羊作用,利用其独特的人才优势和技术优势,促进天津、河北经济发展,使京津冀地区在全国经济增长中的带动作用不断提升。在"十一五"时期,应在"大北京"方案基础上,继续加大各方面工作力度,协助有关部门做好京津冀区域发展规划,争取更为有利的政策支持和制度保障,促进京津冀区域经济一体化进程,不断提升京津冀地区在全国经济增长中的核心带动作用(图6)。

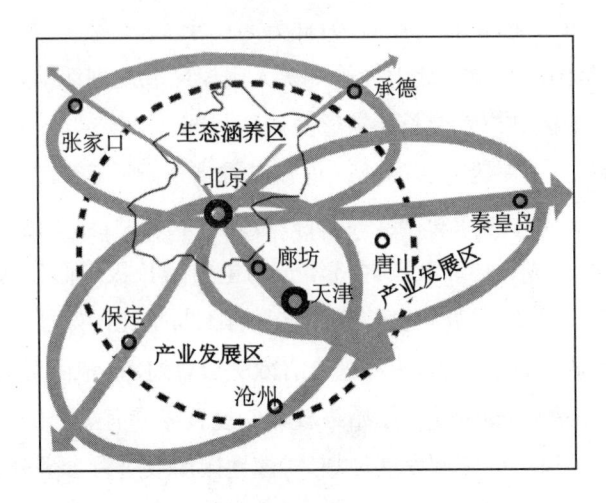

图6 京津冀区域发展协作示意图

2. 要主动加强与天津、河北的经济合作

研究表明,当跨区域系统范围内的经济单元处在自然状态条件下,其协同效率最大值不超过44%(中国市长协会《中国城市发展报告》编辑委员会,2004)。目前,北京与天津、河北两地的经济合作十分有限,这不仅不利于京津冀地区整体经济的发展,而且也影响了北京的自身产业素质的提升,挫伤了周边地区为其服务的积极性。为此,北京应该积极加强与天津、河北在经济产业、基础设施、生态环境建设等方面的协调,构筑面向区域整体发展的城市空间结构。北京要主动将高耗能、重污染的产业向外转移,积极调整产业结构,并为周边地区提供更多的发展机会,有效带动京津冀地区经济的更快发展。

在整合"双子星座",形成京津唐、环渤海地区区域龙头的大战略已定的情况下,首要的任务是强化京津唐城市之间的交通网络,迅速完善大城市群之间的交通功能。同时,推动要素资源沿交通网络便利而有效地流动起来,形成点轴布局、大中小城镇相结合的经济带。

(1) 强化京津唐城市之间的交通网络,迅速完善大城市群之间的交通功能

城际间的交通网络是形成大都市圈的基本条件,一体化的交通运输网络对区域经济整合、资源优化配置具有重要的作用。随着区域经济一体化的推进,京津冀经济圈内企业购并、信息、人才和技术交流将日趋活跃。因此,建立统一的物资采购、信息、产权、人才和技术市场,特别是高效畅通的现代物流网络和快速交通网络的建立,对于提高资源在不同地区间流动的效率,加强京津冀经济圈各城市之间的经济联系,推进合理产业分工格局的形成具有十分重要的影响。作为重要的基础设施建设,在交通运输网络建设方面京津冀地方政府应该统一规划实施。

从世界大都市群的发展来看,以汽车为主的交通骨架已经不可能支撑起高密度城市群的经济和社会生活。应该尽快形成以通勤铁路和高速铁路以及地铁为主的高速轨道交通体系。目前北京与天津之间的城际列车每天只有11个班次,不仅不能与东京至大阪的新干线高峰期几分钟对开一班相比,而且也不能与广(州)深(圳)间每天58个班次相比。对于北京而言,首先要以北京为中心,构建综合性、一体化的立体城际快速交通网络,逐步形成1小时、2小时、3小时、4小时等不同层次的经济圈;其次,加快发展大容量的城际快速轨道交通系统,通过地铁、轻轨等大容量轨道交通,逐步将北京市中心区与北京城郊、中心镇以及周边城镇连接起来,以推动北京大都市的郊区

化进程,带动周边地区经济的发展;第三,在城郊轨道交通主要站口,建立大容量的小汽车停车设施,鼓励居民换乘地铁到市中心区上班,缓解市中心的交通压力;第四,加强交通规划和管理,改善城市地域结构,推动居住地与就业岗位的相对均衡配置,减少远距离通勤人口和交通需求,降低交通的资源消耗,提高交通系统的总体效率,实现城市与交通的均衡发展。

(2)加快京津塘现代制造业带的建设

京津塘高速公路沿线地区交通便利,各类人才聚集,土地资源丰富,具有发展现代制造业所需要的"三港"(海港、空港、信息港)优势,是首都经济圈内制造业发展的黄金地带。然而,至今为止,由于体制障碍和战略上的失误,该地带的优势和潜力远没有得到充分发挥。因此,当前很有必要从全国大战略的高度,加强京津冀三省市的合作,依托京津塘高速公路以及沿线各类园区,大力发展高新技术产业和先进制造业,力争将该地带建设成为我国乃至世界上重要的信息产业走廊以及高新技术产业和先进制造业带。

从北京市的角度看,京津塘现代制造业带向北可延伸到昌平,经海淀园区,然后沿四环到北京经济技术开发区,再经过马驹桥和采育镇与河北廊坊开发区对接。从发展趋势和潜力看,马驹桥和采育镇交通便利,且拥有现代制造业发展的大规模工业用地,是未来北京市建设大型现代制造业基地的理想区位,应提升到全市的战略高度予以重点发展。尤其是采育镇,正好处于首都经济圈和京津塘现代制造业带的中心区位,可以考虑建成为北京市的特色食品加工基地和以生物医用材料为重点的新材料基地,以及北京经济技术开发区的政策延伸区。这样将有利于首都经济圈和京津塘现代制造业带的建设,实现与京津塘现代制造业带河北和天津部分的顺利对接,并消除该制造业带北京部分现存的"洼地",从而真正发挥北京市在京津塘现代制造业带中的龙头作用。

3. 实施市域战略转移，建立首都现代化的新城区

我国已经进入了城市化快速发展期，北京市作为13亿人口大国的首都，对全国的人口都有极大的吸引力，必然会成为人口的主要集聚地之一。根据中国城市规划设计研究院预测，2010年北京市人口规模将达到1 720万人，2020年达到2 100万人，2050年达到2 800万人。分别比2003年增加264万人、644万人、1 344万人。且不说到2020年疏解城区内的人口，仅把全国转移来的600多万人吸纳进来，就需要建设6个百万人口以上的新城市。

要从根本上疏解北京市主城区的功能，必须跳出原有构建若干50万人口规模卫星城的思路，实施市域空间结构的战略转移，逐步改变目前"单中心"的空间格局，加强外围新城建设，建立首都现代化的新城区。要构建200～300万人以上的新城区，形成主城区与新城相协调、分工明确的多层次空间结构。这些新城区须与主城保持一定距离，在原有卫星城基础上打造比主城区交通更便捷、设施更完善、功能更健全、经济更繁荣、环境更优美的城市新区。可以作为新城区考虑的，一个是北京经济技术开发区，另一个是林河工业区。在建设工业集聚区的同时，必须同时考虑为工业区配套的居住、物流和其他三产服务业基地的建设。根据功能分区的原则和未来工业区与居住区适当分开的要求，为未来新城的发展创造条件。为适应当地产业发展和新城建设的需要，要将新城作为北京未来十五年交通建设的重点，做好交通规划，在加大道路建设的同时，加大轻轨等轨道交通建设力度，为新城区居民生活提供便捷、舒适的交通环境。

要尽快启动南城开发，协调市域范围内北城与南城的关系。通过城镇的重新整合，加快农村地区城镇化步伐，整合村镇数量，提高城乡人居环境质量，构筑城乡一体、协调发展的网络化空间结构。

4. 加大财政转移支付力度,建设西部生态带

北京西北部的昌平、延庆、门头沟和房山等七个区县,是北京生态环境建设的重要组成部分。因此,这七个山区县全部列入了国家生态环境建设综合治理重点县。山区生态建设对防尘治沙、涵养水源、保持水土,从根本上改善首都生态环境发挥着重要作用。为把北京建成适合人类居住的城市,必须加大生态环境的保护力度。因此,保护西部生态带的生态环境刻不容缓。但生态环境的保护仅靠当地政府的力量是不够的,尤其是在现行财政体制和地方领导考核指标体系中,往往把提高经济增长速度、增加财政收入作为地方政府第一目标,发展经济也就成为首要任务。发展工业是增加财政收入、解决当地就业、促进经济发展的主要手段。这就造成全市工业遍地开花,生态环境正在遭到严重破坏。为遏制这种形势的进一步发展,需要市政府有关部门加大对生态带的财政转移支付力度,努力保护生态环境。

近期来看,市财政部门要不断加大对西部生态带的转移支付力度,市财政可将生态带地区政府看作市政府的派出机构,负担当地政府人员工资、办公经费及当地兼负义务教育职能的教师工资及学校办公经费等,从根本上减轻当地农民负担,以调动当地保护生态环境的积极性。远期来看,有关部门要尽快研究出台规范各级政府事权财权配置的法规,以法律的形式明确各级政府所应当享有的事权和财权,在此基础上调整财政转移支付政策,根据其所承担的事权及相应的财权,确定其应当获得的转移支付数额,从制度上杜绝生态带地区为增加财政收入大办工厂、破坏环境的行为,自觉维护生态环境。

5. 通过对旧城的有机疏散,加强历史文化名城的保护

充分考虑北京作为世界著名古都的历史文化价值,全面展示北京的文化内涵、中华民族的精神风貌与现代文明的发展趋势,形成融

历史文化遗产和现代文明为一体的城市风格和城市魅力。要逐步疏解旧城的部分职能,构筑与世界文化名城相适应的空间结构。要妥善处理历史文化名城保护与现代化建设的关系,妥善解决中心城区功能性的变化,如城市中心区的演化、新经济活动区的出现、就业结构的变化、居住环境的变化等等的同时,仍应该考虑要保护古城文化遗产及其格局。北京传统中轴线和长安街沿线十字轴是北京城市的精髓,应结合传统中轴线和长安街的延伸,全面实现保护与发展,从空间布局上体现首都政治、文化、经济职能的发挥。对于新的建设要体现时代精神、民族传统、地方特色,根据不同情况提出不同要求,使新旧建筑、新的建设与周围环境互相协调,融为一体,形成当代中国首都的独特风貌。城市现代化建设、社会经济发展,以及市区特别是旧城的调整改造,要与历史文化名城的保护相结合,使北京的发展和建设既符合现代生活和工作的需求,又保持其历史文化特色。

6. 建立一批近远郊现代制造业基地

北京市现代制造业的发展,应该采取"轴线延伸、以线串点、组团布局、基地开发"的方式,在近远郊主要对外交通干线附近,建设一批大型的现代制造业基地。这些现代制造业基地主要包括三种类型:一是以中关村科技园"一区七园"为基础的高新技术产业化基地;二是依托近远郊工业园区和基地形成的先进制造业基地;三是符合首都特点且具有国际竞争力的高附加值的现代都市工业基地。

需要指出的是,在当前市场竞争日趋激烈的情况下,北京市制造业基地的建设必须与产业集群化战略有机结合起来。在基地的布局上,一定要充分利用京津塘、京开等交通干线,以中心镇建设为依托,在南城建设一批大型现代制造业基地,以启动南城的开发,协调南城与北城的发展,促进首都经济圈和京津塘现代制造业带的形成。

7. 统筹规划北京的金融业

目前金融街、CBD、中关村都在积极采取措施发展金融产业。它们之间的互相竞争一方面有利于金融产业的发展和资源的优化配置，但另一方面也可能会出现重复建设，造成资源的浪费。要实现北京金融产业的发展和金融资源的优化配置，显然不是金融街、CBD和中关村单独能够做得到的，因此，这需要政府有关部门从全局出发，统筹规划，协调好北京市金融产业的发展。

新辟外资金融功能区。目前，北京市有一条金融街，集中的金融机构主要为中资银行类金融机构。但是，随着中国金融业的对内对外开放以及履行入世承诺，金融业将迎来一个新的发展机遇。显然，金融街目前的容量难以满足这个要求。因此，有必要调整北京的金融产业布局，完善现有金融街的功能，把它建成一个国内金融机构聚集地、国内资金批发中心；在外资企业圈的比邻区域建立一个新的外资金融功能园区。外资金融功能园区的建筑主要采取智能化、多功能建筑集群模式，集工作、休闲、学习、购物于一体，园区内交通便利，出入方便，主要以外资金融机构入驻为主。

参 考 文 献

1. 安树伟、魏后凯："北京工业发展中商务成本的判断及其控制"，《中国工业经济》，2005 年第 5 期。
2. 安树伟、周文斌："北京市'十一五'时期经济布局调整研究"，《经济管理》，2004 年第 23 期。
3. 北京市第五次人口普查办公室、北京市统计局：《北京市 2000 年人口普查资料》，中国统计出版社，2002 年。
4. 北京市人口普查办公室：《北京市 1990 年人口普查资料》，中国统计出版社，1992 年。
5. 北京市统计局：《北京统计年鉴》(2004)，中国统计出版社，2004 年。
6. 北京市统计局、国家统计局北京调查总队：《北京统计年鉴》(2006)，中国统计出版社,2006年。
7. 国家统计局:《中国城市统计年鉴》(2005),中国统计出版社,2006年。
8. 胡序威、周一星、顾朝林等:《中国沿海城镇密集地区空间集聚与扩散研究》,科学出版社,2000年。
9. 黄序:《北京城乡统筹协调发展研究》,中国建筑工业出版社,2004年。
10. 黄序:"京沪穗郊区小城镇发展比较研究",载景体华主编:《中国区域经济发展报告》(2003~2004),社会科学文献出版社,2004年。
11. 李国平等:《首都圈:结构、分工与营建战略》,中国城市出版社,2004年。
12. 陆昊:"加快发展适合首都特点具有竞争优势的北京工业",《经济管理》,2004年第11期。
13. 聂玉藻:"接轨国际规则 参与市场竞争",《京郊日报》,2002年3月4日。
14. 清华大学人居环境研究中心:"规划'大北京地区'建设'世界城市'",《城市》,2002年第1期。
15. 施昌奎:"京、津、沪、穗、渝制造业的成本分析",载景体华主编,《中国区域经济发展报告》(2003~2004),社会科学文献出版社,2004年。
16. 吴良镛等:《京津冀地区城乡空间发展规划研究》,清华大学出版社,2002年。
17. 中国市长协会《中国城市发展报告》编辑委员会:《中国城市发展报告》(2002~2003),商务印书馆,2004年。

长江三角洲地区经济一体化研究

长江三角洲地区地跨苏沪浙两省一市,包括上海市,江苏沿江的南京、苏州、无锡、常州、镇江、扬州、泰州、南通,浙江东北部的杭州、宁波、嘉兴、湖州、绍兴、舟山、台州共16个城市及其所辖的83个县市,总面积10.16万平方公里,2004年总人口8 212.14万人,地区生产总值28 775.42亿元。长江三角洲地区是我国沿海规模最大、实力最强的经济区,中国经济实力最强的35个城市,有10个位于长江三角洲;全国综合实力百强县,长江三角洲地区占了一半(钱江晚报新民生,2003)。相对而言,苏沪浙三省市交界的长江三角洲地区地域相近、人缘相亲、文化相通、经济相融,经济合作源远流长。改革开放以来,三省市的经济合作与人员往来更加密切。为了推动长江三角洲地区经济的发展,使之成为全国率先实现小康社会的地区之一,迫切需要加强地区的协作、协调与联动。

一、发展优势、特征与有利因素

(一)区位条件得天独厚

长江三角洲地区位于我国东海岸线的中点,扼长江入东海的海口,临江濒海,并处于世界环球航线的附近。本区大陆海岸线长近千公里,长江优良岸线600公里,由上海港、宁波港、舟山港、乍浦港、南京港、镇江港、张家港港、江阴港、南通港等组成我国最大的沿海沿江港口群。港口吞吐量占全国的70%,其中上海港就占35%,同世界160多个国家和地区以及300多个港口有着经济贸易的联系,成为我国对外联系的重要门户(朱金海,2001)。同时,通过长江水运大动脉,可以沟通面积180万平方公里、人口3.5亿,粮、棉、工业产量占全国1/2的长江流域,具有极为广阔、发达的腹地和市场。集"黄金海岸"和"黄金水道"于一身的区位优势,使长江三角洲地区同沿海其他地区相比,具有面向国内、国外两大市场的有利区位,蕴藏着极大的发展潜力。

(二)经济实力强大,发展水平不一

长江三角洲地区作为全国的精华所在,人文荟萃,经济发达,城市密集,长江三角洲以其仅占全国1.06%的土地面积,容载了全国6.32%的人口,创造了全国21.0%的地区生产总值,2004年人均地区生产总值为35 040元。从经济发展水平来看,2004年长江三角洲的城市可以分为三类:一是上中等发达水平的城市(即人均地区生产总值超过40 000元),分别为上海、无锡、苏州;二是中等发展水平的城市(即人均地区生产总值在20 000~40 000元之间),分别为杭州、宁波、南京、绍兴、常州、镇江、嘉兴、湖州、舟山、台州;三是下中等发展水平的城市(即人均地区生产总值在20 000元以下),分别为舟山、扬州、南通、泰州。

(三)产业基础厚实

长江三角洲地区作为全国最大的综合性工业基地,工业门类齐全,工业的配套体系完整,机械、汽车、钢铁、石化、轻纺、建材、电力、电子通信、医药等均在全国占较大比重;本区的农业是全国的高产稳

产地区。长江三角洲地区劳动者素质较高,科技专业人员、熟练工人、科技开发力量以及高等教育在校学生等方面在数量、质量上均居全国领先地位。本区自然条件优越,文化历史悠久,旅游资源丰富,市场发育较早,区位优势明显,这些都十分有利于未来的发展(严东生、任美锷,1999)。

现阶段长三角是我国发展基础最雄厚的地区,经济一体化程度最高(邓丽姝、魏书华,2006)。正是因为长三角是我国的经济先发地区,决定了其必将首当其冲地面对转变经济增长方式的挑战。对此,长三角已经有所认识,开始了向科学发展转轨的思考。上海"十一五"规划调低了经济增长速度,确定"十一五"时期生产总值年均增长9%以上,而"九五"时期为11.4%,"十五"时期预计为9%~11%。市场的力量是理性的,政府的力量是强大的,在市场和政府的双重作用下,长三角的这一战略转型将一步步展开,并一步步取得成就,长三角仍将是我国经济最发达的地区。

(四)内外联系广泛

长江三角洲地区是我国近代民族工业的发源地,对内对外的经济联系历史悠久,客商、华侨遍布世界各地,同世界上160多个国家和地区保持着密切的经济贸易联系,同时还承担着国内市场大部分工业品和日用消费品的供应任务,是全国最大商业贸易区和重要的出口创汇基地。改革开放尤其是上海浦东新区开发开放以来,市场经济日趋活跃,在吸引外资、引进技术、扩大出口及对外经济联系和合作方面取得了较大成就。加之港口众多,海陆空交通运输方便,在实行全方位对外开放方面具有其他地区无可比拟的优势。

(五)发达的交通通讯网络

长江三角洲地区拥有水路、铁路、公路、航空、管道现代化运输方式,基本形成以上海为枢纽,南京、杭州为次级枢纽,以铁路运输和江河运输为主干道的区域综合交通运输网络;已建成宁汉光纤电缆、宁沪杭微波干线,从而为地区之间开展横向联合、实施经济一体化提供了有力的保证。

(六)区内各区域及城市间已经形成较强的聚合力

长江三角洲地区内部已经形成经济一体化的互动趋向,区内各区域及城市间已经形成较强的聚合力,表现在(张颢瀚、张鸿雁,2000):区域内经济关系形成互补和相互依赖性需求;上海对周边城市的吸引力和拉动力增大;社会关系和体制关系的改革与发展有摆脱行政区划和自然条件限制而相互交融的倾向;城市与城市郊区包括远郊区间正在出现新型的整合关系,为一体化经济模式创造了较好条件;长江三角洲区域内交通的改善和新型交通体系出现,对能源供给配置、生产生活设施配套、环境治理等产生一体化要求;区域协调极的功能地位越来越突出。

长江三角洲地区经济协作联动发展有着明显的社会内在动因和外在需求。可以说,长江三角洲地区经济一体化模式的构建,既是区域经济与社会发展关系的必然,也是驾驭区域经济发展的政策性科学选择。

(七)长三角的扩散效应将进一步显现

进入战略转型期的长三角,从另一个角度看,意味着其聚集效应发展到一定程度,对其他区域的扩散效应将进一步显现(邓丽姝、魏书华,2006)。长三角的资本等经济要素已开始向安徽等地扩散。长三角下一步的发展将面临着聚集效应和扩散效应的同时进行。即聚集更高级的经济发展要素,发展更高端的产业,经济增长的知识含量进一步提高;同时转移不再具备发展优势的产业,一些发展要素向其他区域外溢。扩散效应是长三角经济发展到现阶段所面临的必然选择,只要以更高级的聚集效应加以衔接,则会实现经济结构的优化。这实质上是吐故纳新,经济、社会全面升级的过程。

二、经济协作联动发展中存在的问题与原因

(一)存在的问题

目前,长江三角洲地区经济协作联动发展中存在着诸多问题。①经济体制和行政体制产生排他性,缺少协调协作的聚合力,行政分割,体制自身缺乏机制创新张力;上海作为经济中心、贸易中心和金融中心的辐射作用还远远不够。②经济与科技体制缺少技术创新能力,高新技术引进多而消化更新少;高层次人才缺乏,中低层次人才缺少社会经济发展的适应性。③社会经济发展战略、规划各自独立,缺乏长江三角洲整体开发与发展的规划思路与政策。④区域内低水平重复建设严重;产业结构以低层次重复、外延扩大为主,缺少优势和互补,内在竞争摩擦而外在竞争不足,经济的整体性较差。⑤交通网络、港口岸线不足,整体布局效益未能发挥。⑥村镇布局分散,工业布点零散,土地资源浪费,环境污染较重。⑦信息各自独立,缺少沟通与互用。

(二)原因

造成上述问题的原因是复杂的,归纳起来大致有以下几条(周振华,2000)。

1. 中央与地方的分权化,使各级地方政府获得了对经济的较大干预能力

20世纪80年代开始的中央与地方的分权,虽然推动了地方经济的发展,但在其区域合作方面有较大的负面效应,如片面追求地方产值、地方保护等。这就导致生产要素难以跨地区组合优化,重复建设和重复投资严重,产业同构导致恶性竞争,竞相招商引资导致土地资源"透支"等。地区间产业同构化还造成市场的地方割据与无序竞争。由于重复建设与重复投资,为了保护本地区企业的生存与发展,地方政府一般保护本地市场。市场的狭小导致企业规模过小,产品库存积压和生产能力大量闲置。企业规模过小又限制了企业新产品、新技术的开发与应用。

2. 发展战略存在较大差异,思想观念及文化冲突比较明显

在长江三角洲区域合作与发展中,关于上海的定位和作用是重要的环节。中央是从全国的整体利益来考虑上海的,上海则从本身城市功能转换的角度来设定其发展战略,江浙两省也是从自身的利益来考虑其发展战略,如浙江把发展重点放在宁波。另外,尽管长江三角洲地区地缘紧邻,但与经济协作联动发展的要求相比,地方文化却比较浓厚,且有不小的差异。地方文化是最深厚、最难以改变的东西,地方文化的碰撞是合作中的一个重要问题。

3. 经济运行机制和经济实力上的差异

上海经济运行机制带有较多计划经济痕迹,难以与江浙两地运行机制合拍;上海以国有经济为主,而江浙两省的非国有经济比重较大，两部门由于体制差异难以展开有效的经济合作。

4. 合作模式缺乏创新

80 年代长江三角洲地区的经济合作所形成的制度创新在很大程度上是通过非正式的要素流动，以民间的方式来推动的，是以企业为导向的一种合作模式，其具有的潜在作用在 80 年代末已基本释放出来。这时应当有一个机制更新过程，或者说需要寻找一种新的机制来替代，然而这个制度创新过程恰恰没有完成。另一方面从产业转移的角度看，80 年代以来出现上海技术、管理、设备向江浙乡镇企业与私营企业转移的趋势，到 90 年代上海的服务性功能却未能向这些地区转移。这就造成产业转移对区域经济合作的推动力量明显不足。

5. 在对外开放不断深入的情况下，各地都是从本地封闭环境来发展经济，没有从区域分工协作关系上考虑如何有机耦合成一个整体参与国际经济接轨，参与国际经济大循环，而是在引进外资和产业布局上展开过度竞争。

三、经济协作联动发展的协调机制与重点领域

(一) 协调机制

为了在一个高起点、高层次、多方位、新模式的框架内开展长江三角洲地区的经济协作与联动发展，必须建立和完善相应的协调机制。协调机制必须建立在统一市场和区域经济一体化的基础上，必须充分发挥市场机制在促进长江三角洲地区经济协作联动发展中的基础性作用。不仅企业的跨区域扩张，而且产业结构的合理化、基础设施建设的网络化，甚至环境治理等公共品事业的发展，都可以通过

市场机制的作用来进行商业化运作。前提条件是市场发展、企业运作、各类中介服务以及管理技术等方面都非常完善和规范。从目前情况看,长江三角洲地区显然还达不到这样的要求。为此,必须进一步深化体制改革,培育和发展市场机制,规范市场主体之间的交易行为,增强企业的市场交易能力,尤其是跨地区的投资经营和组织管理能力,提高各类市场中介机构的运作服务水平。

政府推动也是地区合作与发展必不可少的重要途径,其主要作用有:在推动和促进企业跨地区合作方面发挥积极作用;在区域产业发展的统一规划、交通等基础设施的网络化、市场建设的整体性,以及社会和环境问题的协调治理等方面采取积极措施。

区域之间经济协作联动发展的协调机制有两种类型:一是制度化的协调机制;二是非制度化的协调机制。如果选择制度化的区域协调机制,通常要考虑建立一个跨省市的行政机构,统一领导和规划长江三角洲的协调发展。制度化的协调机制更有利于推进区域紧密型合作与发展,但这需要具备相应的条件,如中央与地方的关系、行政体制框架、外部竞争环境、内部经济关联等。从目前长江三角洲的实际情况看,实行制度化协调机制尚未完全具备,比较可行的办法是从非制度化的协调机制开始,积极创造条件,最终过渡到制度化协调机制。

1. 强化和完善长江三角洲 16 城市市长联席会议制度

在完善"长江三角洲城市经济协调会"的基础上,进一步强化长江三角洲 16 城市市长联席会议制度,定期进行高级别领导的互访和发展思路的对接,制定共同发展章程,形成规范的对话与协商制度,从目前的对话协商方式逐步向有约束力的协议方式转变。

2. 建立和完善由国家有关部门牵头、16 城市政府共同参与的专业职能管理机构这些专业职能管理机构包括水利部太湖流域管理局、交通部上海国际航运中心领导小组、中国人民银行上海分行与南京分行等,主要负责长江三角洲经济协作联动发展中涉及各专业领域的统筹规划、协调合作与联动发展事宜。应进一步强化其协调管理职能,延伸管理业务,并赋予新的管理协调权威。市长联席会议各专题小组可与专业职能管理机构工作相配套和衔接。

3. 鼓励建立各类半官方及民间的跨省市合作组织,广泛推进联动发展

如建立政府主导下的长江三角洲城市联合商会和行业协会、大企业联合会、经济联合体企业联谊会和产权交易联合中心,以及长江流域发展研究院和长江三角洲发展研究中心等。

4. 建议成立长江三角洲城市合作与发展委员会

在条件成熟时,建议成立由中央政府牵头、上海与江浙两省参加的"长江三角洲城市合作与发展委员会",其主要职能包括:编制长江三角洲区域发展规划,制定区域发展政策,指导区域合作重大项目建设与重大任务的推进,协调解决涉及区域内部以及三角洲与其他地区发展的重要问题等。

(二)重点领域

1. 产业协调

长江三角洲经济发展中,存在严重的产业结构趋同和重复建设问题。针对国际国内市场的激烈竞争,一些重要的基础性产业或主导性产业,一定要按照相对集中的原则布局,加强区域联合与企业联合(王贻志、王振、顾丽英,2004)。①根据各个城市的工业化发展水平,形成垂直与水平分工的产业整合。②根据区内中心城市的功能定位,形成以上海为主中心,南京、杭州为次中心的产业整合格局。

上海是长江三角洲地区内以国际经济、金融、贸易中心为发展目标的国际性大都市,在长江三角洲内的核心城市地位是十分明显的。城市的基本功能定位为集散、生产、管理、服务和创新。增加现代服务业在经济中的比重是上海未来产业结构调整的方向。③以产品、资产为联系纽带,把组建超大型企业集团作为区域内产业整合的重要手段。跨地区企业集团的组建要严格按现代企业制度的要求展开,通过产权纽带,在集团公司和集团成员企业之间建立合理的产权关系。考虑到各地的企业集团仍然从属于当地政府,因此首先需要在各地政府之间取得共识,围绕共同的目标,共同培育可以在全国同行业中占有相当市场份额的巨型企业集团。④加快汽车、石化等行业的跨地区重组。⑤通过市场来推动电子通讯、现代医药、精细化工等高技术构成的行业的企业兼并活动,提高行业集中度。

2. 基础设施协调

根据长江三角洲各地社会经济发展的总体规划和全国交通运输总体布局的要求,按照统筹规划、配套协调、分步实施、综合发展的原则,建设以上海国际航运中心为核心、多种运输方式相互衔接、协同发展的长江三角洲综合运输体系,以促进本区的经济协作联动发展。为此,近期内必须抓好以下几项工作(徐长乐、谷人旭、袁雯等,2001)。

(1)港口建设。港口建设应紧紧围绕上海国际航运中心国际集装箱枢纽港建设的中心任务,竭尽全力做好深水港选址工作、工程可行性方案论证和一期工程的开工建设。同时,切实加强上海港与长江三角洲沿海和内河港口在货物结构、流向流量之间的分工与协调,初步形成以上海港为核心,浙江北仑、舟山、乍浦诸港和江苏南京、太仓、南通、张家港诸港为两翼的上海国际航运中心的基本框架,形成以上海为支点、南京港为顶点、北仑港和江苏吕四港为两端的长江三角洲倒"T"字型港口群体的整体优势。

(2) 公路建设。在现已建成的以沪宁、沪杭、杭甬为骨干的高速公路网的基础上,进一步提高公路等级,建设更为密集的高速公路网。近期需要建设的高速公路有:宁杭高速公路;江阴—无锡—宜兴—湖州—杭州高速公路;南京—扬州—泰州—南通高速公路。

(3) 铁路建设。京沪高速铁路争取在沪宁段首先实施,使时速提高到250公里以上;沪杭甬铁路加速重载,成为准高速铁路;建设浦东铁路,并与沪宁、沪杭铁路连通,以切实加强上海两大枢纽港(海港、空港)和浦东新区与长江三角洲各城市之间的联系;完成新沂—长兴线,加强本区的南北联系。

(4) 过江跨海通道建设。本区水网密布,特别是长江、钱塘江水面宽广辽阔,在一定程度上阻隔了陆路交通,因此必须兴建过江跨海通道,以加强三角洲内部联系。目前本区拟建的有镇江—扬州大桥、上海—崇明—海门隧道和大桥。杭州湾跨海大桥已经国家批准兴建。由于本区河段交通繁忙、运量巨大,在兴建过江跨海通道时,必须充分考虑对航运业发展的影响,桥的净空和桥址选择必须在进行充分论证的基础上精心安排,兼顾各方面的利益。同时,由于过江跨海通道投资大、工期长,亟需统一规划,在综合考虑各种社会经济因素的前提下,分清轻重缓急,有序实施。

3. 生态保护协调

太湖流域的污染问题日益严重,已引起了各方面的广泛关注。太湖综合整治影响大、涉及范围广,本区可持续发展的首要问题,也是区域经济协作联动发展所必须解决的重大问题之一。

(三) 近期对策

1. 建设长江三角洲地区统一的大市场体系

经济一体化的中心是市场一体化。清除三省市商品和要素进入市场的体制障碍,形成长江三角洲地区统一大市场体系,形成竞争互利的市场机制,是本地区经济社会一体化发展的中心问题。市场一体化的重心又是金融、科技、人才、信息等要素市场的一体共享。从目前的情况看,长江三角洲地区三省市间存在着"区域市场壁垒",已影响到本区的经济协作联动发展,因此要建设长江三角洲地区统一的大市场体系。①各市不仅互设批发市场、零售网点,还要重点规划长江三角洲地区要素市场。②创建区域投资和金融中心体系,创建三省市统一的货币流通运行关系;加强区内金融保险市场的相互渗透,形成长江三角洲地区统一的金融与保险市场;促进上海金融机构特别是外资金融机构到江浙设立分支机构,建设三省市一体的金融配套服务体系。③建立长江三角洲地区范围意义上的成片、成线的产业开发与商业服务体系和一条龙方式。④各城市间可以相互进行房地产的买卖和土地批租,为相互经济业务渗透创造条件。⑤构建长江三角洲地区产学研和科技开发联合体,创建以高科技为主的长江三角洲地区产学研配套科技与信息服务体系。⑥构建长江三角洲地区各城市间互补的人才流通体系和人才市场。

2. 整合长江三角洲各个地区的产权交易系统,形成统一的产权交易市场

长江三角洲地区的各个城市目前已各自建立了产权交易市场和相应的产权中介机构,但这些交易市场和中介机构的服务半径大多局限于本地区,而且有着各自的产权交易条文。一个统一的产权交易系统是长江三角洲地区有效推进产业整合的基本条件之一。因此作为一项基础性工作,要把上海现在的产权交易市场扩展为更大范围的区域性产权交易市场,把各地现有的地方产权交易市场调整为上海这一主市场的分市场,形成从上至下的垂直管理系统。同时要

重点培育各地的优质产权交易中介机构,发展跨地区的产权交易中介业务。在推进产权交易体系的同时,必须在各地现有产权交易法规的基础上,进行更加符合国际惯例的修订,形成长江三角洲地区统一的产权交易法规(王贻志、王振、顾丽英,2000)。

3. 增强中心城市集聚、扩散功能,提高城市化水平

长江三角洲各类城市目前还处在集聚为主的阶段,各级中心城市都在通过多种途径吸引资金,加强其集聚过程。产业结构调整、城市功能由生产型转向经营服务型,产业的现代化和高度化,开发区建设和投资环境改善,以及包括扩大空间地域范围等,都使中心城、镇人口增加的引力增强。但是长江三角洲的这种集聚多与本区内的人口、土地、资源和区外各生产要素相结合,可以说是一种分散式的集中,而不是集聚后的扩散,各级中心城镇之间的集聚与扩散关系微弱。在市区、县城和镇的集聚中主要接受大城市(如上海)的扩散,与所辖的中心城市的关系甚少。为此,迫切需要加快中心城市的发展,加快中心城市的集聚、扩散功能,在强化支柱产业的基础上,发展新型主导产业,带动所辖市县配套产业。

4. 建立长江三角洲地区的大旅游资源开发创新体系,构建长江三角洲地区"旅游经济合作圈"

长江三角洲地区旅游资源丰富,优势突出。应当规划以长江三角洲地区为整体的旅游体系,构建长江三角洲地区一体化的"旅游经济合作圈",形成旅游业发展中的名牌效应、联动效应和规模效应。因此,相关景点应统一规划协调开发,形成旅游市场联合促销机制、旅游资源开发规划的协调机制、旅游企业的连锁机制、旅游线路的网络化经营机制、旅游教育和科研的联合协作机制。这样既可以减少浪费和重复建设,又可形成新的组合资源体系。

5. 以产业结构调整为主线,优化产业结构,提升产业高度,完善

城市功能,强化城市个性,促进城市主导产业及其空间布局的合理化

针对长江三角洲当前存在的条块分割、各自为政、"诸侯经济"等突出问题和产业结构趋同、区域生产力布局不合理、城市个性不鲜明等严重问题,要优化产业结构,提升产业高度,促进合理布局,形成有分有合、有主有次、综合配套、相对协调的城市产业体系。

参考文献

1. 邓丽姝、魏书华:"我国三大经济圈的发展状况与趋势分析",载景体华主编:《中国区域经济发展报告》(2005~2006),社会科学文献出版社,2006 年。
2. 钱江晚报新民生:《长三角:下一个淘金地》,浙江人民出版社,2003 年。
3. 王贻志、王振、顾丽英:"长江三角洲地区产业整合研究",《上海社会科学院学术季刊》,2000 年第 3 期。
4. 徐长乐、谷人旭、袁雯等:"'十五'期间上海实施长江三角洲都市经济圈联动发展战略思路与对策研究",载朱敏彦、张颢瀚、曾骅等主编:《21 世纪初长江三角洲区域发展战略研究》,上海人民出版社,2001 年。
5. 严东生、任美锷:《论长江三角洲可持续发展战略》,安徽教育出版社,1999 年。
6. 张颢瀚、张鸿雁:"长江三角洲地区经济协作联动发展总体战略",载张颢瀚、朱敏彦、曾骅等主编:《21 世纪初长江三角洲区域发展战略研究》,南京大学出版社,2000 年。
7. 周振华:"新一轮长江三角洲区域合作与发展的战略目标选择",《上海社会科学院学术季刊》,2000 年第 1 期。
8. 朱金海:"共同建设长江三角洲城市群",载朱敏彦、张颢瀚、曾骅等主编:《21 世纪初长江三角洲区域发展战略研究》,上海人民出版社,2001 年。

国务院关于推进天津滨海新区开发开放有关问题的意见

各省、自治区、直辖市人民政府，国务院各部委、各直属机构：

推进天津滨海新区开发开放，是在新世纪新阶段，党中央、国务院从我国经济社会发展全局出发作出的重要战略部署。为了更好地推进天津滨海新区开发开放，现就有关问题提出以下意见。

一、推进天津滨海新区开发开放的重大意义

天津滨海新区包括塘沽区、汉沽区、大港区三个行政区和天津经济技术开发区、天津港保税区、天津港区以及东丽区、津南区的部分区域，规划面积2 270平方公里。经过十多年的开发建设，天津滨海新区已经具备了进一步加快发展的条件和基础。

推进天津滨海新区开发开放，有利于提升京津冀及环渤海地区的国际竞争力。天津滨海新区位于环渤海地区的中心位置，内陆腹地广阔，区位优势明显，产业基础雄厚，增长潜力巨大，是我国参与经济全球化和区域经济一体化的重要窗口。推进天津滨海新区的开发开放，促进这一地区加快发展，可以有效地提升京津冀和环渤海地区的对外开放水平，使这一地区更好地融入国际经济，释放潜能，增强竞争力。

推进天津滨海新区开发开放，有利于实施全国区域协调发展总

体战略。经过十多年的发展,天津滨海新区的综合实力不断增强,服务功能进一步完善,是继深圳经济特区、浦东新区之后,又一带动区域发展的新的经济增长极。天津滨海新区的开发开放,有利于促进我国东部地区率先实现现代化,从而带动中西部地区,特别是"三北"地区发展,形成东中西互动、优势互补、相互促进、共同发展的区域协调发展格局。

推进天津滨海新区开发开放,有利于探索新时期区域发展的新模式。在经济全球化和区域经济一体化进程加快,我国全面建设小康社会和构建社会主义和谐社会的新形势下,把握国际国内形势的变化特点,用新的思路和发展模式推进天津滨海新区的开发开放,有利于全面落实科学发展观,实现人与自然和谐相处,走出一条区域创新发展的路子。

二、推进天津滨海新区开发开放的指导思想和主要任务

推进天津滨海新区开发开放的指导思想是:以邓小平理论和"三个代表"重要思想为指导,全国落实科学发展观,进一步解放思想,进一步改革开放,进一步发挥优势,坚持高起点、宽视野,注重科技创新和自主创新,突出发展特色,改善发展环境,用新思路、新体制、新机制推动新区不断提高综合实力、创新能力、服务能力和国际竞争力,在带动天津发展、推进京津冀和环渤海区域经济振兴、促进东中西互动和全国经济协调发展中发挥更大的作用。

推进天津滨海新区开发开放要把握好以下原则:坚持以科学发展观统领经济社会发展全局,走科学发展之路;坚持突出发展特色,

充分发挥比较优势;坚持推进改革开放,用改革开放促开发建设;坚持科技创新和自主创新,加强创新能力建设;坚持增强服务功能,带动和促进区域经济发展;坚持节约集约用地,切实发挥土地对经济建设的引导和调控作用;坚持可持续发展,建设资源节约型和环境友好型新区;坚持以人为本,推进和谐社会建设与全面发展。

天津滨海新区的功能定位是:依托京津冀、服务环渤海、辐射"三北"、面向东北亚,努力建设成为我国北方对外开放的门户、高水平的现代制造业和研发转化基地、北方国际航运中心和国际物流中心,逐步成为经济繁荣、社会和谐、环境优美的宜居生态型新城区。

推进天津滨海新区开发开放的主要任务是:以建立综合配套改革试验区为契机,探索新的区域发展模式,为全国发展改革提供经验和示范。走新型工业化道路,把增强自主创新能力作为中心环节,进一步完善研发转化体系,提升整体技术水平和综合竞争力。充分发挥区位、资源、产业等综合优势,加快基础设施建设,积极发展高新技术产业和现代服务业,努力提高综合竞争力和区域服务能力,提高对区域经济的带动作用。统一规划,综合协调,建设若干特色鲜明的功能区,构建合理的空间布局,采取有力措施,节约用水、集约用地、降低能耗,努力提高单位面积的投资强度和产出效率。搞好环境综合整治,维护生态平衡,大力发展循环经济,实现人与自然、经济社会与生态环境相和谐。推进管理创新,建立统一、协调、精简、高效、廉洁的管理体制。

三、切实发挥综合配套改革试验区的示范和带动作用

批准天津滨海新区为全国综合配套改革试验区。要按照党中

央、国务院的部署并从天津滨海新区的实际出发，先行试验一些重大的改革开放措施。要坚持重点突破与整体创新相结合、经济体制改革与其他方面改革相结合、解决当地实际问题与攻克面上共性难题相结合，不断拓展改革的领域，通过综合配套改革推进天津滨海新区的开发开放。近期工作重点是：

——鼓励天津滨海新区进行金融改革和创新。在金融企业、金融业务、金融市场和金融开放等方面的重大改革，原则上可安排在天津滨海新区先行先试。本着科学、审慎、风险可控的原则，可在产业投资基金、创业风险投资、金融业综合经营、多种所有制金融企业、外汇管理政策、离岸金融业务等方面进行改革试验。

——支持天津滨海新区进行土地管理改革。在有利于土地节约利用和提高土地利用效率的前提下，优化土地利用结构，创新土地管理方式，加大土地管理改革力度。开展农村集体建设用地流转及地地收益分配、增强政府对土地供应调控能力等方面的改革试验。

——推动天津滨海新区进一步扩大开放，设立天津东疆保税港区。为适应天津建设北方国际航运中心和国际物流中心的需要，按照统筹规划、合理布局、创新体制、分步实施的原则，借鉴国际通行做法，在天津港东疆港区设立保税港区，重点发展国际中转、国际配送、国际采购、国际转口贸易和出口加工等业务，积极探索海关特殊监管区域管理制度的创新，以点带面，推进区域融合。

——给予天津滨海新区一定的财政税收政策扶持。对天津滨海新区所辖规定范围内、符合条件的高新技术企业，减按15％的税率征收企业所得税；比照东北等老工业基地的所得税优惠政策，对天津滨海新区的内资企业予以提高计税工资标准的优惠，对企业固定资产和无形资产予以加速折旧的优惠；中央财政在维持现行财政体制的基础上，在一定时期内对天津滨海新区的开发建设予以专项补助。

四、认真做好推进天津滨海新区开发开放的各项工作

推进天津滨海新区开发开放，主要靠天津自身的力量和加强区域合作，国务院有关部门也要采取有力措施给予支持和帮助。有关方面要加强对推进天津滨海新区开发开放工作的宏观指导和协调，研究建立必要的协调和协作机制。天津市人民政府要充分认识推进天津滨海新区开发开放工作的长期性和艰巨性，全面分析有利条件和面临的挑战，精心筹划，周密部署，通力协作，使天津滨海新区的开发开放顺利有序推进，并为促进区域协调发展提供更加有效的服务。要进一步研究，细化完善综合配套改革试点总体方案和金融、土地改革等专项方案，并按照有关工作程序报批后实施。国务院有关部门要根据本《意见》的精神，认真做好贯彻落实工作，结合天津滨海新区的实际情况，抓紧研究出台具体的政策措施。要认真研究解决天津滨海新区开发开放过程中出现的新问题，提出相应的对策。

推进天津滨海新区开发开放，是贯彻落实党的十六届五中全会精神和国发经济和社会发展第十一个五年规划纲要的重大举措，是实施国家区域协调发展战略的重要步骤，是一项涉及诸多方面的系统工程，各有关方面要牢固树立全国一盘棋的思想，统一认识，同心协力，勇于创新，扎实工作，努力开创天津滨海新区开发开放的新局面

中华人民共和国国务院
二零零六年五月二十六日

后　记

　　乡村—城市转型是指乡村型社会向城市型社会转化,即乡村地区向城市化地区、城乡融合区、具有城市化特征的乡村地区转化的动态过程,它包括产业结构转型、人口转型、地域结构转型、生活方式转型等多个方面。2005年我国城市化水平已经达到43.0%,正处在诺瑟姆"S"型曲线的中间阶段。在这一阶段,伴随着人口向城市的转移,资金、技术、劳动力等各种生产要素都迅速向城市地区转移,经济要素向非农产业转移,乡村型社会向城市型社会转变,包括经济转变、社会转变、文化转变、空间形态与景观转变等各个方面。伴随着乡村型社会向城市型社会的转变,社会经济也必然面临多方面的结构变革与调整,如何协调社会各方面的力量,为乡村—城市转型提供理论支持和政策选择,对于加快我国城市化进程,提高我国城市化质量,统筹区域协调发展具有重要的意义。2001年我们以"中国沿海地区乡村—城市转型与协调发展比较研究"为题申请了教育部人文社会科学研究"十五"规划博士点基金项目。本书就是该项目的最终研究成果。

　　本课题研究的目标、基本内容和结构框架由我提出并最后确定。四位合作者都是我的博士生,现在都已经是各大学的教授、副教授,都有繁重的教学与科研工作,能聚到一起用近四年时间,完成此著作实属不易。特别是安树伟教授,他除了完成自己所承担的任务外,还要完成大量的组织协调、数字更新、版面编辑等工作。没有他(她)们的合作和支持,不可能完成此书。因此,本书也是我们师生又一次合作的结果,也是他(她)们给我70岁生日的最好礼物。本书各章具体分工如下:第一章,季任钧;第二章,景普秋;第三章,闫二旺;第四章,安树伟;第五章,母爱英;第六章,安树伟、母爱英;第七章,母爱英;附录,安树伟、季任钧。最后由季任钧统一进行修改和审定。

  本课题所进行的研究仅仅是我国沿海地区乡村—城市转型与协调发展的初步研究,其中有一部分相关成果曾先后在《中国工业经济》、《经济管理》、《北京社会科学》、《生产力研究》、《重庆工商大学学报(西部论坛)》等期刊发表,但仍有许多问题有待于深入探索。加之水平和时间有限,必有不少纰漏与不当之处。作为一块引玉之砖,我们诚挚地期盼各位专家、学者、同行的不吝批评指正。

季 任 钧
2006年3月
于南开大学